La barbe ne fait pas le philosophe

Annabelle Bonnet

La barbe ne fait pas le philosophe

Les femmes et la philosophie en France (1880-1949)

CNRS ÉDITIONS
15 rue Malebranche - 75005 Paris

ISBN : 978-2-271-13848-4

« [...] les écrits des femmes-philosophes ont joué un rôle que rien n'invite à dire prépondérant, mais que rien non plus n'autorise à minimiser. »

Michèle Le Dœuff, *L'Étude et le Rouet. Des femmes, de la philosophie, etc.*

« [...] la construction de l'objet ne se fera pas d'un coup de dés, sur une simple décision conceptuelle. La construction, au contraire, nécessite un assemblage de matériaux qu'on distinguera un à un. Alors, le philosophème ne se réduira pas à une affaire de concept. »

Géneviève Fraisse, *À côté du genre. Sexe et philosophie de l'égalité*

« Le chroniqueur qui relate les événements sans faire la distinction entre les grands et les petits tient ainsi compte de la vérité selon laquelle rien de ce qui s'est passé un jour ne doit être considéré comme perdu pour l'Histoire. »

Walter Benjamin, *Sur le concept d'histoire*

Introduction

Quoique la littérature sur la IIIe République soit des plus abondantes, citer ne serait-ce qu'un nom de femme philosophe ayant participé à ce moment historique reste malaisé. Outre Simone Weil et Simone de Beauvoir, qui émergent au crépuscule des soixante années de ce cycle républicain et apparaissent tout au plus comme des exceptions historiques et statistiques, l'idée selon laquelle la philosophie française du tournant du XXe siècle aurait été entièrement masculine domine et structure, jusqu'à nos jours, la narration de ce passé.

Les femmes auraient-elles donc simplement été absentes de ces décennies pourtant fondamentales pour l'histoire de la philosophie, de la démocratie et des féminismes ? Se seraient-elle désintéressées de cette activité de l'esprit durant plus de soixante ans ? Y aurait-il une sorte de vide, soudainement comblé à partir des années 1930 par l'élan philosophique curieux de quelques-unes ? Les philosophes hommes, quant à eux, auraient-ils été imperméables à la question, malgré l'effervescence des débats féministes dans la société française ? Telles sont les interrogations à l'origine de cette enquête, dont l'objet n'est autre que cette absence présumée.

En déplaçant le regard du centre vers les marges de l'histoire de la philosophie, le présent ouvrage interroge l'imaginaire genré qui embrasse cette période et la revisite sous un prisme différent[1]. Il exhume ainsi une sociohistoire des femmes philosophes, une ère pré-Simone de Beauvoir dans la République.

1. Ce travail doit, dans le cadre français, sa démarche aux efforts pionniers menés par des chercheuses comme Geneviève Fraisse, Michèle Le Dœuff, Françoise Collin ou Sarah Kofman. Voir, sur ce point, la note bibliographique en fin de volume.

La culture philosophique dont nous héritons est le résultat de phénomènes sociaux, historiques, culturels et politiques. Transmise comme une évidence dans le cadre scolaire ou universitaire, elle dissimule des rapports de force, des disputes touchant les significations, les légitimités, la reconnaissance[1]. Sortir de l'oubli ces femmes philosophes demande donc d'explorer le hors-champ de la mémoire et de l'activité philosophique entre 1880 et 1949 afin de mettre en lumière un espace qui, à défaut de postérité visible, n'en a pas moins existé. Pour ce faire, il faut se mettre en quête de traces parfois ténues, et adopter la perspective de celles qui, d'abord écartées, ont ensuite été effacées. Les tentatives individuelles ou collectives de ces femmes – avec parfois avec le soutien d'hommes – pour être actrices de la pratique philosophique, tentatives inabouties (ou considérées comme telles) et souvent réduites au silence, sont alors le fil conducteur du récit.

Explorer l'autre versant de ce moment philosophique suppose au préalable de prendre la mesure des contradictions caractéristiques de l'avènement d'une société libérale qui choisit l'« égalité » pour mot d'ordre tout en établissant les inégalités – dans notre cas, celles de genre. Un régime qui fonde sa raison d'être sur l'autonomie des individus tout en la déniant à différents groupes sociaux – ici, aux femmes. De telles contradictions, pour bien des acteurs légitimes de l'époque, n'en sont pas. En particulier, l'illégitimité des femmes en philosophie leur paraît tout à fait justifiable et fondée, en nature et/ou dans l'ordre moral.

De fait, à partir de 1880, au moment même où la philosophie est instituée en couronnement des études secondaires[2], en

1. Voir Pierre Bourdieu, « Les sciences sociales et la philosophie », *Actes de la recherche en sciences sociales*, n° 47-48, 1983, p. 45-52 ; et « Le fonctionnement du champ intellectuel », *Regards sociologiques*, n° 17-18, 1999.
2. Sur la philosophie comme discipline de couronnement du système scolaire français, voir en particulier les travaux de Jean-Louis Fabiani : *Les Philosophes de la République*, Paris, Éditions de Minuit, 1988 ; et *Qu'est-ce qu'un philosophe français ? La vie sociale des concepts (1880-1980)*, Paris, Éditions de l'EHESS, 2010.

pratique républicaine par excellence, basée sur des concepts universels susceptibles de fonder une morale alternative à la religion, elle est officiellement exclue, par la loi de la République, de l'enseignement donné aux filles. Ce double mouvement de consécration et d'exclusion n'est paradoxal qu'en apparence : la philosophie est instituée comme le savoir à même de former un citoyen éclairé, or les femmes ne sauraient être reconnues comme des citoyennes à part entière.

Comprendre ce phénomène dans sa profondeur, en mesurer les implications, exige également de prendre en compte une dimension parfois oubliée par une approche trop philosophique de l'histoire de la philosophie : celle-ci est en réalité autant une histoire des concepts qu'une histoire des pratiques ; l'une et l'autre s'entremêlent dans une même matérialité. D'un côté, les inégalités sociales, dont celles de l'ordre du genre, sont recouvertes d'une idéologie qui transforme l'oppression en destin, et où ce qui relève de l'histoire est transmué en une nature immuable. Une telle représentation du monde social parvient à faire cohabiter les inégalités concrètes avec le paradigme de l'égalité universelle. De l'autre, l'histoire de la philosophie est aussi celle de son institution : en ce sens, loin d'être anecdotique, l'interdiction de l'enseignement philosophique aux jeunes filles influence de manière durable et profonde le champ philosophique français lui-même, déterminant pour de nombreuses décennies sa structure et ses pratiques.

Qu'est-ce donc qu'être philosophe en France sous la IIIe République[1] ? C'est d'abord et avant tout porter une barbe : être un homme. Pourtant, Plutarque déjà défiait quiconque de mesurer la sagesse du penseur à la longueur de son poil.

---

1. Bruno Poucet, *Enseigner la philosophie. Histoire d'une discipline scolaire 1860-1990*, Paris, CNRS Éditions, 1999 ; Frédéric Worms, *La Philosophie en France au XXe siècle. Moments*, Paris, Gallimard, 2009.

Détacher la barbe du philosophe

Cette assignation des femmes à résidence ne s'impose pas sans rébellion. Les alternatives se pensent et se construisent au moment même où les féminismes de la fin du XIXe siècle se déploient. La démocratisation de la vie civile française apparaît alors comme un processus à la fois inévitable et parcouru de tensions, mettant en évidence l'injustice de ces inégalités et aspirant à les contester à partir des principes universels établis par les Lumières. Excepté la loi Camille Sée, qui interdit l'enseignement de la philosophie aux filles dans l'éducation publique, aucune législation ne déclare officiellement interdites aux femmes les études supérieures de philosophie, les concours et leur admission dans cette profession – sans doute ne paraît-il pas nécessaire de légiférer sur ce qui est jugé inexistant et impossible.

Celles qui souhaitent philosopher s'engouffrent dans cette brèche pour tenter d'être philosophes malgré tout. À travers divers chemins, où les destins individuels et collectifs s'entrecroisent constamment, elles entreprennent de remettre en cause ce traitement asymétrique. L'histoire des femmes philosophes est celle de ce long combat. Professeurs particuliers, formations autodidactes, écoles privées, réseaux de connaissances, dérogations légales, appuis masculins, militantismes féminins ou féministes sont autant de stratégies d'adaptation développées pour garantir leur désir de philosopher.

Entre 1880 et les années 1940, en dépit de l'interdiction établie par la loi Camille Sée (maintenue jusqu'en 1924), pas moins de 169 agrégées et 35 docteures se sont ainsi confrontées à la philosophie. Plus de 120 ouvrages de femmes sont aussi commentés dans les deux principales revues de philosophie, la *Revue de métaphysique et de morale* et la *Revue philosophique*, pour lesquelles elles rédigent aussi quelques (rares) articles. L'accès des femmes à l'activité philosophique a suscité de nombreuses controverses publiques : la presse, des hommes politiques, des philosophes (hommes comme femmes), des féministes et des antiféministes se sont préoccupés de cette question, prise dans les querelles opposant catholicisme antirépublicain et développement de la laïcité.

À condition d'aller au-delà des œuvres et des auteurs consacrés et d'explorer des sources peu usitées par l'histoire de la philosophie, une étude attentive de cette période permet ainsi de mettre au jour des trajectoires méconnues, celles de femmes (et parfois d'hommes) qui s'attachent à remettre en cause cette injustice : entre autres, Jenny d'Héricourt, Julie Favre, Jeanne Crouzet, Julie Hasdeu, Clémence Royer, Jeanne Baudry, Léontine Zanta, Alice Steriad, Lucy Prenant, Yvonne Picard et Hélène Metzger. Plusieurs moments se distinguent, et plusieurs victoires ponctuent ce combat. La situation des femmes philosophes n'est plus dans les années 1930 ce qu'elle était cinquante ans plus tôt : différentes conquêtes se sont succédé, la législation a évolué, les mentalités se sont modifiées. En dépit de ces changements, un même fil traverse toutefois ces années : d'un bout à l'autre de la période, les femmes occupent des positions hétéronomes, souvent hétérodoxes, leur conférant une maigre visibilité qui ne correspond souvent pas à leurs parcours.

Beaucoup d'entre elles peinent à s'établir dans le monde philosophique, et il n'est pas rare que leurs traces se perdent. Les changements législatifs importants des années 1920, malgré des avancées indéniables, ne mettent pas aussitôt fin à la culture masculine de l'institution philosophique républicaine : en 1935, aucune femme n'enseigne encore la philosophie en lycée de garçons et le chômage touche deux fois plus les licenciées de philosophie que leurs homologues masculins. Le premier grand succès éditorial philosophique d'une femme, Simone de Beauvoir, n'a lieu qu'en 1949. Et il faut attendre les années 1950 pour qu'une femme obtienne, enfin, une chaire de philosophie à l'université.

Marges et hors-champs : une autre méthodologie

L'appréhension du travail philosophique des femmes sous la IIIe République, souvent oublié, rarement compris et presque jamais transmis, est complexe. Les marges sont moins évidentes à saisir que le centre d'un domaine, même si l'un ne s'éclaire que par les autres. C'est pourquoi, dans cet ouvrage, les lieux du savoir philosophique dépassent nécessairement les rayons établis des bibliothèques. Une anecdote, un commentaire, un nom, un article, un dessin de presse, une bribe d'informations deviennent sources de connaissances. Le hors-champ de la philosophie se trouve inévitablement repoussé vers d'autres espaces, parfois des plus inattendus, mais grâce auxquels il est possible de confronter les faits aux discours établis.

Plusieurs références utilisées sont de la main de ces femmes philosophes : ouvrages philosophiques, littéraires et scientifiques, doctorats, cours de philosophie, conférences mais aussi entretiens et correspondances privées, mémoires et autobiographies sont ainsi mobilisés. D'autres matériaux proviennent de philosophes parmi les plus classiques de cette période : Jules Simon, Henri Marion, Alain, Henri Bergson, Victor Delbos, André Lalande, Émile Meyerson, Lucien Lévy-Bruhl ou encore Léon Brunschvicg – qui se distingue de tous les autres – sont scrutés à travers leurs ouvrages, des correspondances privées, des entretiens ou des mémoires. L'analyse de cette production complète celle de revues, de manuels scolaires ou de bulletins d'associations universitaires. La presse à grand tirage, tout comme la presse féministe, la presse féminine et les publications antiféministes sont aussi des lieux privilégiés d'observation : ils constituent des espaces de parole qui, souvent, compensent le traitement secondaire réservé aux femmes dans les espaces philosophiques les plus légitimes.

Par cet autre regard, des personnages sont redécouverts, des controverses restituées, des ouvrages rassemblés dans une même historicité et des dates symboliques oubliées sont rétablies. La chronologie de cette sociohistoire des femmes philosophes en fin d'ouvrage permet au lecteur d'apprécier, de façon résumée, ces résultats. Ce livre s'inscrit dans une dynamique collective dédiée, tout au long des dernières décennies, à (re)penser, par le prisme du genre, notre façon de comprendre les phénomènes sociaux et culturels, l'histoire comme notre temps présent[1]. Les lectrices et lecteurs intéressés par une analyse comparée concernant l'insertion des femmes dans d'autres champs de savoir puiseront en annexe les références nécessaires à leur curiosité[2].

1. Pour un résumé de ce demi-siècle d'études, voir Fabrice Virgili, « L'histoire des femmes et l'histoire des genres aujourd'hui », *Vingtième Siècle. Revue d'histoire*, n° 75, 2002, p. 5-14 ; Michelle Perrot, « Histoire des femmes, histoire du genre », *Travail, genre et sociétés*, n° 31, 2014, p. 29-33. Et, plus récemment, Michelle Zancarini-Fournel et Camille Noûs, « Approches, concepts et thématiques en histoire des femmes et du genre au XXIe siècle dans la revue *Genre & Histoire* », *Genre & Histoire*, n° 26, 2020. Les travaux sur l'histoire des femmes et des féminismes sont cités tout au long de l'ouvrage, tout comme les références sur l'éducation des femmes.
2. Voir sur ce point la note bibliographique en fin de volume.

Chapitre 1

Le souffle des femmes

Genre, philosophie et émancipation au XIXe siècle

« La philosophie les a écartées des honneurs académiques, et renvoyées ignominieusement au ménage. »

Charles Fourier

« Femme, être incomplet et condamné à une éternelle enfance, tu prétends t'élever à la philosophie ! Quel aveuglement est le tien ? [...] Tu n'es point animée du même souffle que l'homme : il n'est donné qu'à lui de contempler la vérité[1]. » C'est par ces mots que le gardien des portes de la philosophie française de la première moitié du XIXe siècle, Victor Cousin (1792-1867), avertissait les femmes qui souhaiteraient côtoyer la philosophie. Le ministre philosophe, au rôle primordial dans le processus d'institutionnalisation de l'activité philosophique en discipline scolaire sous la Restauration et la monarchie de Juillet, a la responsabilité de désigner ce qui peut ou non être enseigné, et pour qui. Et il n'hésite pas à en chasser les femmes.

1. Propos rapportés par la femme de lettres Caroline Angebert (1793-1880), dans une lettre adressée à son ami Victor Cousin. Elle avait assisté à un cours du philosophe durant l'année 1828, pendant lequel elle a noté ces paroles, ensuite reprises dans son courrier. Voir « Caroline Angebert. Une féministe romantique à Dunkerque », *La Française*, 30 novembre 1929, p. 3.

La philosophie est alors transformée en une activité étatique, réglementée par un ministère, organisée autour de programmes officiels, de revues, de diplômes et de concours publics permettant d'accéder au statut de professeur de philosophie, désormais travailleur salarié intellectuel spécialisé. La Restauration et la monarchie de Juillet nient l'égalité politique, et cette nouvelle institution philosophique suit la même logique. Elle ne s'adresse qu'à un groupe social restreint, chargé de formuler une morale nationale. L'enseignement secondaire, dans lequel la philosophie joue un rôle essentiel, est conçu pour constituer une nouvelle élite aristocratique[1]. En toute logique, il ne s'adresse pas aux femmes. Fidèle aux préjugés misogynes, à leur exclusion politique et à la répartition genrée des rôles sociaux tels qu'ils se sont cristallisés dans le cadre napoléonien, Victor Cousin les considère incapables de raison. En présupposant que la réflexion philosophique leur serait, par nature, inaccessible, il justifie leur exclusion.

Les « femmes illustres » sont pourtant appréciées par le ministre philosophe, qui n'hésite pas à en faire l'éloge – à condition qu'elles ne « s'élancent sur la place publique[2] ». Selon lui, toute œuvre féminine acquiert sa qualité lorsqu'elle reste d'ordre privé, faute de quoi la pudeur féminine serait entachée, et la femme menacée de « mettre en vente au plus offrant, d'exposer à l'examen et comme à la marque du libraire, du lecteur et du journaliste, ses beautés les plus secrètes ». Une femme auteure, artiste, philosophe, ne trouve grâce à ses yeux que lorsque ses

1. Sur Victor Cousin, voir notamment Patrice Vermeren, *Victor Cousin. Le jeu de la Philosophie et de l'État*, Paris, L'Harmattan, 1995 ; Lucie Rey, *Les Enjeux de l'histoire de la philosophie en France au XIXe siècle. Pierre Leroux contre Victor Cousin*, Paris, L'Harmattan, 2013. Sur l'évolution de l'enseignement de la philosophie durant la première partie du XIXe siècle, B. Poucet, *Enseigner la philosophie*, *op. cit.*

2. Victor Cousin, « Les Femmes illustres du dix-septième siècle », *Revue des deux mondes*, t. V, 1844, p. 196. Il leur consacre plusieurs articles en 1844 et 1856 dans les colonnes de cette même revue (pour ce qui concerne les correspondances de Victor Cousin avec les femmes de lettres de son époque, voir Nathalie Richard, « Écrire au philosophe. Expressions de la *libido sciendi* chez les correspondantes de Victor Cousin », *Revue d'histoire du XIXe siècle*, 2018, n° 57, p. 39-57).

écrits… ne sont pas lus, ou presque. « Que dirai-je de la femme auteur ? Quoi ! La femme qui, grâce à Dieu, n'a pas de cause publique à défendre[1] », affirme-t-il encore, indigné par cette existence qu'il juge contre-nature. La présence de femmes qui écrivent relèverait de l'absurdité, tout au mieux du contresens. Puisque celles-ci sont pour lui dépourvues de capacités rationnelles, elles n'ont pas leur mot à dire sur la place publique ; il ne peut s'agir que d'une extravagance immorale de leur part.

Le ministre philosophe récuse aussi l'idée que revienne à la charge de l'État l'enseignement pour les filles. Selon lui, l'ensemble de la population modeste doit recevoir un enseignement limité au strict nécessaire. Concernant les filles, à peine accepte-t-il un cours contenant ce qu'il nomme des « travaux de sexe[2] » : un type d'enseignement ménager qui préparerait les jeunes filles de bonne famille à se dédier du mieux possible à leur époux et à leur intérieur. Il suffirait que chaque maître d'école soit accompagné d'une « sous-maîtresse[3] » en charge de ces savoirs spécifiquement féminins. Élitiste, le premier règne institutionnel de la philosophie en France est donc bel et bien genré.

Malgré cette mise en garde, plusieurs femmes philosophes choisissent, au cours du XIXe siècle, de revendiquer leur droit à l'exercice de la raison. Il est trop tard pour que cette assignation des femmes à résidence puisse s'imposer sans rébellion. La Révolution française, en rupture avec le vieil ordre du monde[4], a ouvert une ère d'aspirations à l'égalité et a mis à l'horizon la

1. *Ibid.*
2. V. Cousin, « Rapport fait à la chambre de pairs, au nom d'une commission spéciale chargée d'un examen d'un projet de loin sur l'instruction primaire. Le 21 mai 1833 », publié dans *Œuvres de Victor Cousin*, t. IV, *Fragments littéraires*, Bruxelles, Société belge de librairie Hauman et Cie, 1845, p. 40.
3. *Ibid.*
4. Sur la signification de la Révolution française, notamment Eric Hobsbawm, *L'Ère des révolutions. 1789-1848*, Paris, Éditions Complexe, 1988 ; Frédéric Brahami, *La Raison du peuple*, Paris, Les Belles Lettres, 2016.

question de l'émancipation humaine, signant aussi l'avènement des féminismes au XIXe siècle[1].

Égalité politique et raison des femmes

Flora Tristan et le jugement millénaire des sages

Ces femmes qui philosophent malgré tout s'enracinent en effet dans la pensée des Lumières, revendiquée par la Révolution française puis par les courants du socialisme français, dont elles sont souvent proches. Parmi les socialistes favorables à l'émancipation des femmes se distingue Charles Fourier, qui s'offusque, fidèle à sa théorisation du socialisme égalitaire, de la posture de Victor Cousin. « La philosophie les a écartées des honneurs académiques, et renvoyées ignominieusement au ménage[2] », écrit-il ainsi en 1841.

Défenseur de l'égalité entre les sexes, il est aussi un fervent soutien du droit des femmes à philosopher, n'hésitant pas à dénoncer l'existence d'une prétendue nature féminine qui justifierait leur exclusion. « Les femmes peuvent répliquer aux philosophes : votre civilisation nous persécute dès que nous obéissons à la nature[3] », souligne-t-il ainsi en 1848, pour infirmer cette idée, qu'il considère comme une production sociale.

Les femmes philosophes entendent bien faire appliquer les principes modernes de la raison universelle et réaliser, à travers leur combat pour les droits des femmes, l'universalité des droits humains. Si l'humanité est le produit de sa propre activité historique et collective, si l'exercice de la raison est le propre même de

1. Pour les travaux pionniers en la matière, voir la note bibliographique en fin de volume.
2. Charles Fourier, « Théorie des quatre mouvements et des destinées générales », *Œuvres complètes*, t. I, Libraire de l'École sociétaire, Paris 1841, p. 221.
3. C. Fourier, *L'Harmonie universelle et le phalanstère*, vol. 2, Paris, Librairie Phalanstériennes, 1849, p. 126

l'être humain, et si la libération vis-à-vis de tout ce qui lui est extérieur – divinité, nature ou individu – est nécessaire à la réalisation de son autonomie, alors les femmes sont en droit, elles aussi, d'en revendiquer l'accomplissement effectif[1]. C'est dans ce cadre de pensée que se déploient les théories féministes du XIXe siècle, auxquelles Mary Wollstonecraft et Olympes de Gouges avaient ouvert la voie.

Ces femmes philosophes dénoncent l'inadéquation entre l'affirmation de droits universels et la réalisation de droits particuliers à caractère exclusif. Elles revendiquent aussi la reconnaissance de leur capacité à raisonner, condition *sine qua non* de leur reconnaissance comme membres de l'humanité et, par extension, de leur citoyenneté. Elles s'attachent à réfuter, par la raison, leur prétendue infériorité intellectuelle, démontrant que le souffle des femmes peut contempler la vérité philosophique au même titre que celui des hommes. La solitude de leur destin l'emporte souvent sur leurs aspirations au changement social. Cela n'annule pas leurs combats transgressifs.

La féministe socialiste Flora Tristan (1803-1844) critique ainsi une tradition philosophique contraire aux principes de l'émancipation humaine. À l'aube de la Révolution de 1848, cette philosophe militante, victime de la pauvreté et de la violence d'un mariage forcé qui s'achèvera sur une tentative d'assassinat, est bien déterminée à montrer qu'est venu le temps de rompre avec un passé qui dénie aux femmes l'égalité politique et intellectuelle. « Ensuite le savant philosophe lui a dit : femme, il a été constaté par la science que, d'après ton organisation, tu es inférieure à

---

1. Sur l'entrelacement entre raison, révolution, féminisme et socialisme français au XIXe siècle, lire notamment la synthèse de Claire Moses Goldberg, *French Feminism in the Nineteenth Century*, Albany, State University of New York Press, 1984. Sur les changements opérés par 1848, Hervé Touboul et Edward Castleton (dir.), *Regards sur 1848*, Besançon, Les cahiers de la MSHE, 2015 ; Vincent Bourdeau, Arnaud Macé. *La Nature du socialisme. Pensée sociale et conceptions de la nature au XIXe siècle*, Besançon, Presses universitaires de Franche-Comté, 2017.

l'homme. Or, tu n'as pas d'intelligence, pas de compréhension pour les hautes questions, pas de suite dans les idées [...]. Voilà, depuis six mille ans que le monde existe, comment les sages des sages ont jugé la race femme[1]. » Par leur condition politique inférieure, les femmes ont un statut de paria dans les sociétés modernes : celui d'un individu méprisé, exclu de la société et maintenu volontairement à l'écart.

Pourtant, écrit-elle, « la femme, c'est la moitié de l'humanité[2] », et c'est pourquoi il lui faut revendiquer ses droits humains. La conquête de la reconnaissance de l'autonomie de penser des femmes est, pour elle, une nécessité politique – et sa critique de la tradition philosophique est, en ce sens, elle aussi politique. Les philosophes possèdent l'autorité de juger la raison des autres, c'est pourquoi la légitimité de la raison des femmes est étroitement imbriquée à la question de leur statut philosophique et politique. L'union ouvrière, joignant hommes et femmes exploités, dominés, maltraités et exclus des droits de l'Homme, est à ses yeux la seule alliance capable de réaliser cette universalité politique. Critique philosophique et action politique d'ordre féministe et socialiste se confondent, pour la philosophe, en un seul et même combat.

Jenny d'Héricourt, perdue entre barbe et moustache

La philosophe socialiste franc-comtoise Jeanne-Marie Poinsard, mieux connue sous le nom de Jenny d'Héricourt (1809-1875), dialogue également avec les plus grands noms de la philosophie sociale de son temps, parmi lesquels Auguste Comte, Charles Fauvety ou Ernest Legouvé. Comme Juliette Adam, une autre femme philosophe connue pour ses idées anti-proudhoniennes,

1. Flora Tristan, « III. Le pourquoi je mentionne les femmes », *Union ouvrière*, Paris, Édition Populaire, 1843, p. 46 (sur la redécouverte de la figure de Flora Tristan, se reporter à Michèle Riot-Sarcey, « Un fabuleux destin, Flora Tristan », *Actes du Premier colloque international Flora Tristan*, Dijon, 3 et 4 mars 1984).
2. *Ibid.*

elle défie les théories misogynes de Pierre-Joseph Proudhon et entend formuler une pensée socialiste féministe[1]. Celle qui se définit comme « fille de son siècle, élève des doctrines résumées par notre glorieuse Révolution[2] », discute aisément avec le positivisme, la franc-maçonnerie, les théories anarchistes et socialistes, et formule une critique des systèmes philosophiques de son temps.

Ceux-ci, affirme-t-elle, ont pour principal défaut qu'ils « portent surtout l'empreinte masculine[3] » et se trouvent incapables d'embrasser les principes universels des Lumières qu'ils revendiquent. Comme Flora Tristan, Jenny d'Héricourt puise dans les principes de la modernité pour affirmer les droits des femmes et s'emploie à travailler pour la réalisation effective de l'universalité du projet des Lumières. « Nous revendiquons notre place à vos côtés, Messieurs, parce que l'identité d'espèce nous donne le Droit de l'occuper[4] », résume-t-elle. Si la raison est en effet le propre de l'être humain, doté de la capacité de prendre en main son destin, alors il faut appliquer ce droit de façon universelle, en l'étendant à tous les exclus politiques, dont les femmes. L'objectif de son projet philosophique se confond, là encore, avec son combat politique : réfuter par la raison l'infériorité intellectuelle des femmes est une étape nécessaire pour fonder une nouvelle forme de société. Selon sa propre expression, il faut « disséquer » chaque philosophie qui s'oppose à l'émancipation des femmes[5].

1. Il s'agit du concours d'économie politique organisé par l'Université de Lausanne, comme l'indique Juliette Adam dans ses mémoires, portant sur « la Théorie de l'impôt ou la dime sociale avec Proudhon ». J. Adam, *Mes premières armes littéraires et politiques*, Paris, Lemerre, 1904, p. 256. Voir aussi ses *Idées anti proudhoniennes* sur *l'amour, la femme et le mariage*, Paris, De Soye et Bouchet, 1858.

2. Jenny d'Héricourt, *La Femme affranchie*, t. II, *op. cit.*, p. 7. Jenny d'Héricourt est née le 10 septembre 1809 à Besançon dans une famille protestante aux idées républicaines et décédée le 12 janvier 1875 à Saint Ouen (son parcours a été retracé par Karen Offen, « Qui est Jenny P. d'Héricourt ? Une identité retrouvée », *1848. Révolutions et mutations au XIXe siècle*, n° 3, 1987, p. 87-100).

3. *Ibid.*, p. 117.

4. *Ibid.*, p. 41.

5. J. d'Héricourt, « Le catéchisme positiviste de M. Auguste Comte », *La Revue philosophique et religieuse*, t. III, décembre 1855, p. 47-61 ; « M. Proudhon et la

La tâche est rude. Jenny d'Héricourt trouve certes un écho dans la *Revue philosophique et religieuse*, fondée par Charles Fauvety, active de 1855 à 1858. C'est toutefois un espace singulier dans le paysage philosophique que cette publication qui entend désenclaver la philosophie pour atteindre un public plus large, dont quelques femmes[1]. Le philosophe Charles Renouvier est aussi un précieux soutien. Mais Jenny d'Héricourt affronte constamment les moqueries et les tentatives de délégitimation de son projet. Son adversaire dans le camp du socialisme français, Pierre-Joseph Proudhon, refuse tout débat avec ses idées : « Mais de la raison, il n'y en a pas ombre dans vos invectives, et ce qui m'attriste de votre part, c'est l'effronterie même de la déraison », lui écrit-il, rejetant ainsi l'existence d'un universel commun, et invalidant du même coup toute possibilité de dialogue.

Revendiquer la capacité à philosopher, c'est-à-dire à conceptualiser l'existence et à avoir un pouvoir d'intervention sur elle, comme une qualité commune à tous les individus, dépassant les particularités de chacun, est pour lui inconcevable. La société capitaliste étant à ses yeux le résultat d'une déviance morale, celle-ci exige d'être corrigée pour que puisse se rétablir une harmonie sociale, qui érige la famille moderne bourgeoise et ses inégalités en référence. Le modèle du petit propriétaire se confond, chez le penseur, avec celui du chef de famille qui dispose d'une autorité absolue sur ses biens – dont les femmes. La pensée du philosophe est, en ce sens, incompatible avec tout projet visant l'émancipation de toutes et de tous[2].

question des femmes », *La Revue philosophique et religieuse*, t. VI, décembre 1856, p. 5-15 ; « Réponse de Mme Jenny d'Héricourt à M. P. J. Proudhon », *La Revue philosophique et religieuse*, t. VI, février 1857, p. 267-275 ; « M. Proudhon et la question des femmes », *La Revue philosophique et religieuse*, t. VI, mars 1857, p. 521-522.

1. *La Solidarité. Journal des principes*, 1er mai 1868, p. 82. Il est aussi rapporté que Joseph Proudhon traite « si rudement Mme Jenny d'Héricourt, et toutes les dames qui forment le cénacle de la Revue dirigée par M. Fauvety ».

2. La première critique de la misogynie de Pierre-Joseph Proudhon est formulée en 1847 par Karl Marx. « Il ne faut jamais avoir vu un autre prolétariat que celui d'une propriété de hobereau poméranien, prolétariat de journaliers, en fait presque en

En particulier, la philosophie doit rester hors du chemin des femmes. Comme le note Jenny d'Héricourt, aux yeux de ses détracteurs, « on peut l'affirmer sans crainte de calomnie, la femme qui s'ingère de philosopher et d'écrire, tue sa progéniture par le travail de son cerveau et ses baisers qui sentent l'homme[1] ». Accepter que les femmes philosophent reviendrait, pour Proudhon, à leur reconnaître une légitimité sociale contraire à son projet d'harmonie sociale, qui repose sur une hiérarchie entre les sexes. « Vous avez l'histoire, les voyages, la géographie, les sciences : allez jusqu'à la philosophie, si vous voulez[2] », écrit un Pierre-Joseph Proudhon agacé, en 1856, à une de ses critiques. Le « jusqu'à » souligne son indignation, comme si l'ultime marche à gravir pour réaliser une société égalitaire entre hommes et femmes résidait dans cette conquête de la philosophie. Entrer en dialogue avec les femmes philosophes qui promeuvent une telle société lui est, dans cette perspective, impossible.

Le socialiste français et la tendance politique qu'il représente sont loin d'être les uniques affronts auxquels se heurte Jenny d'Héricourt. Jules de Goncourt, certes dépourvu d'autorité philosophique, mais doté d'une influence culturelle certaine, est l'un des plus fervents opposants. À propos d'un article de la philosophe sur le thème des antinomies, il se contente de remarquer la présence d'une « demi-moustache, assez épaisse, qui ombrage ses lèvres[3] », se refusant de placer le débat à un niveau théorique. « Elle a dans le style toute la puissance de la barbe[4] », affirme-t-il encore pour disqualifier ses ouvrages. Être incomplet et dysfonctionnel, ni

servage, où règnent le bâton et le fouet, et où toutes les jolies filles du village appartiennent au harem de leur gracieux seigneur, pour se figurer pouvoir offrir de pareilles impertinences aux ouvriers. Mais nos conservateurs sont nos plus grands révolutionnaires. » (Karl Marx, *Misère de la philosophie*, 1847).

1. J. d'Héricourt, *La Femme affranchie*, t. I, *op. cit.*

2. P.-J. Proudhon, « A Mme... », *Correspondance*, t. VII, 13 juillet 1856 (publié par J. A. Langlois, Genève, Slatkine Reprints, 1971, p. 99).

3. Cette anecdote est racontée par Juliette Adam (*Mes premières armes littéraires et politiques*, *op. cit.*, p. 55) qui rapporte qu'elle lui voue depuis une « haine particulière ».

4. P.-J. Proudhon, « A Mme... », *op. cit.*

exactement homme, ni exactement femme, l'hybridité prétendue de Jenny d'Héricourt laisse dans l'ombre le contenu de ses propos. Au fond, une femme qui philosophe n'est plus exactement une femme ; elle n'est pas non plus un philosophe : elle ne ferait que se travestir en portant la barbe du philosophe.

Clémence Royer et la philosophie des femmes

En 1859, la philosophe française Clémence Royer (1830-1902) donne, contre coutumes et préjugés, son premier cours de philosophie à Lausanne, en Suisse. Il est réservé à une assistance féminine. Entrée dans l'enseignement pour échapper au mariage, celle qui sera souvent simplement connue comme traductrice en français de Charles Darwin, ose pourtant y interroger publiquement l'exclusion des femmes du monde philosophique. Comme Flora Tristan et Jenny d'Héricourt, elle tente de démontrer rationnellement son caractère infondé. « Mais pourquoi ferait-on de la philosophie le domaine exclusif de l'homme ? Je ne saurais trouver à cela de raison. Nous serait-il interdit d'aimer la science, le vrai, la sagesse, le bien ? Et comment donc aimer ce que l'on nous défendrait de connaître[1] ? » Le défi à relever est en effet de taille pour des femmes, qui n'ont, pour la plupart, pas accès à une éducation solide, et encore moins à une initiation philosophique.

Sans être socialiste, Clémence Royer, profondément influencée dans sa jeunesse par les Journées de 1848, ces « éclairs dans la nuit[2] », est une fidèle des principes de la Révolution. Ardente défenseure de la science comme source de tous les progrès, elle est aussi, comme beaucoup de féministes et de scientifiques de son époque, résolument anticléricale. Le dogme catholique constitue à ses yeux la principale entrave au

1. Clémence Royer, « Introduction à la philosophie des femmes », dans Geneviève Fraisse, *Clémence Royer, philosophe et femme de science*, Paris, La Découverte, 2002 (1985), p. 113.
2. C. Royer, « Autobiographie de Clémence Royer », dans Aline Demars, *Clémence Royer l'intrépide. La plus savante des savants*, Paris, L'Harmattan, 2005, p. 30.

développement scientifique et à la libération de l'humanité. Tout en confiant ses propres difficultés à se sentir légitime, Clémence Royer encourage son public à se lancer malgré tous les obstacles dans l'aventure des concepts, sans crainte. Son argument est simple : puisque les pires absurdités ont jusqu'ici été inventées par des hommes, « si nous ne faisons mieux, il est impossible du moins que nous fassions pis[1] ! ». En 1863, elle fait une autre démonstration publique que sa pensée est à la hauteur des penseurs de son temps, puisqu'elle obtient le premier prix d'un concours sur la question de la réforme de l'impôt[2]. Ironie de l'histoire, elle est classé *ex-aequo* avec Pierre-Joseph Proudhon.

Quelques décennies plus tard, la philosophe décède dans une détresse absolue. « J'aurais dû être professeur. Il m'eût fallu une chaire. [...] Et voilà pourquoi votre fille est muette[3] », écrit-elle à la fin de sa vie à un ami, à bout de forces. À la recherche permanente d'une stabilité professionnelle et matérielle, elle s'est vu refuser quelques années auparavant l'accès pour enseigner à la Sorbonne, faute des diplômes nécessaires. « Elle n'était pas docteur, les brevets de l'université n'avaient pas été accessibles à sa jeunesse[4]. » C'est en effet en autodidacte qu'elle a dû se former. En fait de Sorbonne, elle finit par donner quelques cours... à la mairie du VIe arrondissement de Paris.

Après son décès, la Société d'anthropologie de Paris se montre plus intéressée par l'autopsie de son cerveau que par son œuvre. Elle demande à examiner son crâne afin de résoudre l'énigme de l'intelligence de cette femme à la connaissance encyclopédique hors du commun[5].

1. C. Royer, « Introduction à la philosophie des femmes », *op. cit.*, p. 114.
2. Son mémoire est publié à Paris en deux volumes sous le titre : *Théorie de l'impôt, ou La dîme sociale.*
3. Albert Milice, *Clémence Royer et sa doctrine de la vie*, Paris, J. Peyronnet et Cie Éditeurs, 1926, p. 117.
4. C. Royer, « Autobiographie de Clémence Royer », *op. cit.*, p. 40.
5. *Ibid.*

Chapitre 2

L'exclusion des femmes philosophes en République

« Se marier à la philosophie, somme toute, ça vaut mieux que d'épouser Jésus-Christ. »

Andrée Téry

En 1878, un demi-siècle après la position assumée par Victor Cousin, un projet de loi semble enfin remettre en cause cette injonction qui déniait aux femmes l'apprentissage philosophique public. « Le cours de philosophie comprendra, comme dans les collèges de garçons, la psychologie, la logique et la morale[1] », annonce-t-on au ministère de l'Instruction publique. Les trois branches de la philosophie figurant dans les programmes scolaires masculins seraient, pour la première fois, présentes dans les programmes scolaires féminins.

Les temps ont changé : la monarchie puis l'Empire ont été emportés, la république libérale s'est affirmée et la IIIe République est née. Ce nouveau régime est pensé par ses promoteurs comme un horizon indépassable, l'achèvement d'une histoire politique inaugurée par la Révolution. Liberté individuelle, égalité formelle devant la loi, sacrement de la propriété privée, légitimation du

1. Camille Sée, « Proposition de loi sur l'enseignement secondaire des jeunes filles », *Lycées et collèges de jeunes filles. Documents rapports et discours à la chambre des députés et au Sénat, décrets, arrêtés, circulaires, etc., relatifs à la loi sur l'enseignement secondaire des jeunes filles*, Léopold Cerf, Paris 1888, p. 63.

devoir national et du patriotisme, laïcisation de l'État – par opposition à la mainmise de l'Église catholique sur l'enseignement – constituent les ingrédients de cette reconfiguration politique, qui réélabore sur ces bases un enseignement public, y compris pour les femmes[1].

L'enseignement est réformé et réorienté autour de l'éducation civique et politique. L'instruction primaire, généralisée pour les deux sexes, acquiert un caractère gratuit, public, obligatoire et laïc, tandis que l'enseignement secondaire est redéfini au prisme des besoins de cette nouvelle configuration politique[2]. Le 21 décembre 1880, au terme de deux ans de discussions, l'enseignement secondaire public est ouvert aux jeunes filles, par une loi portant le nom de celui qui fut à son initiative, le juriste Camille Sée, proche de Jules Ferry. Véritable événement, elle met en place un système public et national d'écoles et de lycées pour filles, enseignement qui, pour la première fois dans l'espace public, sera dispensé par des femmes. Il présente aussi un caractère laïc[3].

Dans ce même esprit, le projet de loi propose d'assumer leur éducation philosophique, à contre-courant des directives énoncées par Victor Cousin quelques décennies plus tôt. Pourtant, cet aspect du projet de loi tourne rapidement court. Après de

1. Sur ces changements, consulter notamment le travail pionnier de Jean-Marie Mayeur, *Les Débuts de la Troisième République, 1871-1898*, Paris, Le Seuil, 1973.
2. Au sujet de la reconfiguration de l'enseignement public, voir notamment Lydie Heurdier et Antoine Prost, *Les Politiques de l'éducation en France*, Paris, La Documentation française, 2014.
3. Comme le rappelle la chercheure Rebecca Rogers, l'histoire de l'éducation des filles ne commence pas sous la IIIe République. Les révolutions de 1830 et surtout 1848, puis la Commune de Paris ont déjà pensé la question et introduit le débat en d'autres termes. De même, la création d'un enseignement secondaire des jeunes filles est amorcée par la loi Victor Duruy, en 1867. En revanche, la loi Camille Sée présente une configuration toute particulière et met en place des collèges et lycées de jeunes filles. R. Rogers, « Culture and Catholicism: France », *in* J. C. Albisetti, J. Goodman et R. Rogers (dir.), *Girls' Secondary Education in the Western World. From the 18th to the 20th Century*, New York, Palgrave MacMillan, 2010, p. 25-39 ; R. Rogers, *From the Salon to the Schoolroom. Educating Bourgeois Girls in Nineteenth-century France*, University Park, The Pennsylvania State University Press, 2005, chap. 7.

nombreux débats, le verdict tombe. La commission « s'effraya à l'idée de donner aux jeunes filles l'enseignement de la philosophie qui fut ainsi exclu du programme[1] », relate Camille Sée en personne, déçu par le rejet de cet enseignement tant espéré. Le rapport de la commission au Sénat, chargée d'examiner le projet adopté par la Chambre des députés, indique en effet que le cours de philosophie est retiré du programme initial ; plus exactement, il est amputé des deux-tiers et simplement « réduit au cours de morale[2] ».

Il s'en faut même de peu pour que cette partie ne soit, elle aussi, supprimée. Sur un total de 265 votants, 138 soutiennent ce texte minimaliste et 127 s'opposent même à l'enseignement de morale. À onze voix près, toute trace d'un enseignement philosophique disparaissait du nouvel enseignement secondaire des jeunes filles[3]. Que s'est-il donc bien passé pour qu'en à peine quelques mois un tel projet soit enfin mis à l'ordre du jour mais aussi promptement rejeté, inscrivant avec lui, de manière désormais légale et officielle, l'interdiction de l'enseignement de la philosophie pour les femmes sous la IIIe République ?

La loi Camille Sée ou le rejet légal de la philosophie pour les femmes

IIIe République et éducation familialiste

Se replonger dans l'atmosphère de cette période et les relations qui s'y tissent entre genre et République permet de saisir les contours

---

1. « Association polytechnique, Discours de M. Camille Sée. 11 juillet 1880 », *L'Enseignement secondaire des jeunes filles*, janvier 1891, p. 37. Cette revue, alors dirigée par Camille Sée, fait référence dans la gestion et les discussions autour de l'enseignement secondaire féminin public jusqu'en 1925.
2. « Rapport par M. Paul Broca », *Lycées et collèges de jeunes filles. Documents rapports et discours…*, *op. cit.*, p. 262.
3. Les chambres parlementaires sont alors exclusivement masculines. Ce sera le cas pour le Conseil de la République (Sénat) jusqu'en 1946.

de ces oscillations. Érigée sur l'écrasement de la Commune et du modèle alternatif de société qui l'accompagnait, y compris en ce qui concerne ses avancées pour les femmes, la IIIe République leur assigne, à toutes, une place les excluant de la citoyenneté, en leur mandant un rôle social strictement limité à celui de mère et d'épouse de citoyen et en les privant d'égalité politique[1]. La question de la place et des droits des femmes dans la société française et dans ses institutions est alors un thème amplement débattu. L'éducation publique est profondément affectée par cette reconfiguration[2] : pour les garçons comme pour les filles, elle est pensée comme une institution centrale, entièrement sous contrôle de l'État, susceptible de corriger les problèmes sociaux, de maintenir la jeune République unie et de parfaire cette nouvelle société au-delà de ses contradictions internes[3].

C'est dans ce cadre que s'inscrit le caractère novateur de cette loi concernant les filles ; et dans ces limites que prend sens l'enseignement secondaire féminin : l'État entend former non pas des citoyennes, mais des femmes de citoyens. Il s'agit de transmettre une vision familialiste, une perception différentialiste et naturalisante des femmes au sein de la bourgeoisie et de la moyenne bourgeoisie – les autres n'ayant, pour la plupart, pas accès à de telles études (l'école n'étant pas prévue pour être un lieu de mobilité sociale)[4].

---

1. Le contraste entre les conquêtes de la Commune et la suite de l'histoire des femmes sous la IIIe République peut être constaté à la lecture de Carolyn J. Eichner, *Franchir les barricades. Les femmes dans la Commune de Paris*, Paris, Éditions de la Sorbonne, 2018. Concernant l'influence de l'expérience de la Commune sur les décisions des républicains, voir notamment Robi Morder, « La Troisième République, l'État, l'école : le mouvement ouvrier entre autonomie et compromis », *Matériaux pour l'histoire de notre temps*, n° 78, 2005, p. 27-35.
2. K. Offen, *Debating the Woman Question in the French Third Republic, 1870-1920*, Cambridge, Cambridge University Press, 2017, p. X.
3. Sur le rôle tout particulier des universitaires dans cette tâche, voir Christophe Charle, *La République des universitaires (1870-1940)*, Paris, Le Seuil, 1994.
4. L'histoire de l'éducation des femmes sous la République a été inaugurée par Françoise Mayeur (*L'Éducation des filles en France sous la IIIe République*, Paris, Presses de la FNSP, 1979, et *L'Enseignement secondaire des filles en France au XIXe siècle*, Paris,

L'idéal de la famille bourgeoise se situe au cœur d'une stratégie de maintien de la cohésion sociale, dont les femmes de cette classe seraient les gardiennes[1]. La fin du XIXe siècle sacre la famille mononucléaire comme vecteur de reproduction, continuation et transmission de cette même organisation sociale libérale nouvellement conquise. Colonne vertébrale sur laquelle repose en grande part l'harmonie sociale, les familles sont considérées comme les unités de base du système de propriétés et comme des espaces de protection masculine, au sein d'une société concurrentielle qui rend instables les positions sociales[2]. Quoique subordonnées et soumises à l'autorité des maris, les femmes seraient les détentrices d'un pouvoir social et moral majeur, devant contribuer à la consolidation nationale. Ce rapport hiérarchique, mêlé à ce potentiel pouvoir (réel ou imaginaire), orientent les politiques éducatives qui valorisent leur rôle d'épouses de citoyens et centrent leur fonction sociale autour d'une maternité civique, en même temps qu'ils réduisent et limitent leur possibilité d'agir, en les privant de droits politiques[3].

La différence des sexes qui s'affirme dans les programmes des filles de l'enseignement secondaire est structurée par l'infériorité déclarée du sexe féminin. L'existence d'une « nature » des femmes légitime l'inégalité politique et justifie leur assignation à des tâches prédéfinies[4]. Un tel agencement, qui attribue un certain rôle et une certaine définition aux femmes, valorise certes l'éducation des

---

Hachette, 1977). Voir en outre : Rebecca Rogers, « L'éducation des filles : un siècle et demi d'historiographie », *Histoire de l'éducation*, n° 115-116, 2007, p. 37-79 ; Antoine Prost, « Inférieur ou novateur ? L'enseignement secondaire des jeunes filles (1880-1887) », *Histoire de l'éducation*, n° 115-116, 2007, p. 149-169 ; Nicole Mosconi, *Genre et éducation des filles. Des clartés de tout*, Paris, L'Harmattan, 2017.

1. Anne Martin Fugier, *La Bourgeoise*, Paris, Grasset, 2014.

2. Une telle instabilité est notamment décrite avec attention par l'historien Éric Hobsbawm dans *L'Ère des empires, 1875-1914*, Paris, Hachette, 2000.

3. K. Offen, *Debating the Woman Question in the French Third Republic*, *op. cit.*

4. C'est, du reste, un renforcement de ce qui se produit déjà au XIXe siècle (voir notamment Michèle Riot-Sarcey, *La Démocratie à l'épreuve des femmes*, Paris, Albin Michel, 1994). Le caractère genré de l'éducation se rencontre à cette même période dans divers pays européens, voir l'ouvrage comparatif de Rebecca Rogers, James C. Albisetti et Joyce Goodman (dir.), *Girls' Secondary Education in the Western World*, New York, Palgrave Macmillan, 2010.

futures mères de bonnes familles, mais les exclut de la sphère publique – les femmes provenant d'autres catégories sociales ne sont quant à elles pas même considérées. La différence de nature entre les sexes justifie par ailleurs l'articulation entre l'égalité universelle héritée des Lumières et de la modernité – revendiquée par le régime – et les inégalités concrètes qui mettent à mal la poursuite d'un horizon d'émancipation universelle.

Par suite, il n'y a nulle remise en cause de la division sexuelle du travail au sein de la famille mononucléaire, et il n'est pas question de voir les femmes de la bourgeoisie et de la petite bourgeoisie échapper à cette structure familiale grâce à l'enseignement et à l'acquisition de diplômes professionnalisant. Il ne saurait y avoir non plus, dans cette perspective, d'éducation commune aux deux sexes ; l'enseignement est strictement divisé entre enseignement masculin et enseignement féminin.

Hippolyte Stupuy, alors membre du Conseil municipal de Paris, synthétise parfaitement l'esprit de cet enseignement secondaire public des jeunes filles et les ambiguïtés sociales qu'il reflète : « Quiconque est soucieux de l'avenir et du progrès, reconnaît aujourd'hui la nécessité d'associer la femme au renouvellement intellectuel [...]. C'est à ce prix qu'on retrouvera la paix du foyer et un nouvel accord moral. Mais le sentiment doit conserver ses droits. N'oublions pas, en cultivant l'esprit de la jeune fille, ce mot si vrai d'un philosophe illustre que toute femme sans tendresse constitue une monstruosité sociale[1]. » L'accès de ces femmes aux savoirs est entendu comme condition de réalisation de la paix sociale et nécessité de perfectionnement de la société en vigueur – et non comme un moyen d'assurer leur autonomie en tant qu'individus. Il s'agit donc d'une forme de compromis qui valorise l'éducation féminine à condition de la limiter, sur les plans tant quantitatif que qualitatif.

1. Cité dans « Pensées inédites sur l'instruction de la femme et les lycées et collèges de jeunes filles », *L'Enseignement secondaire des jeunes filles*, 4 avril 1888, p. 161-162.

Au nom de cette recherche d'équilibre et de perfectionnement social, l'enseignement public mis en place pour les filles n'a aucunement vocation à être massif, ni à être tourné vers le baccalauréat, les humanités classiques ou la professionnalisation. Il destine les hommes diplômés (eux aussi peu nombreux) à la vie publique, tandis que les femmes qui y ont accès sont affectées à la vie privée et à un rôle maternel. Le savoir acquis par ces jeunes filles dans l'enseignement est subordonné à ces attentes, et s'oriente vers une éducation d'ordre pratique, en opposition aux activités spéculatives. Le combat des femmes pour accéder, dans ce cadre libéral républicain, à un statut politique et à une éducation massive et de qualité, est un long chemin[1].

Imaginez une femme traduisant Platon !

Au même titre que la physique et les mathématiques, la philosophie est exclue de l'enseignement féminin secondaire public. Toutes trois sont considérées inutiles à la réalisation de leur féminité et susceptibles d'entraver l'ordre social. À la séance du Conseil de l'Instruction publique du 19 janvier 1880, présidée par Léon Gambetta et portant sur l'enseignement de la philosophie, cette préoccupation apparaît clairement. Un homme rentrant chez lui ne souhaite tout simplement pas, y entend-on, « trouver sa femme observant les astres. Ou traduisant Platon ! Ou lisant un traité de haute métaphysique[2] ! ». Quelle utilité un tel savoir spéculatif pourrait-il avoir pour le foyer ? Que feraient les femmes avec de telles connaissances, si ce n'est se disperser au détriment de leur « devoir » marital ?

Sur ce point, les législateurs sont, en grande majorité, d'accord. Ils opposent la vie domestique quotidienne, réduite aux soins du

1. Yves Verneuil, « Politique et pédagogie. L'enseignement de la morale dans les lycées et collèges de garçons (1902-1923) », *Histoire de l'éducation*, n° 149, 2018, p. 101-157.
2. « Séance du 19 janvier 1880 », *Lycées et collèges de jeunes filles. Documents, rapports et discours...*, *op. cit.*, p. 204.

foyer, à l'acquisition de savoirs théoriques, réactivant une peur qui parcourait déjà le XIXe siècle et considérait l'accès des femmes aux savoirs intellectuels comme potentiellement dangereux : l'exercice d'un pouvoir de décision et de pensée autonomes pourrait contrarier l'activité domestique et maritale basée sur des relations asymétriques[1].

En revanche, le rapport à la philosophie est bien différent en ce qui concerne les garçons provenant du même milieu social : amplement défendue, elle est considérée comme partie prenante de leur formation de citoyens. Lorsqu'elle est menacée de réduction par la suppression du cours de métaphysique, les professeurs réagissent très mal et n'hésitent pas à affirmer que supprimer la métaphysique, « c'est vouer les esprits à la platitude[2] ». Cette peur de la médiocrité ne s'applique pas aux réflexions sur l'enseignement philosophique pour les filles. Si, au terme des débats, la métaphysique et la logique leur sont retirées, la métaphysique se trouve, dans l'enseignement masculin, agrémentée et augmentée d'un cours de théodicée visant à en renforcer le caractère laïc.

Le même jeu de miroir s'observe quelque temps plus tard, en 1898, lorsque le philosophe Alfred Fouillée s'oppose fermement à une proposition de réduire la philosophie enseignée aux lycées de garçons à un cours de morale[3] (comme celui des filles) : « Le jour où serait enlevée à l'enseignement secondaire cette grande force éducatrice de la philosophie, ce serait la chute dernière dans le vide moral[4]. » Dans *La Conception civique et morale de l'enseignement*, publié quelques années plus tard, il note que « la morale doit avoir

1. La liaison entre savoir intellectuel, genre et peur sociale a été longuement explorée dans les travaux de Geneviève Fraisse (voir *Muse de la raison. La démocratie exclusive et la différence des sexes*, Paris, Alinéa, 1989).
2. Cité dans B. Poucet, *Enseigner la philosophie*, *op. cit.*, p. 87.
3. Comme le rappelle Yves Verneuil, la question d'un enseignement de morale est centrale pour la période, y compris pour les garçons. À partir de 1902, un cours de morale est instauré dans les collèges et les lycées masculins : Y. Verneuil, « Politique et pédagogie », art. cité.
4. Alfred Fouillée, *Les Études classiques et la démocratie*, Paris, Armand Colin, 1898.

les bases solides dans la philosophie tout entière[1] ». Autrement dit, réduire le cours de philosophie enseigné aux garçons à un enseignement de morale, revient à l'amputer de ses propres fondements.

L'ensemble de la philosophie leur est jugé essentiel. Ils doivent autant étudier la métaphysique que la logique, la psychologie et la morale – au point que tout risque de diminution est perçu comme une véritable catastrophe. En revanche, seul l'aspect pratique et non spéculatif de la philosophie est considéré important pour l'enseignement féminin. Une telle appréciation repose sur des attentes genrées différentes. Ainsi, en 1890, Eugène Manuel, auteur des rapports au concours de l'agrégation pour l'enseignement secondaire des lettres pour les filles, qui contient une épreuve de morale, précise bien les directives et les attentes concernant la philosophie : « C'est dans l'enseignement des femmes surtout qu'il faut aboutir à une philosophie pratique et de tous les instants[2]. » L'enseignement philosophique féminin doit non seulement être réduit, mais encore orienté de manière à être immédiatement applicable – la réflexion étant pleinement subordonnée, pour les filles, à leur rôle social de mères et d'épouses. Le jugement du correcteur repose sur une distinction nette de l'utilisation de la philosophie, qu'il considère correspondre à l'esprit de l'enseignement public de la IIIe République et aux attentes sociales différentes selon les sexes.

Pour les garçons, l'examen sert à évaluer « un ensemble de connaissances ou l'histoire des doctrines sert à la théorie de fil conducteur, où chaque penseur demande à l'histoire des systèmes antérieurs les matériaux nécessaires à l'élaboration de son système propre[3] ». Pour les filles, l'épreuve de morale poursuit un objectif

1. A. Fouillée, *La Conception civique et morale de l'enseignement*, Paris, Éditions de la Revue Bleue, 1902, p. 57.
2. *L'Enseignement secondaire des jeunes filles*, janvier 1891, p. 183.
3. Eugène Manuel, « Rapport sur le concours d'agrégation pour l'enseignement secondaire des jeunes filles (lettres) en 1869 », *L'Enseignement secondaire des jeunes filles*, janvier 1890, p. 139.

bien différent : « Mais est-ce là l'objet proposé à nos aspirantes ? L'erreur serait grave. Heureusement, on peut demander à la philosophie d'autres leçons que celles qui découlent de la connaissance et des contradictions des systèmes. Elle peut avoir pour fin très légitime de diriger et de régler simplement la pensée, de lui imprimer une direction constante, d'accoutumer l'esprit à réfléchir sur les idées morales, de lui apprendre à interpréter par l'analyse psychologique les faits de la vie commune, de rechercher et de reconnaître le bon emploi de la volonté et de la raison[1]. »

Eugène Manuel prend soin de rappeler le risque que représenterait une mauvaise compréhension de la loi Camille Sée, qui aurait l'audace de considérer l'enseignement de la philosophie pour les filles comme un espace de formation intellectuelle des citoyennes à l'esprit autonome et critique ; et il insiste en retour sur le fait que l'enseignement de la morale pour les filles et de la philosophie pour les garçons correspondent à des intérêts et des attentes sociales bien différentes, qui suivent la logique de la différence des sexes. Une telle appréciation identifie, une nouvelle fois, le savoir philosophique au seul domaine masculin.

La philosophie, étalon des valeurs républicaines de la fin du siècle

Une exclusion majeure de la discipline du couronnement

La philosophie est pourtant loin d'être considérée comme purement spéculative et inutile. Comme les autres savoirs, l'activité philosophique a été profondément affectée par la division du travail intellectuel depuis le début du XIXe siècle[2]. Devenue une discipline scolaire, elle est réglementée par le ministère de

1. *Ibid.*
2. Concernant ces évolutions, se reporter à Bruno Poucet, *Enseigner la philosophie*, *op. cit.* Sur le processus de spécialisation des savoirs, voir notamment Gisèle Sapiro, *La Sociologie de la littérature*, Paris, La Découverte, 2014, p. 35-56.

l'Instruction publique autour de programmes officiels, de diplômes et de concours publics d'accès au professorat – la licence, l'agrégation et le doctorat, ainsi que la publication dans des revues reconnues, sont autant d'impératifs pour être qualifié de « philosophe ». Complètement modernisé en 1891, le baccalauréat est dorénavant incontournable et la philosophie en constitue une discipline centrale depuis l'instauration d'une épreuve en 1866, tandis que la « classe de philosophie », dernière année de l'enseignement secondaire, est pensée comme le lieu d'apprentissage de la citoyenneté en vigueur.

Un phénomène nouveau s'imbrique à ce processus de fragmentation et d'institutionnalisation, éclairant par contrecoup le rejet de l'enseignement de la philosophie pour les filles. Avec la IIIe République, le savoir philosophique devient la pratique culturelle républicaine par excellence, consacrant la philosophie en véritable discipline de couronnement[1]. Le cours de philosophie représente, en 1885, neuf des dix-huit heures de cours hebdomadaires, soit la moitié de l'enseignement des garçons. Cette position privilégiée tient à ce que la philosophie est investie d'un pouvoir d'action directe sur la société : elle serait en mesure d'inculquer aux futurs citoyens les valeurs et les principes moraux de la société démocratique libérale. « La réflexion sur ces principes ne peut être que philosophique ; elle est la philosophie même[2] », résume Alfred Fouillée.

Plus encore, dans ce climat de recherche de stabilisation et de perfectionnement social, mais aussi de crainte de nouvelles ruptures sociales à caractère révolutionnaire, la philosophie serait propice à la construction de la stabilité étatique ; elle contribuerait à lutter contre l'individualisme et à asseoir un consensus moral[3].

1. Voir J.-L. Fabiani, *Les Philosophes de la République*, *op. cit.*
2. A. Fouillée, *La Conception morale et civique de l'enseignement*, *op. cit.*, p. 64.
3. Les courants explorant sous la IIIe République la lutte contre l'individualisme sont notamment explorés dans Laurent Fedi, « Lien social et religion positiviste chez les penseurs de la Troisième République », *Revue des sciences philosophiques et théologiques*, vol. 87, n° 1, 2003, p. 127-151.

« C'est encore au professeur de philosophie qu'il appartient d'éveiller chez les esprits qui lui sont confiés l'idée de ce qu'est une loi [...], [et] que par conséquent les révolutions au sens propre du mot sont choses aussi impossibles que les miracles[1] », énonce sur ce point le philosophe et sociologue Émile Durkheim. Les mots ne peuvent être plus explicites.

Le système scolaire consacre la philosophie comme l'enseignement qui prépare les esprits masculins utiles à la nation à suivre des études supérieures, et leur permet d'accéder à la maturité citoyenne. Elle est l'étape ultime de la formation du citoyen[2]. La mission sociale qui lui est ainsi attribuée est d'améliorer le régime en vigueur et d'en garantir la stabilité, en se mettant au service de la construction d'une morale républicaine et en modelant la vision du monde des futurs citoyens. L'enseignement de la philosophie doit garantir l'autonomie de pensée des individus, dans les bornes de la nouvelle configuration politique. Il faut donc veiller à manier la discipline avec prudence, en lui posant des limites bien précises dans laquelle les libertés masculines pourront s'épanouir[3].

En toute logique, les philosophes obtiennent, dans les premières décennies du régime, de nombreux postes à haute responsabilité et occupent une place prédominante dans la formulation de la pédagogie républicaine[4]. La plupart des postes clés dans

---

1. Émile Durkheim, « La philosophie dans les universités allemandes », *Revue internationale de l'enseignement*, n° 13, 1887, p. 313-328 et p. 323-340.
2. L. Heurdier et A. Prost, *Les Politiques de l'éducation en France*, *op. cit.*, p. 86.
3. J.-L. Fabiani, *Les Philosophes de la République*, *op. cit.* Voir aussi Stéphane Soulié, *Les Philosophes en République*, Rennes, PUR, 2009.
4. C. Charle, *La République des universitaires (1870-1940)*, *op. cit.* ; Frédéric Worms (dir.), *Le Moment 1900 en philosophie*, Villeneuve d'Ascq, Presses du Septentrion, 2004. Sur le rôle fondamental de Ferdinand Buisson dans la pensée et l'organisation de l'enseignement public : Daniel Denis et Pierre Kahn, *L'École de la Troisième République en questions. Débats et controverses dans le* Dictionnaire de pédagogie *de Ferdinand Buisson*, Berne, Peter Lang, 2006. Voir en outre Laurence Loeffel, *La Morale à l'école selon Ferdinand Buisson*, Paris, Tallandier, 2013 et Patrick Cabanel, *Ferdinand Buisson. Père de l'école laïque*, Genève, Labor et Fides, 2016.

l'organisation de l'enseignement sont dévolus à des philosophes, et ce dans le primaire comme dans le secondaire ou le supérieur. Ferdinand Buisson, auteur du très représentatif *Dictionnaire de pédagogie*, est directeur de l'enseignement primaire de 1879 à 1896 ; Élie Rabier, agrégé et professeur de philosophie, dirige pour sa part l'enseignement secondaire de 1889 à 1907 ; Louis Liard, autre philosophe de formation, est directeur de l'enseignement supérieur de 1884 à 1902 et acteur clé du renouvellement de l'université française[1].

S'y ajoutent les inspecteurs : Charles Zévort, agrégé de philosophie et professeur, est inspecteur général de l'Instruction publique pour l'enseignement supérieur de 1879 à 1887, tandis que Jules Lachelier, autre agrégé de philosophie, est inspecteur de l'académie de Paris en 1875 puis inspecteur général de l'Instruction publique de 1879 à 1902. Les philosophes sont aussi très présents dans l'enseignement public des jeunes filles alors en pleine élaboration. Professeur à la Sorbonne, Paul Janet devient rapporteur des règlements relatifs à l'enseignement secondaire des jeunes filles ; et Henri Marion, rapporteur des deux décrets de réglementation de la loi Camille Sée, donne ensuite le cours de morale à l'École normale supérieure de Fontenay aux Roses, réservée aux filles et à la formation de futures enseignantes.

Somme toute, le rejet de l'enseignement philosophique pour les filles ne constitue pas une simple exclusion de plus dans la sphère des savoirs : l'importance du geste, sa force symbolique est à la mesure de la place centrale occupée par la philosophie et par les philosophes au sein d'un système politique qui assoit ainsi la

1. Voir Patrick Dubois, « Rabier (É.). », *Le Dictionnaire de pédagogie et d'instruction primaire de Ferdinand Buisson. Répertoire biographique des auteurs*, Paris, Institut national de recherche pédagogique, 2002, p. 120 ; et Yves Verneuil, « Un protestant à la tête de l'enseignement secondaire : Élie Rabier », *Histoire de l'éducation*, n° 110, 2006, p. 111-139. Sur Louis Liard, Alain Renaut, « L'élitisme républicain », *in* A. Renaut (dir.), *Les Révolutions de l'Université. Essai sur la modernisation de la culture*, Calmann-Lévy, 1995, p. 153-202.

différence éducative entre les filles et les garçons et met la différence des sexes au service de la stabilisation sociale. Il revêt également une dimension tout à fait concrète, en instituant une barrière empêchant aux femmes d'accéder au baccalauréat et aux études supérieures, et donc à une évolution professionnelle et intellectuelle par les diplômes[1]. Ce sont bien le champ des possibles et les chances d'avenir des femmes qui se trouvent ainsi strictement limités.

Henri Marion : les femmes comme collaboratrices des philosophes

Au moment même où s'installe le triomphe républicain de l'activité philosophique, les filles sont donc exclues de cet enseignement. Au moment où République et savoir philosophique s'imbriquent, les modalités juridiques du droit à philosopher récusent la présence des femmes. Chargée de l'inculcation de ses valeurs aux futurs citoyens, la philosophie institutionnelle devient un des espaces d'incarnation de nouvelle synthèse libérale. La République étant elle-même organisée de manière à ce que les femmes ne soient pas citoyennes, la philosophie ne peut pas non plus leur être accessible. Expression et étalon des valeurs de cette République, elle doit, en toute cohérence, rester impérativement masculine.

Parmi les philosophes les plus influents de la fin du XIXe siècle, Henri Marion (1846-1896), est lui-même longtemps fidèle à cette posture. En première ligne de l'enseignement pour les filles, auteur d'un célèbre manuel de morale laïque, élu au Conseil supérieur en 1880, rapporteur des règlements relatifs à l'enseignement secondaires des jeunes filles à Sèvres, c'est à lui que revient la tâche de professer des cours de morale et de psychologie à l'École normale d'institutrices de Fontenay aux Roses, cours rapidement publiés

1. Hélène Charron, « Accès des femmes aux diplômes universitaires et transformation des régimes de genre : le cas des docteures en lettres et en droit avant 1945 en France », *Labrys, études féministes*, juillet-décembre 2012.

pour servir de référence[1]. On dit de lui qu'il parle à « des femmes comme à des êtres capables de raison et de conscience[2] ». Quelques années plus tard, son ouvrage *Psychologie de la femme* (1900) synthétise ses positions. Il se montre alors tout à fait conscient des changements qui s'amorcent concernant la réussite intellectuelle des femmes : il rappelle par exemple que l'université de Bruxelles a reçu en 1892 sa première femme docteure en philosophie, Marguerite Gombert[3] ; il cite aussi Laura Bassi, philosophe et scientifique, l'une des premières à obtenir une chaire à l'université de Bologne au XVIIIe siècle, et dont il reconnaît les mérites.

Il n'en demeure pas moins qu'à ses yeux l'enseignement de la philosophie ne doit pas être considéré comme une éducation en soi, ayant pour objectif de favoriser l'émergence de femmes philosophes ; le but est plutôt de les éduquer à mieux se tenir en société. Pour le bien de la République, écrit-il au sujet de « la » femme, « au lieu de travailler exactement comme nous et aux mêmes choses, de nous doubler en tout, et d'avoir comme idéal de devenir un Descartes, un Newton ou un Pasteur, il suffit qu'elle s'intéresse sérieusement aux travaux des hommes, qu'elle les comprenne et les encourage. Elle y collabore rien qu'en s'y intéressant, parce qu'elle force l'homme à y mettre plus de lumière et de chaleur ; elle les récompense et les encourage rien qu'en les goûtant[4] ». La différence des sexes justifie ainsi la politique d'inégalité qui a cours dans l'éducation publique[5].

---

1. *Leçons de psychologie appliquées à l'éducation*, Paris, Armand Colin, 1882 ; *Leçon de morale*, Paris, É. Lahure, 1882.
2. « Leçon d'ouverture du cours de science de l'éducation, faite à la Sorbonne le 3 décembre 1896 par M. F. Buisson », *L'Enseignement secondaire des jeunes filles*, 15 décembre 1896, p. 252. Pierre Hayat, *La Raison dans l'éducation. Henri Marion et l'instruction républicaine*, Paris, Kimé, 2012.
3. Henri Marion, *Psychologie de la femme*, Paris, Armand Colin, 1900, p. 221. Concernant la philosophe Marguerite Gombert, voir Charles Van Lerberghe, *N'êtes-vous pas pâtineuse ? Lettres à Marguerite Gombert*, Bruxelles, Le Cri éditions, 2007.
4. H. Marion, *Psychologie de la femme*, *op. cit.*, p. 219-220.
5. Nicole Mosconi, « Henri Marion et "l'égalité dans la différence" », *Le Télémaque*, n° 41, 2012, p. 133-150.

Une femme qui connaît les références de la philosophie morale est une femme de qualité, mais une femme qui philosophe sort de son rôle. Quelques années plus tard, il commente à nouveau la loi Camille Sée et son propos est sans ambiguïté : « Il n'a jamais été question d'enseigner toute la philosophie à nos filles [...]. Je ne vois aucune raison de pousser les femmes en général vers les subtilités dialectiques ou les grandes constructions métaphysiques[1]. » Henri Marion concède tout juste ne pas être dérangé par une femme philosophe lorsqu'il s'agit d'un « cas extrême et rarissime de vocation décidée[2] ». Autrement dit, les exceptions sont acceptables à condition qu'elles ne remettent pas la règle en jeu. Le ton est donné. Le projet de la République pour les femmes n'est pas celui des subtilités dialectiques.

L'enseignement philosophique pour les filles : héritage catholique ou projet laïc ?

Au cœur des tensions entre projet laïc et catholicisme

La peur de l'implantation de l'enseignement philosophique ne repose pas seulement sur la suspicion d'un potentiel dérèglement familial, mais aussi sur une incertitude quant à la définition à donner à l'enseignement philosophique des jeunes filles, dans le nouveau contexte républicain. Camille Sée lui-même, en proposant de mettre la philosophie au programme de l'enseignement féminin, n'a pas pour objectif d'aller à l'encontre d'une vision familialiste du savoir des femmes, ni de leur donner accès à une profession. Le but est d'utiliser la philosophie comme espace d'inculcation de la morale républicaine laïque en construction : « Je ne voulais pas que l'enseignement religieux fût donné dans les classes. Et, alors, j'avais pensé que la philosophie, soulevant les

1. H. Marion, *L'Éducation des jeunes filles*, Paris, Armand Colin, 1910, p. 352-353.
2. *Ibid.*, p. 353.

mêmes questions, mais les soulevant, abstraction faite des croyances et des dogmes particuliers, pouvait prendre avec avantage la place de l'enseignement religieux[1]. »

En d'autres termes, il aspire avant tout à retirer l'enseignement des filles de l'espace d'influence de l'Église. Un tel motif est résumé par la féministe et journaliste Andrée Téry (Andrée Viollis, 1870-1950) quelques années plus tard, dans une formule révélatrice : « Se marier à la philosophie, somme toute, ça vaut mieux que d'épouser Jésus-Christ[2]. » Même sans proposer de rupture sociale genrée, la proposition de Camille Sée est néanmoins jugée trop audacieuse, et presque unanimement rejetée.

Ce qui en faisait le cœur est cependant maintenu avec la réduction de la philosophie à la morale. Cette position suscite d'âpres débats et est adoptée de justesse car prise dans la lutte retentissante entre la promotion d'un enseignement laïc et d'une morale républicaine, qui visent à asseoir l'autorité de l'État, et la défense de l'influence de l'Église catholique[3]. Soustraire les femmes issues de la bourgeoisie et de classe moyenne à la mainmise cléricale est dans cette perspective un enjeu majeur. Parce qu'elles sont perçues comme détentrices d'une influence sociale et familiale sans égale, la rupture de leurs liens avec les espaces de pouvoir catholique constitue, pour les anticléricaux, une condition nécessaire à la mise en place d'une morale républicaine abritée et remodelée par l'État[4]. En conséquence, les réformes de l'enseignement féminin sont marquées par une résistance de

1. « Association polytechnique, Discours de M. Camille Sée. 11 juillet 1880 », *L'Enseignement secondaire des jeunes filles*, 15 janvier 1891, p. 36.
2. « Les congrès. Psychologie », *La Fronde*, 21 août 1900, p. 2.
3. Voir notamment : J.-M. Mayeur, *Les Débuts de la Troisième République*, *op. cit.* ; Laurence Loeffel, *La Question du fondement de la morale laïque sous la IIIe République (1870-1914)*, Paris, PUF, 2000.
4. Voir R. Rogers, « Culture and Catholicism », art. cité, p. 32 ; et R. Rogers, *From the Salon to the Schoolroom*, *op. cit.*, p. 227-253. Il faut souligner que cette préoccupation de fonder une école publique laïque pour les jeunes filles est beaucoup moins présente dans les colonies françaises.

l'Église, alors alliée aux secteurs monarchistes et conservateurs hostiles à ce modèle étatique[1].

Pour des raisons historiques, les philosophes jouent un rôle privilégié dans l'élaboration d'une morale à distance de toute codification cléricale. Entrée, depuis la modernité et avec pour point culminant les Lumières, dans un processus d'autonomisation de la théologie, qui l'abritait jusqu'alors, la philosophie devient peu à peu une activité basée sur les principes de la raison scientifique[2]. En retour, l'encyclique de 1879 de Léon XIII, *Aeterni patris*, qui porte sur la philosophie chrétienne, invite les chrétiens à enseigner une philosophie à même de combattre la sécularisation et la laïcisation des sociétés en préservant les vérités religieuses. Ainsi, il appartiendrait « aux sciences philosophiques de protéger religieusement les vérités divinement révélées, et de résister à l'audace de ceux qui les attaquent. C'est là, certes, un beau titre d'honneur pour la philosophie, d'être appelée le boulevard de la foi, et comme le ferme rempart de la religion[3] ».

L'espace philosophique du tournant du siècle, au sens le plus large, est amplement divisé sur ce point. Du côté de l'université et de l'enseignement public, plusieurs des acteurs les plus influents jouent un rôle central dans la formation d'une morale républicaine laïque, nouveau débouché de la philosophie et nouvelle légitimation de son rôle politique[4]. Émile Boutroux, Lucien Lévy-Bruhl, Alfred Fouillée, Charles Renouvier, Henri Marion, Victor Brochard, Jules Simon, Louis Liard, Émile Durkheim et parmi les femmes, Clémence Royer, publient ainsi tous sur la question de la morale.

---

1. Y. Verneuil, « L'école et la laïcité, de l'Ancien Régime à nos jours : enjeux du passé, enjeux dépassés ? », *Tréma*, n° 37, 2012, p. 130-143.
2. B. Poucet, « Laïcité et enseignement de la philosophie », *Spirale. Revue de recherches en éducation*, n° 39, 2007, p. 81-91.
3. L'encyclique est disponible dans son intégralité sur le site du Vatican.
4. J-L. Fabiani, *Les Philosophes de la République*, *op. cit.*

Contre l'enseignement de la morale pour les filles : Émile Keller, Jules Simon, Anselme Batbie, Albert de Broglie

La morale, comme partie du savoir philosophique, peut-elle exister sans recourir à l'enseignement de la métaphysique ? Telle est la question soulevée lors du débat devant le Conseil de l'Instruction publique concernant l'enseignement de la morale pour les filles, unique partie survivante du cours de philosophie d'abord envisagé. Si l'enseignement de la philosophie a été jugé inadapté à leur nature et inutile à leur éducation, le maintien de la morale est lui aussi considéré comme un danger, mais cette fois, par des acteurs anti-laïques : la morale en question pourrait se fonder sur une conceptualisation de la vie sociale dénuée de fondements religieux. Les cléricaux y perçoivent à juste titre une potentielle perte d'influence. Républicains laïcs et cléricaux s'accordent sur une vision naturalisante et différencialiste des femmes, les débats autour de l'enseignement de la morale révèlent en revanche des aires d'influence rivales et discordantes[1].

Ainsi, lors de la deuxième délibération à la Chambre des députés, le 19 janvier 1880, le parlementaire catholique et anti-laïque Émile Keller est le premier à s'élever contre un enseignement de philosophie réduit à la seule morale. « Je vous demande quelle sera cette morale, y a-t-il au monde une question plus sérieuse et qui intéresse davantage l'avenir du pays[2] ? », s'inquiète-t-il. Il récuse toute morale laïque, en affirmant « l'impossibilité d'établir quelque chose en morale, alors qu'on ne veut absolument rien définir en métaphysique et en religion[3] ». Pour lui,

1. Florence Rochefort (dir), *Le Pouvoir du genre, Laïcités et religions, 1905-2005*, Toulouse, Presses Universitaires du Mirail, 2007.
2. « Chambre des députés, Discours de M. Émile Keller », *Lycées et collèges de jeunes filles. Documents, rapports et discours*..., *op. cit.*, p. 179. Se reporter aussi à « La séance », *Le Temps*, 21 janvier 1880. Sur ce député belfortain, voir Pierre Ognier, *Une école sans Dieu ? 1880-1895 : l'invention d'une morale laïque sous la Troisième République*, Toulouse, Presses universitaires du Mirail, 2008, p. 45-46.
3. « Chambre des députés, Discours de M. Émile Keller », *Lycées et collèges de jeunes filles. Documents, rapports et discours*..., *op. cit.*, p. 179.

philosophie, métaphysique et théologie sont pleinement liées et le maintien du cours de morale seul est, dans cette mesure, jugé inadmissible.

C'est surtout à la fin novembre 1880 que la discussion se durcit. Lors de la séance du 22 novembre, Henri Martin, rapporteur du projet de loi sur l'enseignement secondaire des jeunes filles, historien, écrivain et membre de l'Académie française, argumente en rappelant que la philosophie enseignée n'a rien d'antireligieux, car le débat porte sur l'enseignement ecclésiastique et sur l'enseignement d'État et non sur une question d'opinion religieuse[1]. Il est au demeurant un des seuls présents à défendre un enseignement philosophique plus étoffé pour les jeunes filles. Il soutient le projet de Camille Sée parce qu'il défend la philosophie comme un principe pour la formation de tout individu, quel qu'il soit. Il perçoit dans le combat contre l'enseignement de la philosophie pour les filles un préjugé plus général contre la spéculation, dans un moment de développement des sciences naturelles, qui tendent, selon lui, à discréditer l'activité conceptuelle. Il refuse une certaine vision utilitariste du cours de philosophie, qu'il considère avant tout dans son acception d'activité réflexive, dédiée à « l'art de penser ».

C'est ainsi qu'il répond au directeur du *Siècle*, Philippe Jourde, qui avait décrié la présence de philosophie dans le projet de loi : « Il n'est pas inutile d'étudier les formes et les opérations de l'esprit humain, comme le fait la psychologie ; et quant à la logique, elle n'est pas seulement un débris de scolastique du moyen-âge ; elle *procède* des plus grands esprits de l'antiquité, des pères de la philosophie. Il est bon de se rappeler que les hommes de l'école de Descartes l'appelaient non point l'art de raisonner, mais l'art de penser. Notre siècle a beaucoup perfectionné l'art

1. « Suite de la première délibération sur le projet de loi, présidence de Léon Say », *ibid.*, p. 308-309.

d'observer et d'expérimenter, et c'est son honneur ; mais il importe que ce ne soit pas aux dépens de l'art de penser[1]. »

Lors des débats, le député légitimiste Charles Chesnelong répond que si ce projet d'enseignement aboutit, « les libres penseurs qui ne croient ni à Dieu, ni à l'âme, ni à la responsabilité d'outre-tombe, viendront vous sommer, au nom de la liberté de leurs consciences, de chasser de vos écoles ces restes de mythologie dont ils ne veulent plus[2] ». Pour lui, Dieu relève bien d'une question philosophique et son évacuation entraînerait la création d'un enseignement laïc ; il ne consent donc à la mise en place de l'enseignement de morale qu'à la condition que le cours s'intitule « enseignement moral et religieux[3] ».

En réponse, Jules Simon est le premier à affirmer qu'il faudrait, dans ce cas, supprimer complètement la morale des programmes féminins[4]. Agrégé et docteur en philosophie, successeur de Victor Cousin à la Sorbonne, il fait part de son inquiétude quant à la mise en place d'une morale théorique pour les jeunes filles. Quelques années plus tard, il expose sa conception des rapports de genre dans un célèbre ouvrage, où il concède que « les femmes aiment la philosophie » et « y réussissent[5] », avant de préciser que, malgré leur capacité intellectuelle, il n'est souhaitable que les femmes philosophent que si cette activité leur sert à renforcer leur « autorité morale à l'intérieur de la famille[6] ». Il pense en effet

1. « Informations parlementaires », *Le Siècle*, 7 novembre 1878. Henri Martin est un républicain libre-penseur, maire du XVIe arrondissement de Paris, député de Paris, membre de l'Académie et sénateur (Jules Simon, « Notice historique sur la vie et les travaux de M. Henri Martin », *Le Temps*, 2 décembre 1888 ; « Henri Martin », *L'Enseignement secondaire des jeunes filles*, 15 janvier 1885, p. 220-226).
2. « Séance du 22 novembre 1880, suite de la première délibération sur le projet de loi relatif à l'enseignement secondaire des jeunes filles. Présidence de M. Léon Say », *Lycées et collèges de jeunes filles. Documents, rapports et discours…*, *op. cit.*, p. 327.
3. *Ibid.*, p. 343.
4. *Ibid.*, p. 341.
5. Jules Simon et Gustave Simon, *La Femme du vingtième siècle*, Paris, Calmann Lévy, 1892, p. 22.
6. *Ibid.*, p. 1.

que les femmes ont à lutter contre le relâchement des mœurs et à garantir les liens familiaux. Le modèle auquel il se réfère est celui des femmes illustres du XVIIe siècle, soit une conception d'avant la Révolution française. Profondément conservateur, il est critiqué par des féministes pour ses propos sur le mariage et son opposition radicale au divorce[1].

C'est encore lui qui, autour d'un débat pour savoir si l'Institut peut ou non être ouvert aux femmes, répond ironiquement que la porte leur « est plutôt fermée[2] ». Il n'hésite pas non plus à affirmer, concernant les classes laborieuses, que « la femme devenue ouvrière n'est plus une femme[3] », car elle devrait être au foyer. Durant les débats au Sénat portant sur l'enseignement primaire obligatoire, il demande aussi à faire modifier le texte adopté par la Chambre des députés en proposant l'inscription dans les programmes des « devoirs envers Dieu[4] » aux côtés de devoirs envers la Patrie.

Après l'intervention de Jules Simon, Henri Martin s'oppose à cette suppression radicale, rappelant que « tous les autres chapitres de l'enseignement philosophique du programme des lycées et collèges » ont disparu du projet de loi, « c'est là, la dernière partie, et, en quelque sorte, tout ce qui reste, tout ce qu'il est indispensable de conserver[5] ». Fervent catholique et antirévolutionnaire, Anselme Batbie prend alors la parole pour exiger la suppression de l'enseignement moral conçu en ces termes, c'est-à-dire sans métaphysique et sans référence explicite à la religion catholique. Il souligne que « les philosophes soutiennent, en

---

1. Sur ce point : Camille, « Le divorce », *La Citoyenne*, n° 6, 5 juin-2 juillet 1882.
2. A. Milice, *Clémence Royer et sa doctrine de la vie*, *op. cit.*, p. 190.
3. « Ce qui a été fait en France pour la femme qui travaille », *Union nationale des femmes*, n° 26, 10 juillet 1929, p. 1.
4. « Intérieur. Sénat », *La Citoyenne*, n° 22, 10 juillet 1881.
5. « Séance du 22 novembre 1880, suite de la première délibération sur le projet de loi relatif à l'enseignement secondaire des jeunes filles. Présidence de M. Léon Say », *Lycées et collèges de jeunes filles. Documents, rapports et discours...*, *op. cit.*, p. 345.

grande majorité, que la morale n'est pas indépendante de la métaphysique[1] ». Tel est bien le cœur de la discorde.

À la séance du 10 décembre 1880, le monarchiste Albert de Broglie souligne que le cours de philosophie dans les lycées de garçons est un cours qui affirme l'existence de Dieu mais que « le cours que l'on nous propose pour les jeunes filles est tout autre chose : c'est un cours de morale qui, comme on nous l'a dit, ne devra relever ni de la religion ni de la philosophie[2] ». Il revendique, lui aussi, soit la mise en place d'un enseignement de la philosophie de nature théologique, soit la suppression complète de l'enseignement de la morale.

Quoique réduit à la morale, l'enseignement de philosophie pour les filles constitue un véritable instrument de dispute politique qui n'a, en ces termes, que faire de l'émancipation des femmes comme êtres autonomes et libres et se positionne, en ce sens, bien loin des revendications proposées par les philosophes Flora Tristan, Jenny d'Héricourt ou Clémence Royer.

Le programme de morale pour les filles : Nation, religion et famille

La position de ces acteurs anti-laïcs ne prévaut pas, elle n'est toutefois déboutée qu'à onze voix près. L'enseignement secondaire des filles approuvé est divisé en trois années, plus deux supplémentaires pour les plus aguerries ; la morale n'intervient qu'à partir de la troisième année, à hauteur d'une heure par semaine. Son programme est en grande partie calqué sur le modèle masculin. Marqué par l'influence de la pensée allemande, le cours élaboré par l'institution et les philosophes propose un certain usage de la morale philosophique kantienne, dont il retient le retrait de la religion de la sphère étatique et sa relégation dans le domaine privé, articulés à la mise en place d'une morale

1. *Ibid.*, p. 345-346.
2. *Ibid.*, p. 399.

publique laïque, dont la Patrie devrait être le centre. La loi et son strict respect de la part des citoyens sont justifiés par le principe patriote, valeur abstraite et collective qui devrait subsumer toutes les autres.

Plus précisément, la première année de morale pour les filles[1] aborde les « notions préliminaires », qui concernent les concepts libéraux « droit », « devoir », « libre-arbitre », « responsabilité », mais aussi « morale pratique » (qui englobe la maison et la famille) et « devoirs domestiques », explorant « les relations entre les parents et les enfants ; entre frères et sœurs, entre époux et encore maîtres et domestiques ». Les « devoirs de la famille envers l'État » y sont aussi présents, comme ceux concernant « la Patrie, l'État, les citoyens, l'autorité publique, la Constitution, les lois ». Suivent les « devoirs généraux de la vie civile », dans lesquels se trouvent aussi les « devoirs religieux », qui portent sur le sentiment religieux et le rapport à la morale, tout comme ce qui est intitulé « la vie future et Dieu ». La deuxième année est basée sur une lecture kantienne de la morale et la notion de « devoir pur », opposé à une morale utilitaire et individualiste. La dernière année traite, quant à elle, de la question de la conscience, concept dont on souligne qu'il exige à la fois intelligence et sensibilité. S'y trouve notamment la rubrique « imagination », dont on entend souligner « son utilité et ses dangers, les moyens de la développer et la contenir ». Le programme des trois ans se termine sur une conclusion concernant l'importance d'aborder les questions pour « l'élévation de l'âme ».

L'épreuve de morale au certificat d'aptitude à l'enseignement secondaire des jeunes filles, certificat symbolique qui remplace pour elles le diplôme du baccalauréat bien qu'il n'en soit pas l'équivalent, montre aussi cette articulation[2]. On y retrouve la rubrique « devoirs des femmes envers la Patrie », qui souligne que

1. Les références qui suivent proviennent toutes de Jakob Wychgram, *L'Instruction publique des femmes en France*, Paris, Charles Delagrave, 1889, p. 115-117.
2. Les références qui suivent proviennent de « Examens. Morale », *L'Enseignement secondaire des jeunes filles*, 15 juin 1888, p. 258-266.

la philosophie tout entière aurait montré que « le foyer est la seule patrie de la femme » et aurait mis en lumière « l'aberration d'esprit de certaines femmes qui réclament les droits politiques » : « Les devoirs des femmes envers la patrie sont en somme leurs devoirs comme femme, comme épouse, comme mère. » Parmi les droits moraux se rencontre aussi le droit de propriété – les femmes seraient chargées d'administrer « l'instinct de propriété » des enfants. Une rubrique « influence du sentiment religieux sur le caractère de la morale » vise en outre à montrer « l'universalité du sentiment religieux » et souligne qu'il « est impossible de séparer absolument la morale de l'idée de Dieu ».

S'il est vrai que le programme élaboré ne mentionne pas la supériorité d'une religion sur une autre et compte parmi ses catégories le principe de liberté d'opinion et de pensée, il n'est donc pas exempt de dimension religieuse. Le programme de morale à destination des femmes articule en réalité les valeurs libérales aux valeurs familiales traditionnelles. Croisant attentes nationales et attentes de genre, il ne reflète aucunement une volonté de rupture sociale ou familiale. Le cours concernant le rôle de Dieu dans la société restera d'ailleurs au programme de terminale jusqu'en 1973[1].

Une philosophie catholique pour les femmes ?

Malgré la victoire d'un enseignement qui se définit comme laïc, l'enseignement privé catholique continue d'être très actif dans l'enseignement en général, tout comme dans celui de la philosophie ou à destination des jeunes filles. Opposée au travail des femmes en dehors de leur foyer, comme le répète l'encyclique *Rerum novarum*, l'Église se positionne contre un enseignement féminin à visée professionnalisante[2]. Dans cette perspective, des figures catholiques anti-laïques revendiquent un certain enseignement de la

1. B. Poucet, « Laïcité et enseignement de la philosophie », art. cité.
2. R. Rogers, « Culture and catholicism », art. cité.

philosophie pour les filles. Si le thème de l'éducation féminine n'est pas nouveau chez les penseurs catholiques, divers textes publiés au tournant du siècle défendent explicitement l'enseignement de la philosophie pour les filles.

L'objectif n'est pas de revendiquer le droit des femmes à accéder à la culture philosophique, ou à la pensée et encore moins de les encourager à poursuivre leurs études. Ils entendent la philosophie d'une façon bien précise, comme synonyme de la théologie, et mobilisent un discours laissant apparaître la poursuite de la dispute pour le monopole de la signification de cette activité intellectuelle. Ils synthétisent la peur de la perte d'influence de l'Église catholique au sein de l'enseignement féminin et de l'enseignement philosophique, présenté comme le dernier rempart contre la laïcité.

Une telle insistance apparaît dès les années 1860. Alors que les réformes de l'enseignement philosophique avaient favorisé la constitution d'un enseignement public détaché de l'enseignement clérical, en 1869 l'évêque d'Orléans Félix Dupanloup rédigeait un ouvrage intitulé *La Femme studieuse dans le monde*[1] dans lequel il affirmait l' importance, pour les femmes, de recevoir un enseignement philosophique. Ouvrage à succès, il sera encore republié au début du XXe siècle – la neuvième et dernière édition date, semble-t-il, de 1914. Connu pour s'être farouchement opposé à la tentative de création de l'enseignement secondaire pour les filles par le ministre de l'Instruction publique Victor Duruy en 1867, l'évêque est, dans les années 1880, un fervent opposant à la loi Camille Sée[2].

1. Félix Dupanloup, *La Femme studieuse*, Paris, Charles Douniol Libraire-Éditeur, 1869.

2. Pour une exploration détaillée des textes de F. Dupanloup : R. Rogers, *Les Bourgeoises au pensionnat. L'éducation féminine au XIXe siècle*, Rennes, PUR, 2007 et Marc-Antoine Pottin, « Dupanloup et l'éducation des filles », *in* P. Pasteur (dir.), *Genre & Éducation. Former, se former, être formée au féminin*, Mont-Saint-Aignan, Presses universitaires de Rouen et du Havre, 2009, p. 353-365.

Pour lui, il faut valoriser ce savoir, car « la philosophie n'est pas interdite aux femmes, et ne doit pas être trop dédaignée par elles ». Il concède que « bien que les champs de l'imagination et les choses du sentiment paraissent plus spécialement leur domaine, elles ont toutefois dans l'esprit, avec ce charme et ce brillant, je ne sais quoi de délié, de pénétrant, de délicat et d'ailé[1] ». Mais la philosophie est présentée comme un loisir, tout au plus une occupation face à l'ennui féminin. « Qui ne sait, ou qui n'a vu de très près les tristes conséquences qu'entraîne, pour une femme, une mère de famille, une maîtresse de maison, l'absence d'occupations sérieuses[2] ? » Activité récréative, le véritable objectif de cet enseignement est de renforcer, de façon ludique, l'éducation catholique des femmes. Il est compris dans un sens resteint, servant uniquement à parfaire leur formation religieuse et à les aider à réaliser leurs devoirs.

En 1900, Victor Rocher, chanoine, vicaire général d'Orléans, s'interroge à son tour sur le rôle de la philosophie dans l'éducation des femmes. Serait-il temps de leur en permettre l'accès sans restriction ou bien cette position est-elle contraire à la morale ? « Les opinions sont loin d'être unanimes sur ce sujet ; on a fait plus d'un essai, on en fait encore. [...]. Une femme bien douée peut aborder, non sans profit, l'étude de certaines parties de la philosophie. Elle y trouvera un fonds d'idées solides ; elle exercera son esprit à la réflexion, au raisonnement, à la logique. Quand bien même elle ne réussirait pas parfaitement, son esprit se fortifiera, sa mobilité native diminuera ; elle s'élèvera au-dessus du niveau de ses semblables[3]. »

À le lire, le chanoine ne porte, lui non plus, pas de jugement complètement négatif sur l'enseignement de la philosophie pour les femmes, qui peut les aider à se perfectionner. Il pose toutefois deux conditions. D'une part, il faut que les professeurs de

1. F. Dupanloup, *La Femme studieuse*, *op. cit.*, p. 56.
2. *Ibid.*, p. 4.
3. Victor Rocher, *La Femme raisonnable et chrétienne*, Paris, Librairie Ch. Poussielgue, 1900, p. 4.

philosophie (hommes uniquement) exercent dans des établissements catholiques. D'autre part, il est nécessaire d'établir un programme spécifique et de « choisir ce qui se présente de plus accessible à la nature d'esprit de la femme[1] ». Ainsi, l'enseignement de la philosophie, minutieusement trié, doit contenir une orientation explicitement catholique. Une devise résume ses intentions : « Il faut rendre les femmes raisonnables, avant de vouloir en faire des chrétiennes. » Leur éducation participe d'un effort afin de les préparer à la vie chrétienne. Instruction et valeurs catholiques se trouvent fortement imbriquées. Il ajoute que la femme a été créée par Dieu pour la vie de famille, avec « une intelligence en rapport avec cette destination[2] ».

Il considère que la psychologie doit être enseignée pour comprendre les facultés de l'âme, la logique pour les règles du raisonnement, les principes de la certitude et la morale naturelle, tandis que la théodicée doit être inculquée avec attention, exposant les diverses preuves de l'existence et des attributs de Dieu. En somme, pour le chanoine, le cours de philosophie doit être une classe de théologie. En revanche, la métaphysique lui semble une perte de temps que seules quelques femmes d'exceptions pourraient comprendre – il juge préférable qu'elle soit absente du programme.

Pour certains, le destin de femmes philosophes sera même très apprécié, s'il est entendu en ces termes. « C'est une carrière qui répondrait merveilleusement à sa vocation, celle où elle serait le mieux dans son rôle, qui est d'instruire et d'éduquer l'enfant[3] », affirme en 1898 autre fervent catholique, le Docteur Macé, qui n'hésite pas à louer les femmes philosophes. Il cite « Eudocie, fille du philosophe Léonce, très versée dans les lettres grecques et latines, [qui] s'était aussi livrée à l'étude des mathématiques et

---

1. *Ibid.*
2. *Ibid.*, p. 16.
3. Dr Macé, *Place à la femme, surtout dans l'enseignement secondaire*, Paris, A. Charles, 1898, p. 28.

de la philosophie[1] », puis Sophie Germain ou encore Elena Piscopia[2]. Ces femmes éducatrices sont opposées aux femmes socialistes et révolutionnaires, dont il craint l'influence et dédaigne l'existence. Le modèle de la philosophe qu'il défend est avant tout catholique et trouve sa légitimité dans le fait qu'elle « ne harangue pas le Peuple comme Louise Michel [...] et ne monte pas sur le mont Aventin, pour encourager les grévistes[3] ». Une double peur s'exprime, celle de la perte d'influence des penseurs catholiques dans la société, et celle de l'influence de femmes socialistes qui auraient, selon lui, submergé le monde depuis la Commune de Paris.

Docteur en théologie et docteur ès-lettres, le chanoine Valentin va dans le même sens. Ce professeur à la faculté libre des lettres de l'Institut catholique de Toulouse, publie en 1901 *Le Devoir Intellectuel de la femme*, adressé aux femmes catholiques en vue d'orienter leurs loisirs et leurs études. Il s'attaque à tout féminisme qu'il voit comme une « catastrophe meurtrière[4] ». Cette seule expression dévoile la peur manifeste devant tout changement des rapports genrés. C'est précisément dans cette perspective qu'il entend utiliser l'enseignement de la philosophie, apte selon lui à contrer l'influence des idées égalitaires promues par le féminisme.

Le terme de philosophie, chez lui, est toujours synonyme de philosophie catholique : il considère en effet que toute

1. *Ibid.*, p. 126.
2. Sophie Germain (1776-1831) est mathématicienne et philosophe (Hippolyte Stupuy, *Étude sur la vie et les œuvres de Sophie Germain*, Paris, Firmin Didot, 1879). Issue d'une riche famille de notables vénitiens, Elena Lucrezia Cornaro Piscopia (1646-1684) soutient sa thèse en philosophie en 1678 à l'Université de Padoue et est répertoriée comme la première femme docteure en philosophie en Occident (Francesco Ludovico Maschietto, *Elena Lucrezia Cornaro Piscopia (1646-1684) The First Woman in the World to Earn a University Degree*, Saint Joseph's University Press, 2007).
3. Dr Macé, *Place à la femme, surtout dans l'enseignement secondaire*, *op. cit.*, p. 32.
4. M. le Chanoine Valentin, *Le Devoir intellectuel de la femme*, Paris, Victor Retaux, 1901, p. IX.

connaissance « est un péril si elle se sépare de la religion ». Raison pour laquelle il affirme que « l'étude de la philosophie est un devoir pour les femmes comme pour les hommes[1] ». Il cite à cet égard des figures féminines religieuses comme Sainte Monique, Christine de Pisan, Marie de Mortemart, et l'abbesse de Fontevrault « qui étudiait les Pères dans le texte et traduisait Platon[2] », mais aussi Mademoiselle de Lafayette, Mademoiselle de Scudéry ou encore Madame de Sévigné et Madame Dacier. Une fois de plus, le recours à la philosophie est purement utilitariste et synonyme de théologie. L'histoire des femmes qu'il conte ne met en avant que des figures qu'il considère être des modèles de dévouement à la famille chrétienne[3].

---

1. *Ibid.*, p. 24.
2. *Ibid.*
3. Quelque temps plus tard, en 1912, l'Abbé Champly, missionnaire diocésain, publie un ouvrage au titre explicite, *Avis au public ! Petits grains de philosophie à l'usage des jeunes filles* (Paris, P. Lethielleux, 1913). Il y affirme à son tour que les femmes devraient se montrer plus philosophes, la philosophie n'étant entendue que comme chemin spirituel qui permet l'accès à Dieu et soumission à la famille.

Chapitre 3

Le temps des demi-philosophes

> « Combien de jeunes filles auront le loisir, le goût, la capacité de devenir même des demi-philosophes ? »

Les conséquences de la loi Camille Sée sont profondes et durables. L'exclusion de l'enseignement de philosophie pour les filles constitue une véritable entrave pour poursuivre leur parcours académique et, par conséquent, professionnel. Il faut attendre 1924 pour que cette situation se modifie, et que la philosophie soit incluse, au même titre que pour les garçons, dans les programmes de l'enseignement du secondaire[1]. Sur un autre plan, la loi porte préjudice à l'insertion des femmes dans le champ philosophique français : elle réduit drastiquement leur possibilité d'accéder au savoir philosophique lui-même et aux diplômes – licence, agrégation et doctorat – nécessaires à l'acquisition d'une légitimité au sein de cet espace. Comment les femmes pourraient-elles être reconnues comme des philosophes de la République à part entière si les études de philosophie les plus élémentaires leur sont interdites, et les diplômes, par conséquent, peu accessibles ?

---

1. 1924 constitue, de manière générale, une date clé dans l'évolution de l'éducation pour les filles en France ; voir notamment Évelyne Héry, « Quand le baccalauréat devient mixte », *Clio. Histoire, femmes et sociétés*, n° 18, 2003, p. 77-90. Concernant l'histoire du baccalauréat pour les femmes avant cette date charnière, voir par exemple Gilles Laporte, *Julie-Victoire. Le roman de Julie-Victoire Daubié, première bachelière de France*, Paris, Éditions Eska, 2013.

Si l'importance accordée à l'enseignement de philosophie pour les garçons issus des couches sociales favorisées est, à la fin du XIXe siècle, poussée à son paroxysme, un gouffre sépare lycéennes et lycéens quant à l'acquisition d'une culture philosophique. La morale peut bien être symboliquement perçue comme le couronnement des études secondaires des filles, elle n'a pas du tout le même poids, et les quelques transformations apportées au tournant du XXe siècle n'en modifient pas la structure. En 1913 encore, cette asymétrie pèse fortement sur les possibilités objectives des femmes. Un bulletin d'enseignement résume d'une formule les lacunes auxquelles plusieurs générations de filles sont confrontées : « Combien de jeunes filles auront le loisir, le goût, la capacité de devenir même des demi-philosophes[1] ? » Les espoirs de voir émerger des femmes philosophes sont, dans ces conditions, des plus minces.

« Est-ce qu'il n'aurait pas aussi bien pu dire : je mange, donc je suis. Je dors, donc je suis ? »

Enseigner la philosophie en fraude

Il est, en effet, très difficile, tant pour les professeures de morale que pour les élèves, d'acquérir une culture philosophique solide et cohérente. Il suffit de parcourir le témoignage de la germaniste Jeanne Ancelet-Hustache (1891-1983), lycéenne au début du XXe siècle, pour constater les obstacles concrets pour parvenir à des connaissances philosophiques de qualité[2]. Élève à l'internat du lycée de jeunes filles de Dijon, elle y décrit un apprentissage philosophique précaire, saccadé et saugrenu, bien loin de l'image

1. *Comment enseigner : bulletin pratique de pédagogie secondaire*, février 1913, p. 226.
2. Jeanne Ancelet-Hustache, *Lycéenne en 1905*, Paris, Aubier, 1992. Agrégée d'allemande, docteure ès-lettres, traductrice du philosophe et mystique médiéval Maître Eckhart, elle est aussi auteure d'une biographie sur Goethe. Éblouie par les travaux initiés par Françoise Mayeur, elle décide d'écrire ses souvenirs, étant l'une des derniers témoins vivants de cette époque.

de l'âge d'or de l'enseignement de la philosophie du tournant du siècle – qui ne s'applique qu'aux hommes. Elle rappelle que sa professeure de morale est certifiée et non agrégée, ce qui a pour conséquence une formation professionnelle moins aboutie, mais aussi une considération moindre et un statut inférieur. À aucun moment, elle n'est considérée comme une professeure de philosophie par ses pairs et par son public. Jeanne Ancelet-Hustache se souvient malgré tout de la volonté de sa professeure de combler les lacunes de ses élèves en leur enseignant « la philosophie en fraude ». Préoccupée par l'avenir de ses élèves et consciente de ses propres insuffisances, l'enseignante tente de ne pas reproduire le même schéma en leur inculquant les bases de la culture philosophique. L'enseignement complet de philosophie étant interdit, elle doit cacher aux autres professeurs ses intentions.

Son premier cours débute sur l'idée que « Socrate fut, philosophiquement parlant, le plus grand génie de l'Antiquité » et d'autres éléments d'histoire de la philosophie qui, en principe, ne sont pas au programme ou doivent être traités de manière très rudimentaire. En dépit de ces efforts, Jeanne Hustache souligne que ce combat est souvent vain. N'ayant pas eu accès à une véritable culture philosophique, la professeure elle-même présente de fortes limites, et ébrèche par exemple les noms de certains philosophes, qu'elle ne sait ni prononcer ni écrire. Emmanuel Kant se transforme en « Kante », tandis que Friedrich Hegel devient « Héguel ».

Les jeunes filles sont, de leur côté, peu familiarisées avec les classiques de la philosophie et ne maîtrisent pas du tout les codes de cette activité qui leur est, pour la plupart, complètement étrangère. Lorsque l'enseignante décide de leur faire étudier René Descartes et le doute méthodique, elle se heurte à la méconnaissance de ses élèves pour ce philosophe pourtant élevé au premier plan du panthéon philosophique français : « Descartes a été jusqu'ici à peine autre chose qu'un nom », se souvient Jeanne Hustache. Le contraste entre la culture inculquée aux jeunes filles depuis leur plus jeune âge et la démarche de la professeure de philosophie est si grand qu'il donne lieu à des dialogues cocasses, qui révèlent ce manque de familiarité avec la culture philosophique, y compris parmi les meilleures élèves.

> Mlle B. nous lit le titre complet : *Discours de la méthode pour bien conduire sa raison et chercher la vérité dans les sciences*, plus la dioptrique, les météores et la géométrie qui sont des essais de cette méthode. Et voilà encore que les sciences s'en mêlent !
> Ma voisine et moi nous nous regardons du même air interrogateur. Je lui souffle : « on cherchera "dioptrique" dans le Petit Larousse. ».
> En quoi consiste-t-elle, cette méthode ? À douter de tout comme Montaigne, mais cette fois le doute aboutit. Il aboutit pour le philosophe à savoir qu'il existe ! Tant d'années de recherches pour en arriver là ! Il y aurait de quoi rire si toutes les compétences, toutes les autorités philosophiques et savantes n'avaient pris l'auteur tellement au sérieux ! Une élève du deuxième rang lève le doigt :
> — Oui, parlez !
> — Est-ce qu'il n'aurait pas aussi bien pu dire : je mange, donc je suis. Je dors, donc je suis ?
> Mlle B. explique que ce n'est pas du tout la même chose : manger, dormir, ce sont des activités intermittentes. Penser, au contraire, est permanent. Dire : « Je mange, donc je suis » reviendrait à dire : « je ne suis que quand je mange ». Descartes a donc prouvé la permanence de l'âme, distincte du corps[1]. »

Le soin pris par la professeure de développer des thèmes philosophiques ne correspond ni à leur éducation familiale, ni à leur éducation scolaire, et le décalage est profond. Les cahiers de la lycéenne témoignent du manque de contact avec les concepts philosophiques et avec l'histoire de la philosophie. Lors d'un cours portant sur le patriotisme dont l'objectif était de discuter des « arguments des antipatriotes et leur réfutation », elle écrit que les « arguments des Maxistes contre la patrie » sont les plus contestables, et qu'avec internationalisme « les Maxistes déduisent

1. *Ibid.*, p. 109.

du matérialisme historique[1] ». Outre la portée nationaliste du propos, cette absence de « r » dans le nom de Karl Marx prête à sourire, il dévoile néanmoins, comme elle le dira elle-même, l'absence de culture philosophique et politique. Elle rappelle également que cette réfutation de la philosophie de Karl Marx n'est pas au programme de leur enseignement. Référence introuvable dans les manuels, il est impossible à ces étudiantes d'avoir accès à une lecture directe des travaux de Marx, qui n'ont pas été publiés dans la seule collection bon marché accessible, seuls livres qu'elles pourraient se payer. Les conséquences de la loi Camille Sée sur la pratique philosophique des filles sont donc bien concrètes, et les obstacles réels.

L'impasse de la philosophie à l'École normale de Sèvres

En complément de l'heure de morale présente au lycée public, il existe des cours de morale professés à l'École normale supérieure des jeunes filles de Sèvres. L'établissement, conçu « comme un sanctuaire des humanités modernes[2] », est destiné à préparer les futures professeures de lettres et de sciences des lycées et collèges des jeunes filles, en vue de l'obtention du certificat d'aptitude à l'enseignement secondaire ainsi que de l'agrégation de lettres des filles, contenant d'ailleurs tous deux une épreuve de morale. Espace de professionnalisation des futures professeures de l'enseignement féminin, cette école est considérée comme une monstruosité par les anti-laïcs, tandis qu'elle constitue, pour les soutiens à la loi Camille Sée, un lieu de développement de leur potentiel pédagogique, toujours lié à leur nature féminine d'éducatrice dans la famille[3].

---

1. *Ibid*, p. 111.
2. Anne Amieux, « Nos grandes écoles. XV : chez les sévriennes », *Revue des deux mondes*, vol. 45, n° 1, 1er mai 1928, p. 90.
3. Sur le rôle de Julie Favre, se référer à Jeffner Allen, « Julie Velten Favre », *in* M. E. Waithe (dir.), *A History of Women Philosophers*, vol. III : *1600-1900*, Dordrecht, Kluwer Academic Publishers, 1991, p. 197-207 ; F. Mayeur, « Madame Jules Favre,

Julie Favre (Caroline Julie Émilie Velten, 1833-1896), plus connue sous le nom de son mari « Madame Jules Favre », est la première directrice de l'école, en 1881, et le demeure jusqu'à sa mort quinze ans plus tard, en 1896. Née en 1833 à Wissembourg, elle est fille d'un pasteur luthérien alsacien qui a choisi la France après la guerre de 1870. Il lui transmet le goût de lire et l'envoie étudier en Allemagne afin qu'elle devienne institutrice. Très tôt acquise aux idées républicaines de 1848, elle soutient par la suite la proclamation de la IIIe République, dont elle défend les valeurs. Si son rôle comme directrice de cette école est connu, ses ouvrages philosophiques le sont moins. Sous la forme de manuels de morale, ils ont pour objectif de mettre en place un matériel didactique pour les élèves. Selon ses amis, qui la disent « stoïcienne avec un mélange de grâce socratique[1] », ces ouvrages reflètent aussi un intérêt personnel profond pour les questions philosophiques qu'elle n'avait pas eu l'opportunité d'étudier auparavant. Dans la dernière partie de sa vie, entre 1887 et 1891, Julie Favre rédige ainsi cinq livres de philosophie portant sur Montaigne, Socrate, Aristote, Cicéron, et Plutarque (publié de manière posthume)[2]. Ces livres constituent, pour les étudiantes, un des seuls contacts importants et réguliers avec la culture philosophique. L'école accueille aussi des conférences de philosophie, mais ces manuels de morale fournissent une base écrite, didactique et organisée.

Les ouvrages de Julie Favre se veulent pédagogiques, faciles d'accès. Le choix des auteurs et des thèmes répond à l'esprit de la République libérale. Il s'agit, à travers l'étude des philosophes, de

première directrice de l'École de Sèvres 1834-1896 », *Bulletin de La Société de l'histoire du protestantisme français*, vol. 149, 2003, p. 437-448.

1. « Discours de M. Joseph Fabre », *in* Julie Favre, *La Morale de Plutarque*, Paris, Henri Paulin et Cie, 1909, p. XIII. Des témoignages ont été réunis dans cet ouvrage inachevé, qui s'ouvre sur les discours de ses collègues et une biographie, comprenant des lettres de la directrice.

2. *Montaigne moraliste et pédagogue*, Paris, Librairie Fischbacher, 1887 ; *La Morale de Socrate*, Paris, Alcan, 1888 ; *La Morale d'Aristote*, Paris, Alcan, 1889 ; *La Morale de Cicéron*, Paris, Fischbacher, 1891.

défendre la conception sociale selon laquelle « la femme, sans revendication et sans fracas surtout, se ferait sa place dans le monde par le travail, qu'elle contribuerait doucement, modestement, humblement, par la simple pratique des obligations morales, à un progrès d'idéal social[1] ». En ce sens, le savoir philosophique s'imbrique aux valeurs genrées prônées par les législateurs des débuts de la IIIe République. Il constitue un des supports d'intériorisation dans la préparation des femmes à servir le pays. La philosophie est considérée comme un guide pratique pour orienter les comportements des jeunes filles vers des valeurs pensées justes et supérieures, mais aussi comme un chemin permettant le perfectionnement de soi à travers le contrôle et la discipline de ses passions.

En outre, si l'enseignement à Sèvres entend répondre à des attentes laïques concernant l'autorité des droits et des devoirs sociaux, les manuels de morale proposés et écrits par sa directrice sont, au même titre que l'enseignement secondaire de morale, loin d'être antireligieux. « On ne comprend bien la miséricorde, la grâce et l'amour de Dieu qu'après avoir senti toutes les rigueurs de l'inflexible loi parfaite[2] », écrit Julie Favre. Les ouvrages présentent la chrétienté comme le réceptacle de valeurs universelles, revisitées au prisme des attentes républicaines. Cette éducation libérale met en son cœur la formation de l'individu, revendique le principe de la solidarité contre « l'égoïsme brutal[3] » ainsi que la nécessité du devoir et de la discipline. Le christianisme proposé par Julie Favre remodèle les valeurs chrétiennes en fonction de celles de son temps et les articule aux attentes sociales des femmes qui composent le public de l'école : elles ont le droit de se développer en tant qu'individus, qui restent cependant subordonnés aux intérêts de la Patrie.

---

1. « Discours prononcés aux obsèques de Mme Jules Favre. Discours de M. Henry Lemonnier, maître de conférences à l'École », *in* J. Favre, *La Morale de Plutarque*, *op. cit.*, p. 10.
2. J. Favre, *La Morale des stoïciens*, Paris, Alcan, 1887, p. VI.
3. *Ibid.*

Les philosophes du passé sont parfois réétudiés au prisme de cette lutte pour le perfectionnement chrétien, comme c'est le cas dans le manuel consacré à Socrate, pris en exemple pour avoir été un philosophe ouvert quant à l'éducation des femmes. L'ouvrage sera critiqué pour avoir présenté un philosophe plus chrétien que représentatif du monde antique[1]. Par ailleurs, le sens du sacrifice féminin y est particulièrement exacerbé, puisqu'il faut enseigner aux femmes à « supporter le travail, non pour se procurer plus de jouissances, mais pour discipliner leur âme[2] ». L'étude de la volonté, de la vertu, du courage, de la justice et du dévouement s'entrelacent à la valorisation de la patrie, de la famille mononucléaire et du devoir moral des femmes.

Une telle perception de la société juste et des agencements de genre est encore renforcée par le maître de conférences en philosophie Joseph Fabre et le directeur d'études Ernest Legouvé, qui épaulent Julie Favre dans l'enseignement de la morale. Ernest Legouvé, célèbre pour ses conférences au Collège de France et son ouvrage sur l'histoire morale des femmes, s'oppose à l'ignorance des femmes, les considère dotées de raison, et entend moderniser leur rôle social en leur donnant un poids hors de la sphère privée. En même temps, il promeut une pensée différentialiste et naturalisante qui n'hésite pas à attribuer des traits féminins ou masculins à des valeurs et à des concepts : « Liberté et égalité sont des sentiments virils, c'est-à-dire jaloux, soupçonneux, et qui ne parlent qu'au nom du droit. La fraternité parle au nom de l'amour, et la fraternité c'est l'âme même des femmes[3]. » C'est bien sous cet angle que la philosophie, réduite à la morale, est considérée comme un apprentissage pour les femmes.

1. C'est le cas dans le compte rendu écrit par Artidor Beurier, « La morale de Socrate, par Mme Jules Favre », *Revue pédagogique*, 1888, p. 75-76.
2. J. Favre, *La Morale des stoïciens*, *op. cit.*, p. VIII.
3. Ernest Legouvé, *Histoire morale des femmes*, Paris, J. Hetzel et Cie, 8e édition, 1897 (1849), p. 12.

Rien d'étonnant, dès lors, à ce que les résultats aux premières épreuves de morale du certificat d'aptitude, qui sanctionne les années passées à l'école de Sèvres, soient insatisfaisants et révélateurs des lacunes de l'enseignement de philosophie. Pris dans le programme de l'enseignement secondaire des jeunes filles, les sujets sont loin d'être compris ; on reproche surtout aux étudiantes leur traitement superficiel et peu approfondi des concepts de la philosophie classique. Les examinateurs se plaignent du manque de rigueur dans les copies, et de développements « sans beaucoup d'ordre et de précision[1] ». La réflexion est jugée « banale et froide[2] », relevant amplement du lieu commun. Encore en 1887, le taux de réussite est assez bas : onze élèves sur dix-huit obtiennent la moyenne à l'épreuve de morale, et peu de travaux sont considérés bons. En ce qui concerne les admissions d'entrée à l'école de Sèvres, le résultat n'est guère plus satisfaisant ; divers rapports se désolent que les filles continuent « d'ignorer la terminologie philosophique[3] ». Et pour cause...

Les rapports des épreuves de l'agrégation féminine de lettres constituent, eux aussi, des indications sur les conséquences de l'absence d'enseignement philosophique véritable. L'agrégation de philosophie, si importante pour la légitimation des acteurs, n'a pas été pensée pour les femmes. Les seules agrégations féminines alors existantes sont celles de lettres et de sciences, et la première présente une épreuve consistant à donner une leçon sur un sujet de morale. Les rapports de concours, qui pointent les difficultés des candidats, sont souvent rudes ; ceux concernant l'épreuve de morale soulignent à leur tour les lacunes et les faiblesses de l'enseignement philosophique des filles, réduit à une infime parcelle insuffisante pour aborder la morale sérieusement.

---

1. « Rapport au certificat d'aptitude à l'enseignement secondaire des jeunes filles », *L'Enseignement secondaire des jeunes filles*, 1884, p. 161.
2. « Rapport au certificat d'aptitude à l'enseignement secondaire des jeunes filles », *L'Enseignement secondaire des jeunes filles*, décembre 1886, p. 268.
3. Cité dans P. Dupuy, « L'État actuel de l'enseignement secondaire des jeunes filles, d'après une publication récente », *L'Enseignement secondaire des jeunes filles*, juillet 1887, p. 253.

Les premiers résultats étonnent d'abord les examinateurs, surpris de la capacité des femmes à raisonner – dont ils semblaient douter. « Elles ont témoigné d'une véritable intelligence des questions philosophiques qu'elles suivent avec aisance, parfois avec une certaine originalité, le développement d'une idée abstraite[1]. » Elles « savent même tracer convenablement un plan, exposer le sujet avec exactitude et méthode ». Si les examinateurs semblent découvrir une preuve de la faculté intellectuelle des femmes, ils déplorent en revanche leur familiarité insuffisante avec cette activité, qui ne leur permet pas de participer de « cet art d'insister, de reprendre une démonstration pour l'élucider, encore, d'instruire dans l'exposition orale ces pauses de la voix qui marquent les étapes mêmes de la pensée ».

L'année suivante, en 1885, le résultat à l'épreuve de morale n'est pas non plus jugé à la hauteur. Le jury confirme son hypothèse explicative concernant l'échec de l'année précédente : la moitié des copies n'a pas obtenu la moyenne, « faute d'une première éducation philosophique suffisante[2] ». Le diagnostic est sans appel. Les rudiments enseignés dans le cours de morale ne fournissent pas même une culture morale de qualité.

Pour compenser, les candidates usent de divers stratagèmes, répètent « des développements confiés par avance à leur mémoire » et « abusent trop volontiers de formules générales, plutôt apprises, que comprises ». En conséquence, les sujets ne peuvent qu'être traités de manière trop vague. En 1890, le rapport, encore plus catégorique, résume simplement : « En philosophie, elles perdent promptement pied[3]. » En 1892, face aux mauvais résultats, une mesure est prise pour prolonger d'une

1. « Rapport sur le concours d'agrégation de l'enseignement secondaire des jeunes filles en 1884. Section des lettres », *L'Enseignement secondaire des jeunes filles*, 15 janvier 1884, p. 227.
2. *Ibid.*
3. « Rapport sur le concours d'agrégation pour l'enseignement secondaire des jeunes filles (lettres) en 1869 », *L'Enseignement secondaire des jeunes filles*, janvier 1890, p. 139.

heure le temps de préparation de l'épreuve. Elle ne compense pas les profondes lacunes de l'enseignement ; le rapport rédigé pour cette même année conclut que la plupart des étudiantes n'apparaissent simplement pas préparées à la réflexion, car « les premiers guides leur ont fait défaut[1] ». Le jury est donc tout à fait conscient de l'impasse que représente pour les femmes l'apprentissage philosophique dans l'enseignement public, réduit, à un « vernis léger de science philosophique[2] ». Ce constat demeure jusqu'à la fin du siècle.

Les filles peuvent-elles philosopher comme les garçons ? Le test d'aptitude de 1888

L'enseignement de morale pour les filles est loin d'être une réussite et est l'objet de vives critiques. C'est en ce sens qu'en 1888, un test d'aptitude est élaboré afin de répondre à la question suivante : « L'enseignement philosophique qu'on va donner aux jeunes filles est-il à leur portée[3] ? » Le test répond à une volonté, de la part des soutiens de Camille Sée, de mettre en place des cours de philosophie tels qu'ils étaient prévus dans le projet de loi de 1878. Face aux résultats médiocres de l'enseignement de morale, ils souhaitent introduire un enseignement de la philosophie plus complet.

Eugène Blum, professeur agrégé de philosophie au lycée de Montpellier, est l'auteur du rapport. Il publie régulièrement dans la revue de *L'Enseignement secondaire des jeunes filles*, espace de parole des républicains libéraux favorables à l'enseignement féminin, et s'est affirmé par le passé comme un fervent défenseur de la loi Camille Sée. Il est connu pour s'être insurgé contre le fait de n'avoir que deux femmes citées au programme de littérature de

1. « Rapport sur le concours d'agrégation pour l'enseignement secondaire des jeunes filles (lettres) en 1891 », *L'Enseignement secondaire des jeunes filles*, 15 mars 1892, p. 127.
2. *Ibid.*
3. Eugène Blum, « Une expérience pédagogique », *L'Enseignement secondaire des jeunes filles*, 15 janvier 1889, p. 27-30.

l'enseignement secondaire féminin – Madame de Sévigné et Madame de Maintenon – et pense que l'enseignement secondaire féminin doit ouvrir toutes les carrières aux jeunes filles, sans exception[1]. Son rôle est d'autant plus important qu'il publie par ailleurs en 1903, un manuel de morale théorique pour les lycées de jeunes filles, visant à mieux organiser cet enseignement.

L'expérience mise en place vise à la fois à démontrer à ceux qui en douteraient la capacité intellectuelle des jeunes filles et à renforcer l'idée que celles-ci auraient dû avoir accès à un cours complet de philosophie dans les lycées. En ce sens, il est entendu que les résultats de ce test serviront de preuve de l'aptitude des filles à philosopher. Celui-ci consiste à donner le même cours de morale pratique dans un collège de jeunes filles de troisième année et dans un lycée de garçons de quatrième année. Les deux établissements ne sont pas nommés, mais ils sont utilisés comme des échantillons d'analyse et les conditions des deux classes sont similaires. La classe de collège est composée de 10 filles d'environ 15 ans et celle de lycée de 11 garçons d'environ 16 ans. Toutes deux suivent un programme identique, qu'elles commencent à étudier le même jour à la même heure.

L'expérience commence début octobre et dure jusque fin décembre, après quoi les professeurs donnent aux élèves des deux classes le même sujet de dissertation, qu'ils doivent traiter dans le même temps : « Avons-nous des devoirs envers nous-mêmes ? » Les copies sont ensuite corrigées pour produire un classement qui va permettre de mesurer la qualité des résultats. La conclusion de l'enquête est sans appel : lorsque les filles ont accès à un enseignement identique à celui des garçons, elles sont tout à fait aptes à rendre des copies de philosophie du même niveau.

1. Comme indiqué dans l'article « Vingt-trois ans après la loi Camille Sée. Examen de conscience pédagogique », *L'Enseignement secondaire des jeunes filles*, 15 juillet 1903, p. 5-11.

Classement	Genre	Notes sur 20	Âge de l'élève	Nouveau/vétéran
1	Garçon	15, 5	15	Nouveau
2	Fille	15	15	Vétéran
3	Fille	13	15	Vétéran
4*	Fille	13	15	Nouveau
5	Garçon	12,5	15,6	Vétéran
6	Fille	12	14	Nouveau
7	Garçon	12	16,6	Nouveau
8*	Fille	11	14	Nouveau
9	Fille	9	13	Nouveau
10	Garçon	9	15,6	Nouveau
11	Garçon	7,5	16	Nouveau
12	Fille	7	15	Nouveau
13	Fille	5,75	16	Nouveau
14*	Garçon	5,5	16,6	Vétéran
15*	Garçon	5,25	16	Nouveau
16	Fille	5,25	16	Vétéran
17	Garçon	5	15,6	Nouveau
18	Fille	5	18	Nouveau
19*	Garçon	4,75	16	Nouveau
20	Fille	4	13	Nouveau
21*	Garçon	1	16	Nouveau

Une expérience pédagogique : résultats des garçons
et des filles à une épreuve de philosophie

Source : *L'Enseignement secondaire des jeunes filles*, 15 janvier 1889, p. 27-30.

Le premier élève du classement est un garçon ; le dernier l'est aussi. En deuxième et troisième position se trouvent des filles – on apprend par ailleurs que celles-ci se sont engagées à redoubler volontairement leur année afin de se perfectionner et de parvenir à la première place, démontrant le sérieux qu'elles prennent à parfaire leur formation. Le rapport d'Eugène Blum prend toutefois soin de préciser, en cohérence avec la loi Camille Sée, que la culture philosophique dispensée aux filles n'a pas les mêmes objectifs sociaux que celle des garçons, mais qu'une telle orientation sociale n'a pas besoin de passer par la restriction de l'enseignement de la philosophie. Par ailleurs, il identifie des traits de personnalité genrés dans les copies. Si « les jeunes filles se sont montrées plus logiques et plus réfléchies que les jeunes gens », il affirme toutefois que les garçons ont un raisonnement plus ferme. Dans son rapport, une telle différenciation est interprétée comme positive, puisqu'elle est adéquate à la différence des sexes, sans pour autant priver les femmes d'une certaine égalité.

Philosophes de la République contre philosophes solitaires

Alors que le « moment 1900[1] » de la philosophie française se déploie et que « les philosophes de la République[2] » s'épanouissent et se regroupent autour d'activités politiques et culturelles, composant un monde étroit et dense, structuré par l'interconnaissance, une formation commune, des revues savantes, des lieux d'échanges (telle la Société française de philosophie), les femmes se trouvent, quant à elles, exclues de cette sociabilité philosophique et de son prestige. L'interdiction législative détermine les modalités par lesquelles les femmes peuvent entretenir des relations avec l'espace philosophique. Celles qui souhaitent entreprendre des études de philosophie doivent passer

1. F. Worms (dir.), *Le Moment 1900 en philosophie*, *op. cit.*
2. J.-L. Fabiani, *Les Philosophes de la République*, *op. cit.*

par d'autres recours que ceux établis et reconnus par la profession. Elles sont placées dans l'impossibilité de suivre une carrière philosophique typique, et d'accéder à la définition pleine de cette catégorie professionnelle (à savoir devenir diplômées puis professeures fonctionnaires, tout en produisant un ensemble de travaux académiques reconnus comme tels). C'est par les marges du champ philosophique et de l'université, souvent soutenues par des moyens d'ordre privé, qu'elles parviennent à transgresser la masculinité philosophique établie par la loi.

Une première tentative : Julie (Iulia) Hasdeu

Au printemps 1888, il se murmure à la Sorbonne qu'une femme va soutenir une « thèse pour l'obtention du diplôme de docteur de philosophie[1] ». Une certaine Julie Hasdeu (1869-1888) se prépare à réaliser cet exploit. Roumaine venue étudier en France, Iulia (de son véritable prénom) accède aux études de philosophie par son réseau familial. Son père, Bogdan Hasdeu, est un grand philologue roumain. Directeur des Archives nationales de Roumanie, professeur de philologie comparée à la faculté de philosophie et de lettres de l'Université de Bucarest, il est aussi président du Conseil supérieur auprès du ministère de l'Instruction publique et des cultes, membre de différentes sociétés savantes roumaines et de la Société de linguistique de Paris, de l'Académie roumaine, de l'Académie serbe et encore de l'Académie bulgare. Il encourage sa fille à poursuivre ses études ainsi que sa passion pour l'écriture. Il l'autorise très tôt à se rendre à Paris – où sa mère l'accompagne – pour intégrer le collège Sévigné, un lycée privé républicain qui prépare les filles au baccalauréat.

Elle obtient par la suite une licence ès lettres, avant de préparer un doctorat en philosophie. Le succès annoncé n'a cependant

1. « Julie Hasdeu », *La Femme*, 15 mars 1889, p. 41.

jamais lieu : Julie Hasdeu décède prématurément, à dix-neuf ans, des suites d'une maladie. Son père rassemble à son décès ses œuvres poétiques[1], plus achevées que ses notes philosophiques, et Julie Hasdeu, première femme à affronter un doctorat de philosophie, sombre en France dans l'oubli.

Portrait de Julie Hasdeu

Source : *La Tradition. Revue internationale du folklore et des sciences qui s'y rattachent*, 1900, p. 143.

1. Notamment *Œuvres posthumes de Julie B. P. Hasdeu. Bourgeons d'avril, Fantaisies et rêves*, Paris, Hachette et Cie, 1889 ; *Théâtres, légendes et contes*, Paris, Hachette et Cie, 1890.

Jeanne Crouzet-Benaben. La tristesse d'une licenciée de philosophie

Quelques années plus tard, en 1895, les journaux s'étonnent d'un autre événement. « Un fait très remarquable vient de se produire à l'examen qui a eu lieu, cette semaine, à la Sorbonne, pour la licence de philosophie. Au nombre des candidats se trouvait une toute jeune fille [...]. La surprise des examinateurs s'est accrue lorsque, en l'interrogeant, ils ont vu qu'elle répondait aux questions les plus ardues avec la plus tranquille assurance et une justesse d'expression tout à fait remarquable. Elle a été reçue avec le numéro 3, sur près de deux cents candidats. Le nom de cette jeune fille dont la grâce, paraît-il, égale la modestie, est Mlle Jeanne Benaben[1]. »

Connue pour avoir été l'une des premières femmes agrégées de lettres en France, en 1891[2], puis directrice du bulletin féminin de la *Revue universitaire*, Jeanne Benaben (1870-1961), dite Jeanne Crouzet-Benaben[3], est aussi l'une des premières à réaliser la prouesse d'obtenir une licence de philosophie. Comment est-elle parvenue à une telle victoire qui, pourtant, « imposait des études masculines[4] » ?

Née le 23 novembre 1870 à Bruxelles d'un père chanteur d'opéra puis directeur de l'opéra d'Alger et d'une mère directrice d'une école de broderie héritée de sa propre mère, Jeanne Benaben grandit dans un milieu favorable à la culture littéraire, aux humanités et à l'art. La socialisation familiale, propice à son développement intellectuel, a un poids incontestable dans ses

1. « Échos », *La Lanterne*, 3 août 1895, p. 1.
2. Évelyne Héry, « Quand le baccalauréat devient mixte », art. cité, p. 6 ; Carole Lécuyer, « Les premières étudiantes de l'Université de Paris », *Travail, genre et sociétés*, n° 4, 2000, p. 35-50.
3. Après avoir épousé en 1898 l'agrégé de lettres Paul Crouzet. Ami du philosophe Célestin Bouglé, il participe à la fondation à Toulouse d'une université populaire, devient inspecteur général de l'Instruction publique en 1920, puis conseiller technique auprès du ministre de l'Instruction publique et des Beaux-arts Léon Bérard. Il est aussi, de 1922 à 1947, secrétaire général de l'importante *Revue universitaire*.
4. « À travers la presse. Monographie d'une éducation masculine de femme », *L'Enseignement secondaire des jeunes filles*, 15 juin 1917, p. 250.

possibilités professionnelles, d'autant que l'histoire des femmes de sa famille pèse certainement sur ses choix futurs : sa mère et sa grand-mère sont des figures atypiques, qui ont contribué au développement de l'éducation féminine[1].

Candidate libre au baccalauréat ès lettres, qu'elle obtient à seize ans, en 1887, elle parvient à en préparer la seconde partie, qui inclut de la philosophie, en fréquentant Sévigné, ce collège privé républicain qui s'est donné pour mission d'aider les filles à obtenir leur baccalauréat. Elle se prépare en outre à l'épreuve avec l'aide d'un tuteur, engagé pour lui prodiguer tous les dimanches les bases de la philosophie telles qu'elles sont enseignées dans les lycées de garçons. Par conséquent et comme souvent à cette période, Jeanne Benaben réunit des possibilités extra-scolaires qui l'aident à contourner les obstacles de l'enseignement public. Son professeur de philosophie est décrit comme un « fanatique des vieilles humanités françaises », passionné par le grec et le latin – passion qu'il lui transmet. Elle parvient ainsi à passer l'épreuve de latin, qui, au même titre que le grec, n'est pas enseignée dans les lycées de jeunes filles et constitue un important obstacle à leur réussite jusqu'en 1913, date à laquelle ces enseignements sont enfin introduits dans les programmes féminins.

L'adolescence de Jeanne Benaben est profondément marquée par son effort pour outrepasser les limitations de l'enseignement public. Qualifiée de « jeunesse triste[2] », cette époque de sa vie est entièrement dédiée à l'apprentissage et à la lecture d'ouvrages que son tuteur lui fournit pour compléter sa formation. Ce dernier l'envoie même, pour combler ses lacunes, suivre des cours d'histoire de la philosophie à la Sorbonne auprès du philosophe normalien et agrégé Émile Boutroux. Celui-ci est loin d'être féministe

1. En 1915, elle publie un article sur l'importance de sa grand-mère et de sa mère dans le développement de l'enseignement féminin, notamment en Algérie (« L'assistance aux femmes par le travail à Alger », *Excelsior*, 5 mai 1915, p. 8).
2. « À travers la presse. Monographie d'une éducation masculine de femme », art. cité, p. 250.

et son jugement sur l'insertion professionnelle des femmes est en demi-teinte. Malgré ses réserves, son aide est précieuse pour Jeanne Benaben : il écoute ses doutes et corrige lui-même les annotations de cours de la lycéenne, qui peine parfois à suivre les discussions et ne maîtrise pas la prise de notes. Il n'hésite pas non plus à se montrer prévenant afin qu'elle soit à l'aise. Elle dira sur ce point que l'attention portée par le philosophe est probablement à mettre en relation avec « cette curiosité qu'était alors une candidate au baccalauréat de philosophie[1] ». Mais tandis que les jeunes filles de son âge et de sa condition consacrent leur temps libre à des promenades, à des visites ou aux spectacles, sa vie sociale est réduite à quelques minutes de récréation. « Travailleuse solitaire le dimanche [...], isolée la semaine[2]. »

Après l'obtention de son baccalauréat, Jeanne Benaben intègre la promotion de 1888 de l'École de Sèvres, dont elle sort première. En 1891, elle obtient son agrégation de lettres, puis travaille comme professeure de morale à Lyon pendant deux ans, avant d'enseigner la morale au lycée de jeunes filles de Rouen, institution inaugurée en octobre 1882[3]. En 1895, elle est l'unique femme à se présenter aux examens de licence de philosophie, qu'elle obtient brillamment. La nouvelle est aussitôt commentée dans divers journaux de presse à grand tirage[4].

En principe, aucune loi n'interdit la présentation des femmes à ce diplôme ; dans la pratique toutefois, les obstacles sont si nombreux qu'il semble qu'une interdiction formelle ne soit pas nécessaire. Sa réussite suscite donc une surprise générale. « L'affluence de curieux – je pensais d'indiscrets, était si gênante que

1. *Ibid*, p. 246.
2. *Ibid.*, et *Souvenirs d'une jeune fille bête. Souvenirs autobiographiques d'une des premières agrégées de* France, Paris, Debresse, 1971.
3. « Échos et nouvelles », *Le Radical*, 7 août 1895.
4. Notamment « Les jeunes filles à la Sorbonne », *L'Express du midi*, 2 août 1895 ; « Échos et nouvelles », *Le Petit Parisien*, 2 août 1895 ; « Échos et nouvelles », *L'Intransigeant*, 3 août 1895, p. 2.

MM. Séailles et Marion furent obligés de faire fermer les portes de la salle[1] », se souvient-elle. La rupture symbolique est de taille et les étudiants se bousculent pour voir cette jeune femme en train de disserter, qui plus est, en excellant dans ses réponses.

Henri Marion, on l'a vu, n'est pas favorable à la formation de femmes philosophes, mais il ne s'oppose pas pour autant à la présence de Jeanne Benaben. Gabriel Séailles (1852-1923), un des philosophes les plus influents de l'époque, porte quant à lui un jugement péremptoire sur les femmes qui s'approchent trop près de la philosophie. Il se révèle néanmoins un soutien important et son attitude exemplaire face aux curieux a laissé à Jeanne Benaben un souvenir positif : il ferme la porte afin de laisser l'étudiante réfléchir et disserter en paix. Ce geste simple lui permet de maintenir sa concentration jusqu'à la fin de l'épreuve. Le même Gabriel Séailles épaulera plus tard Léontine Zanta dans son projet de devenir la première française docteure en philosophie. Il est donc présent et joue un rôle lors de deux des victoires symboliques des femmes dans leur reconnaissance philosophique : la licence et le doctorat.

Une fois l'épreuve passée, il fait néanmoins part à Jeanne Benaben de son appréhension quant à son avenir. Il lui exprime ses doutes sur la réussite d'une femme dans le domaine philosophique, doutes qui tiennent moins aux capacités intellectuelles des femmes que sur l'inadéquation entre une telle carrière et le rôle social qu'elles doivent assumer. « Vous allez vous souvenir j'espère, qu'il y a la nature, qu'il y a le soleil, les oiseaux et les fleurs[2] », lui dit-il avant de la laisser partir, de façon énigmatique. Comme si une femme qui philosophe allait simplement s'arrêter de vivre, et que la philosophie constituait un danger qui allait couper une femme de sa sensibilité, la détourner de sa propre existence.

---

1. « À travers la presse. Monographie d'une éducation masculine de femme », art. cité, p. 247.
2. *Ibid.*, p. 248.

En dépit de sa licence, Jeanne Benaben ne fait pas carrière en philosophie. Elle publie un nombre important de manuels scolaires, coécrits avec son mari – Paul Crouzet, inspecteur général de l'Instruction publique –, et ils rédigent ensemble des programmes pour le français au brevet supérieur de 1910 à 1918[1]. D'autres publications portent sur les questions relatives à l'éducation des filles. Contributrice régulière de la *Revue universitaire*, elle tient une rubrique consacrée à l'enseignement féminin dans laquelle milite pour « que les jeunes filles puissent obtenir les mêmes études que les garçons, et cela dans des conditions tout à fait régulières[2] ». Outre l'égalité scolaire entre garçons et filles, elle prône la reconnaissance des capacités des femmes dans les milieux littéraires comme scientifiques.

Elle soutient aussi le droit d'accès à la culture classique, philosophie comprise, non pour de simples raisons pratiques, mais bien parce que, « l'étude de la philosophie ne peut que nourrir et alimenter le lecteur et le commentaire d'une page d'un grand philosophe ou d'un grand moraliste et les rendre plus substantiels[3] ». Dans cette perspective égalitaire, elle publie dans des journaux féminins, comme *Femina*, et des journaux féministes républicains, comme *La Française*, dans lesquels elle défend le droit de vote des femmes.

Malgré ses succès par rapport aux standards féminins de l'époque, Jeanne Crouzet-Benaben revient longuement sur sa difficulté de concilier sa vie d'épouse et de mère de famille avec

1. Tous publiés chez Didier à Paris, par exemple : M et Mme Paul Crouzet, *Le Français au brevet supérieur illustré* (1912) ; *Les Précieuses ridicules. Comédie* (1925) ; *Britannicus. Tragédie* (1937).
2. Album Jane Misme, « Journalistes françaises et confrères féministes », dans la « Collection de la Section Presse, Lettres, Arts, du Conseil national des femmes françaises », Bibliothèque Marguerite Durand, p. 13. Par exemple : « La réforme de la licence ès lettres et les étudiants », *Revue universitaire*, novembre 1920, p. 299. ; « La réforme de l'enseignement secondaire et la création du baccalauréat féminin La jeune fille française, espoir de l'agriculture », *Revue universitaire*, juin 1919, p. 59-61 ; « Encore les déléguées licenciées », *Revue universitaire*, décembre 1919, p. 372.
3. « À travers la presse. Monographie d'une éducation masculine de femme », art. cité, p. 248.

sa vie d'intellectuelle, se vivant comme « une intellectuelle malgré elle », curieuse de nature, mais dont la vie privée aurait été peut-être plus simple si elle avait été plus conventionnelle. Elle n'en exprime aucun regret, si ce n'est celui qui tient à la condition de femme dans le monde intellectuel : « La grande œuvre que je rêvais d'écrire est toujours restée, non pas même dans mes tiroirs, mais dans la région des rêves, où l'ont maintenue les occupations plus pressantes de ma vie réelle[1]. »

Clémence Royer, ou les vingt volumes d'une œuvre perdue

Comme Jenny d'Héricourt, Flora Tristan, puis Julie Favre, Jeanne Benaben et Julie Hasdeu, le destin philosophique de Clémence Royer (1830-1902) est marqué par un cheminement parallèle aux institutions[2]. Née à Nantes en 1830 dans une famille légitimiste et catholique, elle développe d'abord une vocation religieuse, et c'est à l'initiative de son père qu'elle abandonne cette voie pour suivre des cours à la Sorbonne et au Collège de France. Elle est influencée, dès son entrée dans l'âge adulte, par la révolution de 1848 : « À vingt ans, je devenais. Je n'étais plus ce qu'on m'avait fait ; je me recommençais, avec l'instinct que je serais quelqu'un [...]. La Révolution de février venait de révolutionner mes idées[3]. » Un an plus tard, son père décède prématurément. Sans biens, pourvue d'une maigre dot, Clémence Royer est vite obligée de chercher une profession et fait usage de ses connaissances en devenant un temps professeur de français et de musique dans un pensionnat au Pays de Galles. Durant le coup d'État de 1851, elle quitte la France pour Lausanne puis loue une chambre dans une ferme isolée de Praz-Perey. Passionnée par la science et la philosophie, elle étudie pendant deux ans, en autodidacte,

1. *Ibid.*, p. 248.
2. Clémence Royer a été redécouverte par Geneviève Fraisse : « Clémence Royer (1830-1902), lecture de Darwin et regard féministe », *Raison présente*, n° 67, 1983, p. 87-102 ; *Clémence Royer. Philosophe et femme de sciences*, *op. cit.* Lire aussi Aline Demars, *Clémence Royer l'intrépide. La plus savante des savants*, Paris, L'Harmattan, 2005.
3. « L'idéal à vingt ans. Clémence Royer », *Journal du dimanche*, 31 janvier 1904, p. 3.

les systèmes philosophiques et scientifiques en se rendant à pied à la bibliothèque de Lausanne, qui se trouve à onze kilomètres de son domicile. Cette bibliothèque est le véritable lieu de sa formation.

En 1858, elle donne un cours de philosophie de la nature dans l'ancien Casino de Lausanne. C'est sans doute le premier de ce type jamais donné en Suisse romande. L'année suivante, elle offre, pour la première fois, un cours de philosophie réservé aux femmes, qui donne lieu à l'« Introduction à la philosophie des femmes » aujourd'hui célèbre[1]. Portée par le succès de Frederika Brenner, suédoise dont les livres mettent en lumière les femmes de sciences d'Amérique et rencontrent un certain succès parmi les protestants suisses, c'est dans une atmosphère de curiosité pour les femmes savantes que sa proposition de cours de philosophie est acceptée.

Le cours s'ouvre sur une affirmation des plus graves, et questionne les possibilités, pour une femme, de se dévouer à la philosophie et de l'enseigner. Car Clémence Royer peine à s'imaginer un passé sur lequel s'appuyer : « Je n'ai aucun précèdent pour me servir de guide, de modèle[2]. » Éduquée pour d'autres tâches sociales, l'écart entre la vie des femmes et le monde philosophique exige de s'exprimer dans la sphère publique sans y avoir été préparée. « J'ai à chercher moi-même mes mœurs oratoires, des habitudes de langage et des termes convenables à une femme devant un public[3]. » C'est par effraction que les femmes se présentent dans l'espace philosophique. Y a-t-il encore de l'espace pour elles, après deux mille cinq cents ans de philosophie produite, avant tout, par des hommes ? Clémence Royer a l'audace de ne pas en douter. Elle affirme que « la philosophie n'est pas faite[4] », et, parce qu'elle reste *à faire*, les femmes jusque là exclues de la tradition philosophique pourraient enfin s'y affirmer et trouver leurs espaces de parole.

1. C. Royer, « Introduction à la philosophie des femmes », art. cité.
2. *Ibid.*, p. 117.
3. *Ibid.*, p. 105.
4. *Ibid.*, p. 113.

Un tel optimisme est certainement porté chez elle par la croyance, partagée par tant de scientifiques du XIXe siècle, en « la » science, entendue comme le moteur d'un progrès infini accompagnant la réalisation d'une humanité juste et égale. « Existe-t-il réellement des choses inconnaissables, des modes de l'être inaccessibles à la raison, qui la dépassent de telle sorte qu'elle ne puisse les concevoir, les comprendre, sinon les imaginer[1] ? », demande-t-elle, convaincue que la raison moderne peut tout surmonter. Elle est à ce titre une farouche opposante à la « crise de la raison » qui s'amorce à la fin du siècle. « Je vois avec douleur la jeunesse qui pousse, sous prétexte de nouveauté, retomber dans les vieilles ornières et proclamer "la faillite de la science", parce qu'elle ne peut leur assurer des billets pour un Paradis[2]. » De même, son travail en philosophie des sciences s'engage dans une lutte contre la religion catholique, partant du principe que « l'homme n'a qu'une supériorité relative dans l'ensemble des êtres vivants terrestres[3] ».

Profondément anticléricale, elle refuse même la visite d'un prêtre sur son lit de mort en s'exclamant, entre deux respirations difficiles : « Pas sœurs !... Pas sœurs !... Pas convertie !... Pas catholique[4] ! », choquant son entourage. La religion catholique constitue, selon elle, un vrai obstacle à la science, à la liberté et à l'émancipation des femmes. À sa racine réside l'idée de la femme pécheresse, coupable de tous les maux sociaux et enfermée dans la souffrance. Et Clémence Royer de s'exclamer, bien au contraire : « J'écrase la tête du serpent et répare le péché de la mère Ève, tant que je peux, en le recommençant. Je cueille à pleines mains les fruits de l'arbre de la science pour les offrir à tous ceux qui en veulent, et non pas seulement à un Adam imbécile qui n'osait pas y toucher[5]. »

---

1. C. Royer, *Le Bien et la loi morale*, Paris, Guillaumin et Cie, 1881, p. IX.
2. A. Milice, *Clémence Royer et sa doctrine de la vie*, *op. cit.*, p. 224.
3. C. Royer, *Le Bien et la loi morale*, *op. cit.*, p. IV.
4. A. Milice, *Clémence Royer et sa doctrine de la vie*, *op. cit.*, p. 210.
5. *Ibid*, p. 227.

Pour elle, l'attribution sociale de caractères renvoyant à une nature humaine définie a priori n'a aucun sens : « La loi qui doit régir l'humanité ne peut se dégager que d'une notion véritablement scientifique de la nature de l'homme lui-même, de sa véritable place dans sa série organique et de ses rapports avec les autres êtres vivants[1]. » Défenseuse d'un savoir universel, elle est collaboratrice régulière du journal féministe républicain *La Fronde* et y prône le droit, pour les femmes, d'accéder à tous les savoirs. Le journal, en retour, ne tarit pas d'éloge à son sujet et la considère comme « l'argument suprême, irréfutable, contre lequel rien de prévaut, la preuve vivante, manifeste, que les cerveaux n'ont pas de sexe et que la prétendue infériorité de la femme n'est qu'un sophisme[2] ». La seule existence de Clémence Royer démontre en effet que « les femmes peuvent réussir dans les travaux philosophiques ou tant d'hommes ont succombé[3] ».

Alors que la production régulière d'ouvrages de philosophie est réservée aux agents au cœur de l'espace philosophique – ce qui pour les femmes est loin d'être de mise –, Clémence Royer écrit sans relâche et sur les sujets les plus variés[4]. Son testament témoigne de cette abondance. Elle laisse à ses héritiers son projet de publication d'œuvres, comportant vingt volumes rédigés pendant plus de quarante ans, publiés ou non. La liste dévoile le caractère encyclopédique de son savoir : philosophie, sciences, politique, problèmes sociaux, actualité, littérature, aucun thème ne lui échappe.

1. *Ibid.*
2. « La couronne de laurier », *La Fronde*, 19 juin 1930, p. 5.
3. Jeanne Brémontier, « Les femmes philosophes et moralistes », *La Fronde*, 22 août 1898, p. 2 (la suite de l'article est publiée dans l'édition du lendemain).
4. J.-L. Fabiani, *Qu'est-ce qu'un philosophe français ?*, *op. cit.*, p. 276.

Programme de publication des œuvres complètes de Clémence Royer, classées par elle-même

Premier et deuxième volumes : La Constitution du Monde.

Troisième volume : *Études de physique générale.*

L'unité de la matière et de la force. Nouvelle hypothèse atomique. Huit mémoires présentés à l'Académie des Sciences de Paris, en 1873, pour le prix Lacaze. Ces huit mémoires constituent la première rédaction de ma théorie atomique, trop défectueuse pour être publiées ; mais ces mémoires manuscrits, qui sont au secrétariat de l'Institut, pourront être consultés par ceux qui feront l'histoire de l'évolution de ma pensée et serviront à établir ma priorité si elle était contestée. Ma théorie a d'ailleurs été exposée verbalement devant la Société pour l'Avancement des Sciences, en 1873 à Lyon et, antérieurement, en 1859-60 ; à Lausanne dans mon cours de philosophie naturelle en 40 leçons.

I. *Ontologie* (Inédit), manuscrit perdu.

II. Les notions de matière, de force et d'esprit devant la science moderne.

Bulletin de la Société d'Études philosophiques et sociales.

III. Attraction et gravitation, d'après Newton.

IV. Études d'optique physiologique. Société Nouvelle, Bruxelles.

V. Critique de l'hypothèse de Laplace : Mémoire présenté à la Société pour l'Avancement des Sciences, Rouen 1885, tiré à part, épuisé.

VI. L'Origine des mondes et les impossibilités de l'hypothèse de Laplace. Société Nouvelle, Bruxelles.

VII. La Chaleur centrale. Mémoire présenté au Congrès de Géographie de Paris, 1875, analysé aux comptes rendus.

VII. Bis. Mémoire sur le même sujet présenté à l'Afac. Paris 1875, n'a pas été publié, ni exposé dans les comptes rendus, mais seulement mentionné.

VIII. L'atmosphère terrestre (inédit). Dernière partie du mémoire envoyé à la Smithsonian Institution pour le prix Hodgkins et dont les premières parties parues sont le manuscrit primitif des parties correspondantes de *la Constitution du Monde*.

Quatrième volume : *Physique du Globe.*

I. Déplacement des pôles et variations des climats. Congrès de Géographie de Paris 1875.

II. Déplacement des pôles et périodicité des phénomènes glaciaires. Congrès d'Anthropologie préhistorique de Paris, 1889.

III. L'Eté de 1892 et les variations thermiques des saisons. IV. Variations séculaires des saisons. V. Lac de Paris à l'époque quaternaire. V. Bis. Lac de Paris à l'époque quaternaire. La Philosophie positive 1877 (tiré à part, épuisé) et Bull. Société d'Anthropologie, de 1869 – 1875.
Cinquième volume : *Origine des Espèces de Darwin.*
Sixième volume, Première Partie I. Sciences de la vie. II. La terre et ses anciens habitants. III. Lamarck, sa vie et ses travaux. IV. Darwinisme (dict. Sc. Médicales). V. Sur la phylogénie. VI. Deux hypothèses sur l'hérédité des rapports des proportions du crâne avec celle du corps.
Deuxième partie I. L'évolution mentale dans la série organique. Conférence darwinienne à l'École d'Anthropologie. Revue scientifique, 11-16 juillet 1887. II. Les notions de nombre chez les animaux, novembre 1887. III. Les facultés mentales et les instincts sociaux des singes. IV. Domestication des singes. Revue d'Anthropologie.
Septième volume : *Origines de l'Homme et des sociétés.*
Huitième volume I. *Pithecanthropus Erectus.* II. Les âges préhistoriques. III. *Homo primigenius* et son industrie. IV. Transmission de l'âge de la pierre taillée à la pierre polie. V. Civilisation de la pierre polie. VI. Civilisation mégalithique. VII. Céramique primitive. VIII. Les rites funéraires aux âges préhistoriques.
Neuvième volume : *Ethno-sociologie.* I. Les nations dans l'Humanité. a. Les nations dans l'humanité et dans la série organique. b. Les phases sociales des nations.

c. Du groupement des peuples et de l'hégémonie universelle. d. Causes internes de la dissolution des peuples. II. Zoroastre et les migrations aryennes, Rev. Philosophique positive. III. Les Aryas et leurs migrations. IV. Divers mémoires sur les races humaines. Bulletin Société d'Anthropologie 1869-1875. V. Mémoires sur les races humaines et sur l'origine des blancs. Congrès d'ethnographie, Paris 1878. VI. Ethnologie européenne. La Fronde, 18 août 1898 (tribune).
Dixième volume : *Téléologie, éthique, esthétique.* I. Le bien et la loi morale. II. Discours au Congrès des Sciences sociales de Gand, 1863. III. La justice et les inégalités sociales. IV. De la nature du beau. V. La tristesse dans l'art.
Onzième volume
II. Histoire des religions antérieures à l'ère chrétienne. Sous un nouveau titre, c'est le mémoire présenté au concours ouvert sur la liberté de conscience et jugé par un jury tiré de l'Académie des Sciences morales et politiques, 300 mémoires furent envoyés. Le prix était de 15 000 frs. II. Lettre d'Opportuno Fervent, à Mgr l'Évêque d'Aire (Cardinal Lavigerie). Républicain landais, 1876, tiré à part. III. Étude de critique religieuse. *La Fronde* 27 février 1901.
Douzième volume : *Histoire des doctrines atomiques.* Mémoire présenté à l'Académie des Sciences morales et politiques. Déposé le 31 décembre 1892, non récompensé. (*Ce mémoire, franchement athée, a été envoyé à l'Académie sans espoir de succès, mais pour qu'il existât au Secrétariat de l'Institut un exposé philosophique de mes doctrines atomiques. Ouvrage très complet sur l'histoire de la philosophie, ancienne et moderne, au point de vue critique. Le premier à publier*).
Treizième volume : *Histoire de la philosophie de l'Évolution.* Présenté au concours pour le prix Crouzet. Déposé au Secrétariat de l'Institut le 31 décembre 1882. Récompensé de 1 500 francs. Le prix était de 2 000 francs.

Quatorzième volume

I. La morale dans l'Histoire. Présenté à l'Académie des Sciences morales le 31 décembre 1890 (non récompensé).

II. Histoire du pessimisme. Déposé à l'Académie des Sciences Morales, le 31 décembre 1885 (non récompensé).

Quinzième volume : *La lutte vitale.*

Mémoire présenté au concours ouvert par l'Académie de Bordeaux sur cette question : La lutte pour la vie ou l'accord pour la vie. Le manuscrit est à la Faculté des lettres de Bordeaux.

Seizième volume : *Le problème pénal devant la science et la philosophie.*

Mémoire présenté à l'Académie des Sciences morales pour le prix du Budget.

Légende : L'Humanité se défend et ne se venge pas. (Non récompensée).

II. Discours sur la responsabilité pénale.

III. Discours sur l'influence du métissage sur la moralité. Congrès d'Anthropologie criminelle de Paris 1889.

Dix-septième volume : *L'assistance publique dans les campagnes depuis 1789.*

Présenté à l'Académie des Sciences morales, le 31 décembre 1887.

Récompensé de 1 000 frs.

II. Incidences fiscales.

Mémoire présenté à l'Académie des Sciences morales, le 31 décembre 1886 pour le concours de 1887. (non récompensé).

(Ce mémoire montre la modification qui s'est produite dans ma pensée depuis la publication de ma théorie de l'impôt ; trente ans auparavant, sous l'influence de nos budgets toujours croissants qui ne peuvent plus se supporter avec l'impôt direct.)

Dix-huitième volume : *L'impôt ou la dime sociale.*

Dix-neuvième et vingtième volumes : *Les jumeaux d'Hellas.*

Volume supplémentaire

Articles de *La Fronde*, dont plusieurs ont l'importance d'articles de revues.

J'ai l'intention de les réunir en volume sous le titre :

Nos plaies sociales.

Nos plaies : l'ignorance populaire ; Le suffrage universel direct ; élus et électeurs, la guerre ou la paix armée ; la propriété romaine ; le cléricalisme ; l'Affaire Dreyfus.

Source : « Œuvres complètes de Clémence Royer », *La Fronde*, 19 juin 1930, p. 3.

Pour l'heure, le succès que connaît Clémence Royer en Suisse est de courte durée. La philosophe perd peu à peu son audience, notamment après des commentaires se distanciant du récit de la Bible et mettant en lumière les incompréhensions du texte sacré au regard de la théorie évolutionniste, à laquelle elle adhère pleinement[1]. Adepte de la théorie évolutive de Jean-Baptiste de Lamarck, elle traduit *L'Origine des espèces* de Charles Darwin, publié en France en 1862. Mais la réception de Darwin a d'abord été l'objet d'un rejet quasi généralisé, entachant la réputation de Clémence Royer[2]. Accusée de réduire l'homme aux singes, elle est aussi critiquée du côté des darwinistes, qui lui reprochent de ne pas être restée fidèle au texte original et d'en avoir modifié le sens dans sa préface à des fins anticléricales. Charles Darwin en personne lui en fait grief[3]. Après cette controverse, la philosophe met fin à ses cours ; elle est néanmoins invitée à faire des conférences à Neuchâtel et à La Chaux-de-Fonds, où plusieurs hommes respectés viennent l'écouter.

En 1881, elle essuie un refus important, lorsqu'elle sollicite une salle pour enseigner à la Sorbonne, rejet qu'elle considère devoir au fait d'être une femme, d'être autodidacte, de défendre des positions évolutionnistes, et d'avoir l'audace de le revendiquer. « Je

1. « Promenades et visites, Mme Clémence Royer », *Le Temps*, 13 février 1897.
2. Voir sur ce point: John Farley, « The Initial Reactions of French Biologists to Darwin's "Origin of Species" », *Journal of the History of Biology*, vol. 7, n° 2, 1974, p. 275-300; Joy Harvey, « Darwin in a French Dress: Translating, publishing and supporting Darwin in Nineteenth-Century France », *in* È.-M. Engels (dir.), *The Reception of Charles Darwin in Europe*, vol. I, Londres, Continuum, 2008, p. 354-373 ; et Claude Blanckaert, « "Les bas-fonds de la science française." Clémence Royer, l'origine de l'Homme et le darwinisme social », *Bulletins et Mémoires de la Société d'anthropologie de Paris*, t. 3, fasc. 1-2, 1991, p. 115-130.
3. Elle gagne en revanche le soutien du fils du scientifique Jean-Baptiste Lamarck, scientifique tombé dans l'oubli qui lui adresse une lettre à la philosophe lui manifestant tout son soutien « Auguste de Lamarck à Clémence Royer », *La Française*, 19 mai 1928, p. 2. Concernant le conflit autour de la traduction de l'ouvrage de Charles Darwin, consulter notamment Michel Prum, « Charles Darwin's First French Translations », *in* T. F. Glick et E. Shaffer (dir.), *The Literary and Cultural Reception of Charles Darwin in Europe*, Londres, Bloomsbury, 2014, vol. 3 et 4, p. 391.

représente l'incarnation du darwinisme, dont j'ai été la première à propager les théories en France [...], moi, je suis le contraire de l'orthodoxie[1]. » Elle connaît aussi, en parallèle, quelques reconnaissances symboliques importantes. La même année, son ouvrage *Le Bien et la loi morale* est récompensé par l'Académie des sciences morales et politiques par le prix Jean Reynaud, récemment fondé. Quelques années plus tard, en 1897, des personnalités comme Émile Zola, Théodule Ribot, Georges Clémenceau et Anatole France préparent un banquet en son honneur au Grand Hôtel afin de rendre un hommage à celle qu'ils dénomment volontiers « le philosophe éminent[2] ». En 1900, deux ans avant son décès, elle se voit accorder la Légion d'honneur, demandée, entre autres, par le même Théodule Ribot, philosophe et professeur au Collège de France.

Malgré une certaine popularité, la vie de Clémence Royer reste matériellement très fragile et le sentiment d'illégitimité face à ses pairs ne la quitte pas. « Je me heurte partout à l'indifférence ou au mauvais vouloir de nos savants officiels, qui ne semblent pas pouvoir admettre que je puisse avoir quelque chose à leur apprendre[3]. » L'amertume domine ses dernières lettres, souffrant de sa non-reconnaissance dans le monde philosophique et scientifique : « J'aurais dû être professeur. Il m'eût fallu une chaire [...]. Trouvez-moi une salle, un public, je parlerai jusqu'à extinction de chaleur naturelle[4]. »

Le chemin autodidacte de Clémence Royer est sa force, et sans doute aussi sa grande faiblesse. Dotée d'un savoir encyclopédique mais sans diplômes, son insertion dans le champ du savoir philosophique est relative et, malgré ses demandes, elle ne parvient pas à trouver une stabilité professionnelle. Sans héritage, non

1. Entretien donné au journal *Le XIXe siècle*, 13 novembre 1892, publié sous le titre « Bataille de dames ».
2. « Clémence Royer », *La Justice*, 8 février 1897.
3. Citée dans « Sciences pures et appliquées », *Revue universelle*, 1901, p. 199-200.
4. Citée dans A. Milice, *Clémence Royer et sa doctrine de la vie*, *op. cit.*, p. 117.

mariée, ayant vécu en union libre[1], aucune aide ne lui est par ailleurs accordée. Jusque dans les années 1880, les divers concours auxquels elle s'inscrit au fil des ans ont été son principal support financier. Les publications se font de plus en plus rares. De 1886 à 1888, elle reçoit une modeste subvention de la part du ministère de l'Instruction publique. Elle recourt ensuite à son statut de fille d'officier de l'armée de terre pour recevoir une pension. Elle loue une modeste chambre dans une pension de retraite à Neuilly, regorgeant de « piles de manuscrits, entassés sur des rayons[2] ». Elle y décède à l'âge de soixante-douze ans, après une fin de vie plus que modeste que la peintre et amie Angèle Delasalle (1867-1939) a représenté.

Portrait de la philosophe Clémence Royer
sur son lit de mort, par Angèle Delasalle

Albert Milice, *Clémence Royer et sa doctrine de la vie*, Paris, J. Peyronnet et Cie, 1926, p. 206.

1. Avec l'économiste Pascal Duprat, décédé précipitamment en 1885 et dont elle ne peut hériter.
2. Marie-Louise Néron, « Clémence Royer », *La Fronde*, 18 août 1900, p. 1.

En 1904, son nom est donné à une rue parisienne[1]. En 1912, c'est à Praz-Perey près de Lausanne, où elle a résidé durant deux ans, qu'une place portant son nom est inaugurée par le doyen de la faculté des sciences de l'Université de Lausanne. Plus tard, en juin 1930, la Sorbonne, dans un geste de reconnaissance posthume (et de réparation ?) commémorera le centenaire de sa naissance, soulignant à cette occasion la diversité des champs du savoir dans lesquels elle a été active. Philosophe, encyclopédiste, savante, journaliste, l'éclectisme de Clémence Royer y sera enfin présenté comme une force – quand bien même il a sans doute, sa vie durant, constitué un réel obstacle d'insertion professionnelle face à un esprit de spécialisation devenu, à la fin du XIXe siècle, de plus en plus dominant.

À sa mort, la philosophe laisse derrière elle trois grosses malles de manuscrits à ses héritiers. Que sont-elles devenus ? Dix ans après, son héritage n'a pas été transmis. « Ses manuscrits restent depuis dix ans en souffrance à la Bibliothèque Nationale et certains d'entre eux ont été retrouvés chez les bouquinistes[2]. » D'autres se sont perdus et le silence régnant dans le monde intellectuel laisse même certains suspecter « une conspiration du silence quasi-générale de la part de la presse française et étrangère, quotidienne et périodique[3] ».

Plusieurs personnalités devaient hériter de son œuvre. Son fils, René Duprat-Royer, qui l'aidait depuis sa plus tendre enfance à recopier ses ouvrages et connaissait l'ensemble de son œuvre, meurt la même année que sa mère. Les autres héritiers des travaux de Clémence Royer décèdent les uns après les autres sans avoir le temps d'organiser son œuvre et de mettre en place l'écriture d'une biographie de leur amie. En 1917, la féministe républicaine Marguerite Durand (1864-1936), également héritière de ses

1. Voir les arrêtés du 5 avril et du 11 mai 1904, Conseil municipal de Paris, 1904.
2. « Lettre ouverte aux héritiers testamentaires de Clémence Royer », *La Société Nouvelle*, 4 juin 1912, p. 331.
3. *Ibid.*

œuvres, suspecte qu'une partie des travaux de Clémence Royer ait été brulée. Elle accuse un ami de la philosophe, Albert Colas, d'en être responsable[1]. Il faudra attendre les années 1920 pour éclairer en partie ce mystère. Les manuscrits ont bien été offerts à la Bibliothèque nationale par l'exécuteur testamentaire de Clémence Royer, mais l'administrateur de la Bibliothèque (Léopold Delisle) les a refusés, pour une raison inconnue, entraînant la dilution des manuscrits, cédés à des brocanteurs et probablement détruits car invendus. À ce jour, le vœu de Clémence Royer de publication de ses œuvres complètes n'a pas été réalisé[2].

1. Marguerite Durand, « La succession de Clémence Royer », *L'Intermédiaire des chercheurs et curieux*, 20-30 mai 1917, p. 441.
2. C'est Albert Milice, admirateur des travaux de Clémence Royer, qui finance une enquête afin de les localiser. Il raconte les difficultés de sa recherche dans un article, en 1923 et en énonce les résultats en 1927 : A. Milice, « Une œuvre royerienne », *La Française*, 15 décembre 1923, p. 3 ; « Les manuscrits de Clémence Royer. Des clartés dans la nuit », *La Fronde*, 26 mai 1927. Voir aussi Jean Bernard, « Les papiers de Clémence Royer », *La Fronde*, 19 mai 1927 ; Mme Avril de Sainte-Croix, « La recherche des manuscrits de Clémence Royer », *La Fronde*, 20 mai 1927.

Chapitre 4

Les balbutiements des années 1900-1914

« L'on ne saurait admettre qu'en la distribuant aux hommes, on ait cru pouvoir en priver les femmes. »

Jean Finot

La question de l'enseignement de la philosophie ne touche pas seulement à la capacité intellectuelle des femmes. Elle entrecroise de multiples craintes. Elle traverse nécessairement la question de leur accès au baccalauréat, puisque les femmes aisées ne devraient pas, sauf exception, faire d'études supérieures. Activité de prestige digne du plus grand respect, la philosophie ne peut par ailleurs être rendue accessible sans remettre en cause les hiérarchies de genre sur lesquelles repose la république libérale, faute de quoi, comme l'énonce un journaliste, « les hommes n'auront même plus l'un des derniers monopoles qui leur restaient : celui des études dont l'austérité semblait devoir tenir en respect l'ambition féminine[1] ».

Il n'empêche, de la fin du XIXe siècle jusqu'en 1914, les revendications pour obtenir le droit à philosopher au même titre que les hommes sont continuelles, soutenues par divers actrices et acteurs qui argumentent de manières diverses. Lors de la séance du 2 juillet

1. « Concours de 1905. Agrégations », *Revue des lycées et des collèges*, 10 octobre 1905, p. 289.

1896 au bureau du Conseil supérieur de l'Instruction publique, par exemple, un vœu est soumis par Mathilde Salomon (1837-1909), directrice du collège Sévigné qui a vu passer Julie Hasdeu comme Jeanne Benaben, demandant la révision des programmes de l'enseignement secondaire des jeunes filles et l'introduction de la philosophie. La démarche de cette figure féministe connue pour ses revendications concernant les droits à l'éducation n'aboutit pas[1]. Elle la réitère en 1898, là encore sans succès.

Entre-temps, à la séance du 11 juillet 1897, un changement formel se profile. Il est en effet noté que « le programme de morale et de philosophie est adopté sans observation » concernant les filles. L'ajout de l'expression « philosophie » semble être le résultat d'un compromis pour apaiser les tensions autour de cette question. L'arrêté du 27 juillet 1897 renomme officiellement le programme de l'enseignement secondaire dans les lycées et collèges de jeunes filles « morale et philosophie[2] ». L'addition du terme est certes une victoire, mais le contenu de l'enseignement est loin de correspondre au nouvel intitulé. Parmi les changements minimes opérés, l'exposition critique de systèmes de morale est remplacée par des lectures de moralistes, ce qui permet, dans la pratique, de ne pas avoir à exposer de systèmes philosophiques dont les femmes professeures, selon le rapport, « n'ont souvent qu'une connaissance imparfaite », sans compter qu'elles « s'effrayaient de présenter à des enfants tant d'idées d'apparence fausse et paradoxale, tant de doctrines contradictoires[3] ». Le rapport suggère en quelques sorte que les femmes auraient peur de la philosophie et que l'absence de réel cours de philosophie ne viserait que leur bien. La rubrique « devoirs domestiques » est transformée en

1. Les débats sont notamment décrits avec attention dans Paul Souday, « Retour offensif », *L'Enseignement secondaire des jeunes filles*, 15 janvier 1897, p. 5-9. Sur Mathilde Salomon, voir Catherine Nicault, « Mathilde Salomon, pédagogue et pionnière de l'éducation féminine », *Archives Juives*, vol. 37, 2004, p. 129-134.
2. « Documents officiels », *L'Enseignement secondaire des jeunes filles*, 15 juillet 1897, p. 99-100.
3. *Ibid.*

un cours portant sur « la famille, la société, la Patrie », ce qui témoigne surtout d'un renforcement de l'esprit patriotique et nationaliste du programme.

Un mois plus tard, un nouveau rapport est présenté au nom de la commission de l'enseignement secondaire des jeunes filles au Conseil supérieur de l'Instruction publique. Il vise une réforme de l'enseignement secondaire des jeunes filles. Son auteur, le philosophe Marcel Bernès, y exprime notamment le souhait de mettre en place un enseignement de philosophie à même de solidifier la base de l'enseignement de morale et de développer « utilement chez les élèves le sens critique et des habitudes de pensées personnelles[1] ». La revendication demeure timide, mais constitue une nouveauté, car la philosophie est considérée sous l'angle d'un apprentissage critique : c'est la première fois qu'elle est présentée en ces termes pour les filles. Le rapport interroge aussi la formation des professeures femmes qui n'ont, à aucun moment, reçu une culture philosophique. Il leur est, pour cette raison, impossible d'enseigner la philosophie, tandis que les hommes ont accès « à plus d'une question proprement scientifique ; par les théories de la connaissance, de la liberté, etc. ; la métaphysique et l'histoire de la philosophie[2] ». Plusieurs membres de la commission sont favorables à un changement ; les échanges ne donnent cependant lieu à aucune proposition concrète.

En 1903, le débat se poursuit dans la revue *L'Enseignement secondaire des jeunes filles*, qui publie un texte du XVIIe siècle intitulé « Les avantages que les femmes peuvent recevoir de la philosophie[3] », argumentant dans le sens d'un accès à la philosophie.

1. « Rapport présenté au Conseil supérieur de l'Instruction Publique, au nom de la commission de l'enseignement secondaire des jeunes filles, par M. Bernès, membre du Conseil », *L'Enseignement secondaire des jeunes filles*, 15 septembre 1897, p. 142.
2. *Ibid.*
3. Louis de Lesclache, « Les avantages que les femmes peuvent recevoir de la philosophie et principalement de la morale ou l'abrégé de cette science », *L'Enseignement secondaire des jeunes filles*, 15 avril 1903, p. 167.

La même année, le professeur Eugène Blum publie dans les mêmes colonnes un article où il défend le droit à la philosophie pour les filles. Il identifie deux types de raison pouvant exister chez les êtres humains. La première est une raison non travaillée, qu'il présente comme « renfrognée, querelleuse, despite et menaçeuse ». Une raison médiocre. La seconde, au contraire, est fruit d'une longue éducation, « pensive et maîtresse d'elle-même, harmonieuse et droite, prévenante et active, tournée vers le bien et le beau[1] ». Il plaide évidemment pour le développement de cette dernière.

En 1905, lors de la deuxième séance du 24 juillet au Conseil supérieur de l'Instruction publique, Mathilde Salomon émet à nouveau le vœu de tendre à « ce que le bénéfice du maintien de l'admissibilité soit étendu aux examens de l'enseignement secondaire des jeunes filles[2] » et pour cela, l'ouverture à la discipline philosophique est nécessaire. La même année, Paul Souriau, alors agrégé de lettres et professeur de rhétorique, publie un article dans la *Revue internationale de l'enseignement*, dans lequel il préconise une réforme généralisée de l'enseignement secondaire ainsi que la création d'une université féminine, incluant des cours de philosophie[3]. Très vite, il précise qu'il s'agirait uniquement d'un cours d'esthétique, qui, selon lui, doit absolument être ajoutée au programme car il s'agit d'une discipline liée à la féminité. Le questionnement autour du droit à l'enseignement de la philosophie et du type d'enseignement préconisé pour les femmes n'a, dans tous les cas, cessé d'être mis en débat.

1. « Vingt-trois ans après la loi Camille Sée. Examen de conscience pédagogique », *L'Enseignement secondaire des jeunes filles*, 15 juillet 1903, p. 5-11.
2. « Chronique. Conseil supérieur de l'Instruction Publique », *L'Enseignement secondaire des jeunes filles*, 15 janvier 1906, p. 32.
3. Paul Souriau, « Une université de jeunes filles », *Revue internationale de l'enseignement*, 15 juin 1905.

La philosophie en parallèle

Léontine Zanta enseigne la philosophie à la Mutualité de Maintenon

Si le système d'enseignement public est défaillant en matière d'enseignement de la philosophie pour les filles, des institutions privées naissent à la fin du XIXe siècle dans l'objectif d'accueillir des jeunes filles souhaitant dépasser ce que le programme des lycées féminins publics leur offre. Le secteur privé féminin n'est plus uniquement synonyme d'enseignement confessionnel. Beaucoup d'écoles répondent à une demande sociale pour former les filles au baccalauréat afin de leur permettre l'accès à l'enseignement supérieur – un objectif délaissé par l'enseignement public[1]. Ainsi naît en 1900 la Mutualité de Maintenon, qui s'inspire, comme son nom l'indique, du système de mutualité qui connaît alors une vogue certaine.

Cet établissement privé qui fait le choix du nom alors controversé de la marquise de Maintenon demeure méconnu malgré ses résultats et sa popularité à l'époque. Sa vice-présidente, puis présidente, n'est autre que Léontine Zanta (1872-1942), qui deviendra en 1914 la première femme française docteure de philosophie à la Sorbonne. Licenciée de philosophie en 1898, elle y enseigne durant de nombreuses années. Entre 1900 et 1912, l'établissement forme au moins treize futures agrégées et quarante certifiées ; il est d'ailleurs récompensé pour son œuvre par le prix Buisson de l'Académie en 1914[2].

Cette mutualité, dont le siège se situe au 20 rue de Montparnasse à Paris, a été fondée le 16 avril 1901 à l'initiative d'une certaine Marie Paris, éducatrice souhaitant rassembler « des jeunes

1. Bien qu'il reste, pour l'essentiel, catholique, et obéisse à une vision cléricale de l'éducation. Voir F. Mayeur, « Vers un enseignement secondaire catholique des jeunes filles au début du XXe siècle », *Revue d'histoire de l'Église de France*, t. 81, n° 206, 1995.
2. « Échos », *Journal des débats politiques et littéraires*, 7 décembre 1912 p. 2.

filles éprises de culture classique au-delà des études scolaires[1] ». Parmi les membres du comité d'administration se trouvent des personnalités masculines bien placées dans la vie politique et savante, comme Paul Doumer, ancien gouverneur général d'Indochine et ministre des Finances, Octave Gérard, vice-recteur honoraire de l'académie de Paris, l'historien Albert Vandal de l'Académie française ou encore Marcel Dubois, professeur de géographie coloniale à la Sorbonne, ainsi que Samuel Rocheblave, professeur de rhétorique au lycée Janson-de-Sailly à Paris et de littérature à l'École des Beaux-Arts. Il semble aussi que Louise Rocheblave, professeure honoraire au lycée Fénelon, apporte son aide à la constitution de la mutualité.

La mutualité a une double fonction. Collège privé d'enseignement féminin, créé suite à l'augmentation de la demande féminine en vue d'accéder au brevet supérieur sans passer par des écoles spéciales, elle est aussi une caisse de retraite garantissant l'avenir des membres de l'association, notamment des femmes enseignantes dont les conditions matérielles sont difficiles. Toute personne membre de l'enseignement féminin peut en faire partie. Très vite, la mutualité compte une centaine de professeurs(es). L'école se veut républicaine tout en garantissant une certaine tradition, un équilibre entre la modernité républicaine et l'Ancien Régime. « Mutualité représente le moderne : on ne trouve pas le mot dans le dictionnaire de l'Académie, au temps de Mme de Maintenon, et Maintenon maintient la tradition[2]. »

La ligne éducative entretient « un esprit de tradition sans réaction[3] », ne remettant pas en cause les avancées construites depuis la Révolution française. D'où la devise de l'établissement : « Tradition et progrès, respect et liberté[4] ». La figure de

1. Comme indiquée dans la description proposée dans le *Journal officiel* (voir par exemple l'édition du 22 décembre 1914, p. 9292).
2. *Ibid.*
3. *Ibid.*
4. *Ibid.*

la marquise de Maintenon, active aux XVIIe et XVIIIe siècle, incarnerait ce compromis, ayant donné l'exemple en ouvrant un pensionnat pour la noblesse féminine désargentée (la Maison royale de Saint-Louis), devenu en son temps un véritable modèle d'éducation libérale[1]. L'objectif de la mutualité est désormais d'orienter ses élèves vers des études classiques et de les préparer à entrer à l'université, notamment à la Sorbonne. Plusieurs réussiront à devenir licenciées d'histoire, de philosophie ou encore de grammaire et quelques-unes se prépareront même aux agrégations masculines.

La philosophie y est enseignée. Léontine Zanta se charge notamment des cours de morale, publiés dans le bulletin de l'établissement afin qu'ils soient à disposition de toutes les participantes. Le programme ressemble étroitement à celui donné dans les établissements publics : apprendre à régler, organiser, contrôler ses sentiments et ses instincts en vue de s'élever vers le bien moral en tenant à distance les passions. Il va cependant plus loin que dans le public. Il est plus dense ; on peut relever aussi que la partie sur l'évolutionnisme, présenté et exposé aux jeunes filles, est assez avancée (malgré diverses critiques).

Travailler à la constitution d'un « Platon femelle »

Le collège privé de Sévigné, mieux connu, est un autre établissement organisant des cours de philosophie pour les filles. Référence à son époque, il a été créé en 1880, avant la loi Camille Sée pour laquelle il a servi de modèle – son « esprit avait devancé celui de la loi[2] ». Dirigé par Mathilde Salomon, il est lui aussi situé à

1. Si un tel esprit semble correspondre aux attentes républicaines, la figure de la marquise est pourtant loin d'être consensuelle, en raison de ses mœurs adultères. F. Mayeur, *L'Enseignement secondaire des jeunes filles sous la Troisième République*, *op. cit.*, p. 203. Se reporter aussi au texte de Camille Sée, *Madame de Maintenon et l'Université française*, Paris, Léopold Cerf, 1894.
2. Selon l'expression de Louise Weiss (*Mémoires d'une européenne*, t. 1 : *1893-1919*, Paris, Payot, 1970, p. 83).

Paris. Les professeurs donnent des leçons à dix classes recevant des filles de 6 à 18 ans, en vue de leur fournir une instruction générale leur permettant – si elles le souhaitent – de préparer le brevet simple et le brevet supérieur (plutôt que le baccalauréat prévu pour les garçons) et de se préparer aux examens de l'École de Sèvres. On accueille aussi celles qui désirent préparer le certificat d'aptitude pédagogique, nécessaire pour se présenter aux agrégations ouvertes aux femmes. Tel est le cas par exemple de Louise Weiss (1893-1983), femme de lettres, journaliste et féministe. Issue d'une famille aisée qui tente de la dissuader d'entreprendre des études de philosophie inadaptée à une vie de femme[1], Louise Weiss se dirige vers le Collège Sévigné, qui offre des leçons de philosophie dans les deux dernières années. Elle y suit notamment les cours de Victor Delbos et Alain.

Agrégé de philosophie, futur membre de l'Académie des sciences morales et politiques, Victor Delbos enseigne à Louis Le Grand et à Henri IV, puis à l'École normale et à la Sorbonne. Il est aussi engagé dans l'enseignement féminin, au sein de l'association pour l'enseignement secondaire des jeunes filles dans laquelle il est très actif. Fondée en 1867, celle-ci organise des cours à la Sorbonne en vue de compléter la formation des femmes et de les encourager dans leurs études supérieures. Victor Delbos y décerne chaque année la médaille du concours de philosophie. De 1908 à 1911, il donne aussi aux femmes, tous les samedis, des conférences à la Sorbonne, et tous les lundis après-midi des cours de philosophie morale. En 1914, il fera aussi partie du jury de doctorat de Léontine Zanta.

Le collège abrite également des cours du philosophe Alain (Émile-Auguste Chartier)[2]. Normalien et agrégé, professeur en khâgne, journaliste, il a remplacé, à la demande de Mathilde

1. *Ibid.*, p. 108.
2. Voir Frédéric Worms et Michel Murat (dir.), *Alain, littérature et philosophie mêlées*, Paris, Rue d'Ulm, 2012.

Salomon, le philosophe Frédéric Rauh. Avant de le recruter, la directrice avait elle-même suivi assidument ses cours de philosophie au lycée Michelet de Vanves, où il autorisait les filles à venir. À partir de 1906, il enseigne à une quarantaine de jeunes filles âgées de 18 à 25 ans, pour les préparer au concours de l'enseignement secondaire.

Il est alors l'un des rares professeurs dont la notoriété dépasse les portes de l'Université, et dont les méthodes sont considérées novatrices, adoptant une posture qui transgresse le modèle professoral établi et se jouant des frontières disciplinaires. Jeanne Alexandre (1890-1980), ancienne élève du cours qui deviendra agrégée de lettres en 1913 et professeure de philosophie en 1916, raconte les cours du philosophe, à contre-courant du reste de leur apprentissage. Sa méthode détonne avec le caractère disciplinaire de l'enseignement de morale. « À qui me demande comment apprendre à travailler, je réponds : travailler[1] », énonce-t-il ainsi aux élèves qui se plaignent du manque d'encadrement. Son cours ne comporte aucune bibliographie, aucun recours aux manuels ; il paraît être « le contraire d'un philosophe de profession[2] ».

Alors que les filles étaient habituées aux profils de professeurs comme Henri Marion, les encadrant plus que de besoin, Alain stimule au contraire leur réflexion propre. Il n'exige qu'une discipline de leur part : écrire tous les jours. Lorsqu'il corrige leurs copies, il n'hésite pas à les réécrire, à reformuler des parties entières afin que les élèves puissent avoir un modèle auquel se fier. Il ne se moque jamais d'elles et a pour coutume de donner des notes encourageantes. Lorsque les élèves commettent de grossières erreurs, il ne le leur reproche pas non plus et les encourage à

1. Jeanne Alexandre, « Alain à Sévigné », *La Nouvelle Revue Française*, septembre 1952, p. 15. Jeanne Alexandre, née Halbwachs, est la fille du professeur alsacien Gustave Halbwachs et la sœur du sociologue Maurice Halbwachs. Cédric Weis, *Jeanne Alexandre (1890-1980). Une pacifiste intégrale*, Angers, Presses Universitaires d'Angers, 2005.
2. J. Alexandre, « Alain à Sévigné », art. cité, p. 19.

se corriger. Pédagogue, il utilise un langage clair et simple et le succès est tel que des étudiantes et des étudiants, ainsi que des curieux se joignent rapidement aux élèves[1]. Son attitude parfois déconcertante plaît aux étudiantes, qui se sentent, pour une fois, traitées « en égales », « en camarades de pensée[2] ». Car Alain s'est lancé un défi : devenir le créateur d'un « Platon femelle[3] », faire émerger une figure philosophe féminine qui se distinguerait des autres, conquête pour laquelle il serait connu et reconnu.

Le philosophe est pourtant loin d'être féministe. S'il revendique avec fierté sa participation à l'école de Sévigné et le fait d'avoir eu deux auditoires philosophiques (l'un masculin, l'autre féminin), il raconte volontiers que les filles sont plus ignorantes que les garçons (tout en rappelant qu'elles n'ont guère le temps de se consacrer à la philosophie). Il n'apprécie pas non plus les filles qui étudient la philosophie pour mimer les garçons. Selon lui, il existe une nature féminine venant contrarier une attitude pleinement rationnelle – la raison étant considérée comme nécessairement masculine. Les femmes seraient « le sexe affectif », ce qui constituerait à la fois leur faiblesse et leur force. Il reproche par exemple aux élèves femmes d'avoir l'esprit « émotif, mental, introspectif[4] » : trop de sentiment nuirait à la pratique de la philosophie. Dans cette perspective, l'expression « Platon femelle », désigne aussi une autre forme de connaissance, proprement féminine : un savoir puisant sa source non dans le cerveau mais dans « cet autre thorax, mieux lié au ventre, cet autre honneur, cette autre pudeur et cette autre mathématique[5] ».

1. Comme le rapporte Alain lui-même (*Histoire de mes pensées*, Paris, Gallimard, 1936, p. 221).
2. J. Alexandre, « Alain à Sévigné », art. cité, p. 16.
3. *Ibid.*, p. 17.
4. *Ibid.*, p. 17.
5. Alain, « Platon m'étonne toujours par cette puissance. 4 avril 1922 », *Propos sur des philosophes*, Paris, PUF, 1961, p. 131.

Loin de penser défendre l'existence d'un savoir universel, Alain soutient que le savoir féminin contiendrait lui-même ses propres réponses ; cette particularité ferait sa force. Républicain proche du radicalisme, pacifiste, il considère que seules les femmes peuvent empêcher les guerres. C'est pourquoi il plaide, par exemple, pour que le droit de vote leur soit accordé : « Quand les femmes voteront, leur vote signifiera par-dessus tout : République[1]. » Il défend par ailleurs l'égalité salariale entre instituteurs et institutrices (« les fatigues sont les mêmes ; les responsabilités sont les mêmes[2] »), et se positionne à diverses reprises contre le mariage, qui enferme selon lui les individus dans des logiques de domination. En 1923, il désigne même le contrat de mariage comme une marque du « pouvoir masculin[3] ». Tout en louant les valeurs féminines, il les naturalise, et ne laisse guère de place aux femmes dans le domaine de la pensée ou dans la société : « La femme est plutôt pour complémenter l'homme que pour le doubler dans son métier d'homme[4]. »

Les cours catholiques de Clodius Piat

L'enseignement privé catholique tente lui aussi d'occuper l'espace de l'enseignement philosophique que l'institution publique se refuse à offrir. L'aversion pour l'enseignement laïc, déjà exprimée dans les années 1880, s'accentue au début du XXe siècle avec la mise en place de la loi du 1er juillet 1901 portant sur les associations, qui exige désormais l'autorisation du Parlement pour former une congrégation religieuse, puis avec celle du 7 juillet 1904, qui interdit l'enseignement par les congrégations. À cette

1. Alain, *Les Propos d'un normand de 1910*, Paris, Institut Alain, 1995, p. 10. Sur le républicanisme d'Alain, notamment Philippe Soulez (dir.), *Les Philosophes et la Guerre de 14*, Saint Denis, Presses universitaires de Vincennes, 1988.
2. *Ibid.*, p. 346.
3. Alain, « L'action discipline la pensée mais la rabaisse. 2 octobre 1923 », *Propos sur des philosophes*, *op. cit.*, p. 62.
4. *Ibid.*, p 454 (propos du 30 novembre 1910).

répulsion se joint la lutte déclarée par l'encyclique *Pascendi dominici gregis* (1907) de Pie X contre le catholicisme moderniste, plus ouvert sur les questions sociales et sur les débats concernant le caractère laïc de l'État. En 1907, le *Bulletin de l'enseignement libre* rappelle que l'épiscopat « multiplie les efforts pour arracher le plus possible des jeunes cerveaux à l'enseignement officiel[1] ».

Au cœur de ces tensions, une chaire de philosophie est créée la même année à l'École normale libre d'enseignement supérieur pour les jeunes filles, située au 4 rue Oudinot, à Paris. Cette école privée a été créée pour former les femmes destinées à l'enseignement catholique par l'éducatrice Madeleine Daniélou (1880-1956), militante catholique réactionnaire. Son mot d'ordre : « L'enfant est à la famille[2] » et non à l'État, et c'est pourquoi il faut rivaliser avec l'enseignement public pour ne pas perdre d'influence dans la société. Le corps enseignant est composé de plusieurs professeurs de l'Institut catholique de Paris, autre établissement religieux de l'enseignement supérieur. Trois femmes y sont actives : Hélène Liégeois (agrégée d'histoire), Madeleine Daniélou elle-même et dans une moindre mesure, Mme Henri Marion (née Jeanne Marie Hall), alors directrice de l'École normale supérieure de Sèvres, qui semble soutenir ce projet venant renforcer, d'une certaine façon, la formation féminine[3]. Le

1. « Notes et communications. La réorganisation de l'enseignement libre. Une école normale catholique », *L'Enseignement libre. Bulletin de la Ligue de la liberté*, août-septembre 1907, p. 227. Pour une étude des différents courants et des tensions qui parcourent l'Église catholique concernant la laïcité, la science et le modernisme : Darrell Jodock, *Catholicism Contending with Modernity. Roman Catholic Modernism and Anti-Modernism in Historical Context*, Cambridge, Cambridge University Press, 2011.
2. « L'éducation de nos filles, compte rendu de la conférence faite le 16 juin 1908 par Mme Daniélou, à "L'action sociale de la femme" », *Devoir des femmes françaises*, 1908, p. 389. Sur cette figure de la pédagogie catholique féminine, Blandine-D. Berger, *Madeleine Daniélou 1880-1956*, Paris, Éditions du Cerf, 2003 ; B. Poucet, « Madeleine Daniélou », *in* Jean Houssaye (dir.), *Les Femmes pédagogues*, t. 2, Paris, Fabert, p. 275-309.
3. Mme Henri Marion, née Jeanne Marie Hall, est la veuve du philosophe ; elle prend la succession de Julie Favre à sa mort et dirige l'école de Sèvres de 1896 à 1906.

programme comprend toutes les matières présentes à l'examen du certificat d'aptitude à l'enseignement secondaire délivré par l'école de Sèvres, que l'école imite volontiers : science religieuse, philosophie (partiellement), littérature, grammaire historique, histoire, géographie, langue et littérature anglaise, littérature allemande, pédagogie.

La chaire de philosophie vise à contrer l'influence de la philosophie enseignée dans les écoles républicaines, que Madeleine Daniélou n'hésite pas à désigner comme responsable de ce qu'elle considère une perte des valeurs dans la société française : la neutralité philosophique concernant la religion ne ferait que pousser les élèves à l'athéisme, source, selon elle, de tous les maux[1]. Cette opposition à l'enseignement public se cristallise en 1908, lorsqu'un manuel de philosophie de l'enseignement secondaire est brutalement pris pour cible par les associations d'enseignement catholique pour avoir présenté le mariage comme une « disposition heureuse et nécessaire de la législation » insistant sur le fait que « la famille ne peut remplir son rôle qu'autant qu'il y a accord et harmonie entre ses membres[2] ». Cette laïcisation d'un sacrement divin témoignerait, selon elle, d'un complot maçonnique et républicain s'exerçant contre la pensée catholique. Diverses associations catholiques dénoncent par la suite le caractère « très dangereux » de « la philosophie au lycée[3] ».

1. Voir sa conférence « L'éducation de nos filles », art. cité, p. 389.
2. Cité dans « L'action maçonnique. La morale à l'école et la philosophie au lycée », *Devoir des femmes françaises*, 1908, p. 91-96. Il s'agit du manuel écrit par le philosophe des sciences Abel Rey, *Éléments de philosophie scientifique et morale* (Paris, Cornély, 1903).
3. « Sur l'éducation des garçons », *Devoir des femmes françaises*, 1908, p. 206-208. Signé : une femme de colonel. L'association est dirigée par Françoise Dorive, dont l'objectif est de « démontrer 1° le rôle bienfaisant du christianisme et de l'Église ; 2° la fierté qu'on doit avoir d'être français ; enseigner tout ce qui concourt à la formation féminine et se rapporte aux principaux aspects de la vie de la femme, vie surnaturelle, vie intellectuelle, vie domestique » (*Devoir des femmes françaises*, février-août 1912). Françoise Dorive a notamment rédigé un article tout à fait révélateur de ses positions réactionnaires, sous le titre « Le plan maçonnique de corruption contre la femme » (*Devoir des femmes françaises*, mai 1911).

Déjà inacceptable pour les hommes, un tel enseignement constituerait une véritable aberration pour les femmes. Aussi la nouvelle chaire de l'école est-elle remodelée en fonction d'attentes spécifiques visant avant tout à revaloriser l'enseignement clérical. Elle est occupée par Clodius Piat, prêtre agrégé de philosophie et professeur à l'Institut catholique, qui enseigne en réalité la théodicée : la philosophie est, selon lui, synonyme d'apprentissage religieux. Claudius Piat est surtout connu pour la publication d'un ouvrage de morale chrétienne affirmant l'existence d'une guerre de religion : « On en veut au christianisme[1]. » Il soutient qu'il faut mener une bataille des idées contre l'État et cible en particulier l'esprit scientifique, ce « réel ennemi de la religion[2] ». Il rejette la philosophie d'Emmanuel Kant, philosophe allemand dont la théorie de la connaissance établissant Dieu hors de la science fragiliserait « les preuves inférentielles de l'existence de Dieu[3] » pour en faire des productions de l'esprit. Son cours de philosophie reflète ses positions.

En dépit de ses efforts pour attirer des filles souhaitant étudier la philosophie et les « sauver » de l'éducation publique, l'établissement ne parvient pas à organiser des cours de licence de philosophie, mais seulement ceux préparant au baccalauréat. Il faut attendre 1920 pour que ce projet de licence de philosophie voit le jour – la Première Guerre mondiale ayant modifié la situation.

1. Clodius Piat, *La Morale chrétienne et la moralité en France*, Paris, Victor Lecoffre, 1905.
2. *Ibid.*, p. 19.
3. *Ibid.*, p. 240.

Un manuel de référence pour l'enseignement philosophique féminin privé

« Quel est le meilleur manuel de philosophie à mettre dans les mains d'une jeune fille[1] ? », se demande en 1913 un bulletin catholique consacré depuis 1911 à l'éducation des femmes. Vecteurs de transmission (et de contrôle), les manuels scolaires témoignent des disputes et de l'usage politique de l'activité philosophique. La philosophie n'y est pas considérée comme une discipline scolaire, mais comme une activité intellectuelle menant à la connaissance de Dieu. C'est pourquoi, selon ce bulletin, elle devrait avant tout servir aux femmes « désintéressées[2] », c'est-à-dire à celles qui ne comptent pas poursuivre leurs études. La philosophie serait un simple loisir de l'esprit.

Malgré cette rhétorique, l'article présente tout de même seize pages de programme scolaire pour former les filles à la philosophie, proposé en modèle aux écoles privées catholiques. Psychologie expérimentale, logique formelle, philosophie des sciences, philosophie sociale, esthétique et histoire de la philosophie sont notamment présentes. L'ambiguïté des acteurs catholiques antirépublicains quant à l'enseignement de la philosophie pour les filles se poursuit : il ne contient aucune vue professionnalisante, relevant plutôt d'un art décoratif les accompagnant dans leur foi, mais la concurrence avec les écoles publiques est telle qu'il faut tout de même répondre à la demande d'un public féminin souhaitant l'étudier.

Le bulletin conseille deux manuels. L'un d'eux n'est autre que le *Cours de philosophie*, écrit par le père Charles Lahr, qui porte sur la morale, la métaphysique et l'histoire de la philosophie. Il a été rédigé afin de remplacer avantageusement les ouvrages à succès de deux penseurs, Lucien Lévy-Bruhl et Émile Durkheim,

1. Antonin Poisat, « Questions et réponses », *Comment enseigner. Bulletin pratique de pédagogie secondaire*, février 1913, p. 64.
2. *Ibid.*

alors en butte à une campagne de dénigrement, teintée d'antisémitisme, dans la presse catholique. Le manuel expose la vérité selon Saint-Thomas d'Aquin et suit *L'Aeterni Patris* de Léon XIII préconisant l'enseignement de la philosophie scolastique[1]. Ce manuel sera un véritable succès jusque dans les années 1920, comptant vingt-trois rééditions. Il sera même l'un des premiers ouvrages lus par Simone de Beauvoir, support de référence du catholique Cours Désir, où elle étudiera[2].

En 1914, le bulletin consacre son supplément à l'enseignement de la philosophie en vue, cette fois, de préparer le baccalauréat. Il propose à nouveau un programme et des manuels pour jeunes filles. L'aspect concurrentiel avec l'enseignement public et laïc est explicite. « Nous estimons qu'il y a une philosophie française, comme une littérature française, et aussi une philosophie catholique, comme il y en a beaucoup de non-catholiques[3]. » Le bulletin défend l'idée que « la foi catholique est la seule qui puisse légitimement prétendre à l'universalité » et oppose drastiquement les philosophes de l'enseignement public à ceux de l'enseignement catholique[4]. Il écarte aussi deux des revues centrales de la production philosophique, la *Revue de métaphysique et de morale* et la *Revue philosophique* car « beaucoup des articles qu'elles publient exposent des doctrines incompatibles avec la foi catholique, [...] que nous devons tenir comme fausses[5] ».

1. Il faut par ailleurs noter que, durant les années 1910, le thomisme, considéré comme la seule doctrine philosophique véritable, redevient central dans la pensée catholique française, retour qui a notamment pour objectif d'invalider toute proposition théorique qui se tiendrait hors de la pensée chrétienne catholique. Jean-Marie Mayeur, Luce Pietri, André Vauchez et Mars Venard (dir), *Histoire du christianisme*, t. XII, *Guerres mondiales et totalitarismes (1914-1958)*, Paris, Desclée-Fayard, 1990, p. 167.
2. Cité dans Simone de Beauvoir, *Mémoires d'une jeune fille rangée*, Paris, Gallimard, 1958.
3. « Les jeunes filles et le baccalauréat », *Comment enseigner. Bulletin pratique de l'enseignement secondaire*, avril 1914, p. 12.
4. Dans un esprit nationaliste, il sépare aussi les philosophes étrangers et les français, jugeant par exemple Emmanuel Kant comme « incompatible avec la foi » française, tandis que la philosophie de Descartes reflèterait la grandeur nationale. *Ibid.*, p. 13, 20.
5. *Ibid.*, p. 15.

La philosophie au sein de la presse féministe et féminine

Un ensemble de manifestations parallèles au système scolaire public et privé dénote aussi un intérêt des femmes pour la philosophie, en marge des réseaux traditionnels. Dès la fin du XIXe siècle, les journaux féminins et féministes, nouveaux supports de diffusion, favorisent les interactions entre diplômées ou entre femmes non diplômées cherchant à se préparer aux épreuves du baccalauréat[1]. La presse féminine, alors en effervescence, devient un véritable support de diffusion alternatif, qui ne relève ni de l'espace scolaire, ni de revues académiques, ni de contact direct avec des professionnels de la philosophie.

Les petites annonces constituent en particulier un espace d'échanges philosophiques et d'indications de lectures attestant d'un intérêt certain pour la philosophie de la part de ses lectrices. C'est ainsi qu'apparaissent, dans les célèbres journaux féministes républicains *La Fronde* et *La Française*, diverses petites annonces de femmes désirant recevoir des cours particuliers de philosophie[2]. Des licenciées y offrent leurs compétences. Le marché parallèle des cours particuliers de philosophie donnés à des femmes par des femmes est en plein développement. Il comble le vide entre la marginalisation héritée de la loi Camille Sée et la demande croissante de celles-ci pour se former en philosophie. Difficile d'imaginer alors des hommes diplômés de philosophie passant des petites annonces afin de pouvoir exercer leur travail...

D'autres journaux féminins jouent ce rôle de connexion, comme *Femina*, journal par excellence de la bourgeoisie féminine qui se veut moderne et libre, valorisant tant la féminité que l'exercice de professions par les femmes[3]. À partir de 1910, le

1. Pour une étude de l'évolution de la presse féminine : Vincent Soulier, *Presse féminine. La puissance frivole*, Paris, L'Archipel, 2008.
2. Par exemple, « Cours et leçons », *La Fronde*, 3 novembre 1898, p. 4 ; « Offres et demandes diverses », *La Française*, 29 septembre 1907, p. 4 ; « Offres et demandes diverses », *La Française*, 26 décembre 1909, p. 4.
3. Colette Cosnier, *Les Dames de* Femina. *Un féminisme mystifié*, Rennes, PUR, 2009.

journal publie de nombreuses demandes et conseils pour s'initier, par correspondance, à la philosophie. « Qui de vous, aimables lectrices, pourra m'indiquer un ouvrage sur la philosophie du XIXe siècle qui, sans être bien long, donne les courtes biographies de ses grands représentants et quelques notions sur leurs principales œuvres ? Remerciements sincères (Jeune rusée)[1]. » Les demandes relèvent plus souvent de la curiosité intellectuelle que de la formation professionnelle ; prime aussi la volonté de lire des œuvres synthétiques et faciles d'accès, pouvant expliquer le plus rapidement et clairement possible les théories philosophiques et servir d'introduction. Une autre lectrice demande ainsi : « Une de vous, Mesdames, connaît-elle une “histoire générale de la philosophie et des philosophes” documentée et intéressante, en un seul volume si possible ? Le titre et l'auteur, s'il vous plaît, et merci (Celle qui passe)[2]. » Le public de la revue n'est pas composé seulement d'étudiantes, mais de femmes s'intéressant simplement à la philosophie. « Vite, vite le titre d'une bonne histoire de la philosophie. Tous mes remerciements anticipés (Historienne curieuse)[3] », peut-on lire en 1911. Cet engouement s'amplifie avec le succès d'Henri Bergson, analysé plus loin.

Les petites annonces constituent un réseau parallèle instable, instantané et anonyme – les femmes usant le plus souvent de pseudonymes, comme il est de coutume dans ces rubriques. Pourtant, les réponses affluent et se montrent utiles. La lecture la plus indiquée dans les années 1910 est sans doute celle des *Éléments de philosophie scientifique et de philosophie morale* (1890) de Paul Janet[4]. Agrégé de philosophie, professeur à la Sorbonne, ce dernier était aussi membre du Conseil supérieur de l'Instruction publique en 1880, lors de la préparation de la loi Camille Sée. Son ouvrage, condensé des théories philosophiques appliquées à

1. « Petit dictionnaire “Femina”. Questions : 1597 », *Femina*, 15 décembre 1910, p. VI.
2. « Petit dictionnaire “Femina”. Questions : 3027 », *Femina*, 15 décembre 1912, p. VI.
3. « Petit dictionnaire “Femina”. Questions 2286 », *Femina*, 15 décembre 1911.
4. « Petit dictionnaire “Femina”. Réponses », *Femina*, 15 décembre 1912, p. XVIII.

l'esprit républicain, valorise la science comme mode de connaissance, ainsi que le devoir envers la patrie et la famille, seules capables de maintenir l'équilibre entre individualisme et vie sociale. Une autre lecture indiquée est sa vaste *Histoire de la philosophie. Les problèmes et les écoles* (1887), forte de mille pages écrites avec le philosophe Gabriel Séailles.

Deux réussites philosophiques oubliées

Marie Bœuf déguisée en Camille Bos : une première docteure française de philosophie à l'étranger

L'apprentissage de la philosophie en marge des lieux savoirs usuels laisse peu de chances de parvenir à l'obtention de diplômes et d'acquérir une légitimité dans l'espace philosophique. Quelques figures parviennent toutefois à se distinguer, même si elles affrontent des situations inconnues aux hommes de la profession. Tel est le cas de Camille Bos, de son vrai nom Marie Bœuf (1868-1907), dont le destin est aujourd'hui méconnu. Elle est pourtant, en 1901, la première française docteure en philosophie à l'étranger (elle a soutenu sa thèse à l'Université de Berne) – échappant par là à la visibilité du statut de « pionnière » dans l'université française. Ses publications attestent de son rôle actif dans le champ philosophique français du tournant du XXe siècle, tant dans l'enseignement – elle est nommée pour son œuvre officier d'académie en 1902[1] – qu'en psychologie, branche de la philosophie et savoir en plein développement. Sa mort prématurée en novembre 1907, à 39 ans, contribue à son effacement.

Née en 1869, Camille Bos est la fille de François Bœuf, professeur de droit de la faculté de Paris. Comme Julie Hasdeu, Julie Favre et Jeanne Benaben, elle acquiert ses connaissances grâce à une éducation familiale de qualité qui compense les

1. « Les palmes », *La Fronde*, 4 mars 1902, p. 4.

insuffisances de l'enseignement public. Il semble que son père, dans son cas également, ait joué un rôle central, tant par ses encouragements que par ses relations à l'université, qui lui permettent de se lancer dans des études supérieures – elle lui dédie son premier ouvrage, tiré de son doctorat.

Licenciée à la Sorbonne, professeure de philosophie dans le privé, traductrice d'allemand, elle devient à la fin du siècle une collaboratrice régulière de la très prestigieuse *Revue philosophique*, pour laquelle elle rédige une dizaine d'articles. Lieu central de la vie philosophique, cette publication réunit les philosophes les plus « légitimes », et notamment un important réseau de normaliens. Sa présence contraste donc profondément avec la condition des femmes dans le champ. Fondée et dirigée par le philosophe Théodule Ribot – qui n'hésite pas à encourager la reconnaissance publique de Clémence Royer, dont il loue l'esprit scientifique –, la revue accorde un grand intérêt aux nouvelles théories psychologiques[1]. Il faut noter que sous l'impulsion des révoltes sociales surgissent des recherches sur les croyances collectives (psychologie sociale, collective, ou sociologie) – ainsi notamment des travaux d'Émile Durkheim ou Gabriel Tarde, d'ailleurs publiés tous deux dans la *Revue philosophique*. La contribution de Camille Bos intervient exactement dans ce cadre.

Au début des années 1890, Camille Bos s'intéresse en effet à la psychologie. Elle étudie la physiologie, les maladies mentales et visite divers hôpitaux psychiatriques. Elle est convaincue que cette science est capable, par l'expérimentation, de connaître la conscience. Elle est aussi influencée par le philosophe Victor Brochard, professeur de philosophie à la Sorbonne, spécialiste de l'Antiquité s'étant intéressé à la croyance chez les Grecs ; la psychologie de la croyance sera son objet d'études. Dès 1898, elle

1. Le philosophe, tenu pour un des fondateurs de la psychologie scientifique en France. Sur les relations entre psychologie et philosophie dans cette revue, Jacqueline Carroy, Wolf Feuerhahn, Régine Plas, Thibaud Trochu, « Les entreprises intellectuelles de Théodule Ribot », *Revue philosophique*, t. 206, n° 4, 2016, p. 451-464.

publie divers articles sur ce thème. Le premier, « La portée sociale de la croyance[1] », s'interroge sur la production collective de la croyance. « Lorsque plusieurs individus croyants sont rassemblés, se produit-il quelque chose de nouveau, quelque chose, s'ajoute-t-il à la somme de leurs croyances[2] ? » Comme d'autres, elle affirme l'existence d'une forme de contagion et de communication sociale de la croyance. Elle introduit aussi l'idée de « suggestion sociale » pour en expliquer le processus plutôt que celui « d'imitation » alors défendu en particulier par Gabriel Tarde. Elle consacre un autre article (1899) à la question du temps de la croyance. En 1900, elle publie « Les croyances implicites[3] », puis une « Contribution à la théorie psychologique du temps[4] », issue de sa communication au Congrès international de psychologie, présidé par Théodule Ribot. Son intervention au congrès a fortement impressionné la communauté : le journal féministe *La Fronde* souligne le succès de cette femme qui s'est imposée « avec autant de talent que de courage[5] » dans cet espace masculin.

Son doctorat, soutenu en 1901, prolonge ce questionnement. Publié en 1902 en France, il est qualifié de « tentative très distinguée de traiter le problème de la croyance d'un point de vue qui n'avait pas encore été adopté, le point de vue purement psychologique[6] ». Camille Bos y expose une histoire du concept de croyance depuis la philosophie antique jusqu'à Emmanuel Kant qui, selon elle, a permis de réhabiliter en philosophie le

1. Camille Bos, « La portée sociale de la croyance », *Revue philosophique*, juillet-décembre 1898, p. 293-302. Elle est mentionnée comme collaboratrice notamment lors de sa mort prématurée dans la rubrique « nécrologie » de la revue (« Mlle Camille Bos », *Revue philosophique*, juillet-décembre 1907, p. 660).
2. C. Bos, *Psychologie de la croyance*, Paris, Alcan, 1901, p. 293.
3. C. Bos, « Les croyances implicites », *Revue philosophique*, juillet-décembre 1900, p. 33-46.
4. C. Bos, « Contribution à la théorie psychologique du temps », *Revue philosophique*, décembre 1900, p. 594-613.
5. Andrée Téry, « Les congrès. Psychologie », *La Fronde*, 24 août 1900, p. 2.
6. L. N., « Chronique philosophique », *Revue néo-scolastique*, vol. 15, n° 57, 1903, p. 164-170.

rôle de la croyance comme source possible de connaissance. La croyance y est définie, d'une manière générale, dans une perspective évolutionniste : une sensation, une volonté, une expression de la personnalité devenue, au fur et à mesure de l'histoire, une source de connaissance respectable. Henri Bergson en personne rédige un long compte rendu de neuf pages ; c'est sans doute un des seuls travaux de femme que le plus célèbre philosophe de la IIIe République commente par écrit – peut-être sans le savoir (il l'appelle « Monsieur » Bos tout au long de l'article). Il accorde une importance particulière au traitement du temps, donnée relative et sensation immédiate qui repose sur le rythme nerveux.

Reconnue dans un milieu masculin récalcitrant à la présence des femmes, admirée par un des principaux journaux féministes républicains, Camille Bos n'en partage pas les combats. Son deuxième et dernier ouvrage *Pessimisme, féminisme, moralisme* (1907) permet d'apprécier sa conception du social et des relations entre les sexes. Fidèle à ses études de psychologie sociale, elle s'interroge : « Où notre époque trouvera-t-elle la certitude ? Quel dogme demeure stable auquel la morale puisse s'appuyer ? Comment notre âge parvient-il à satisfaire son besoin de croire et d'aimer[1] ? » Elle cherche tout particulièrement à expliquer l'émergence de la croyance féministe en l'égalité des sexes, nouveau combat moderne. D'après elle, le féminisme voudrait éradiquer la différence physique, position qu'elle considère antiscientifique. Camille Bos se réfère notamment aux luttes républicaines pour l'accès au savoir, aux professions, et pour la reconnaissance de l'égalité intellectuelle des femmes. Pour elle, nul doute (malgré son exploit) que ces combats sont contraires au sens de l'histoire. Dans une perspective évolutionniste et différentialiste, elle considère que l'histoire de la civilisation est celle de la division du travail et d'une différenciation croissante des rôles genrés au sein des sociétés.

---

1. C. Bos, *Pessimisme, féminisme, moralisme*, Paris, Alcan, 1907, p. IV.

Elle reprend cette idée d'un article publié en 1900, où elle soutenait déjà que « la critique scientifique du féminisme en est la condamnation », puisque « la différenciation des sexes s'accentue parallèlement au progrès »[1]. Son ouvrage reprend cette perspective : la différence des sexes et des attributions (et dominations) qui en découlent est signe de progrès, et non d'injustice. Elle en déduit, dans une confusion entre égalité et identité, que le féminisme est contraire à la science. Lorsqu'une femme accomplit des tâches jusque-là masculines, elle réalise non pas les principes de l'égalité mais « une nouvelle sorte de femmes[2] » à contre-courant du progrès.

Elle est particulièrement dure dans ses propos lorsqu'il s'agit de revendiquer l'égalité intellectuelle, qu'elle a pourtant démontrée par son doctorat de philosophie : « L'émancipation intellectuelle de la femme a produit un type plus garçonnier que ceux d'autrefois [...]. Il est incontestable que, sous l'influence du féminisme moderne, un nivelage s'opère entre les hommes et les femmes, et la *struggle for life* condamnant celles-ci à se masculiniser ou à être écrasées, nul doute qu'elles n'arrivent à se déféminiser[3]. » Camille Bos va jusqu'à affirmer que l'intellectualisme de la femme peut être cause de stérilité et pointe l'aporie dans laquelle les intellectuelles se trouvent car « les femmes ne deviendront jamais des hommes, de sorte que nous aurons une sorte d'êtres hybrides[4] ».

Par suite, elle distingue de ce « féminisme erroné » un « féminisme légitime » s'intéressant avant tout aux questions morales, à la recherche d'une harmonie sociale qui suppose de mettre les sexes à leur place. Camille Bos défend, au nom de l'ordre social, un meilleur traitement pour les femmes tout en revendiquant la nécessité de la division sexuelle du travail et des fonctions genrées.

---

1. C. Bos, « Le féminisme devant la science », *La Revue socialiste*, t. 31, n° 185, 1900, p. 624.
2. C. Bos, *Pessimisme, féminisme, moralisme*, *op. cit.*, p. 79
3. *Ibid.*, p. 81.
4. *Ibid.*, p. 82.

Son ouvrage, peu commenté dans les cercles féministes est loin de faire l'unanimité. *La Revue de métaphysique et de morale* publie un compte rendu qui n'approuve guère le livre, jugé superficiel, et souligne la dureté du propos[1]. Mais le débat est interrompu. Camille Bos décède la même année des suites d'une longue maladie.

Jeanne Baudry : de l'agrégation de philosophie à la Ligue de l'organisation ménagère

« Les hommes n'auront même plus l'un des derniers monopoles qui leur restaient : celui des études dont l'austérité semblait devoir tenir en respect l'ambition féminine[2]. » Trois ans après la thèse de Camille Bos, une inconnue du nom de Jeanne Baudry devient en 1905, quatre-vingts ans après la création de ce concours, la première femme agrégée de philosophie. Huit candidats se sont présentés, sept hommes et une femme, et Jeanne Baudry est admise en deuxième position. La rupture symbolique est de taille.

Véritable « rite d'institution[3] », l'agrégation joue alors un rôle essentiel : titre suprême, elle couronne les études universitaires et marque l'acquisition du statut de philosophe. C'est aussi une affaire purement masculine. La législation rend en effet difficile la participation des femmes. L'arrêté du 31 janvier 1883 institue certes deux agrégations spécifiques pour les filles, en lettres et en sciences (pour les obtenir, la meilleure trajectoire consiste à passer par l'École de Sèvres ou à obtenir les mêmes titres que les hommes,

1. « Livres nouveaux. Pessimisme, féminisme, moralisme », *Revue de métaphysique et de morale*, supplément mars 1908, p. 3-4.
2. « Concours de 1905. Agrégations », *Revue des lycées et des collèges : semi mensuelle*, 10 octobre 1905, p. 289.
3. Selon l'expression de Pierre Bourdieu (*La Noblesse d'État*, Paris, Éditions de Minuit, 1989). Une étude approfondie du rôle de l'agrégation dans le champ philosophique français se trouve dans Sébastien Charbonnier, *Que peut la philosophie ? Être le plus nombreux possible à penser le plus possible*, Paris, Le Seuil, 2013.

très difficiles d'accès)[1], mais aucune agrégation féminine de philosophie n'est prévue. Aucune loi ne leur interdit non plus de se présenter à l'agrégation de philosophie existante. C'est pourquoi Jeanne Baudry, alors étudiante libre à la faculté des lettres de l'Université de Bordeaux, parvient à se présenter au concours.

Peu d'éléments sont connus sur sa trajectoire, elle-même n'ayant jamais souhaité commenter plus que de besoin son exploit, ni raconter son parcours et encore moins ses difficultés. Dans un des rares entretiens accordé au journal *La Liberté* en 1905, quelque temps après l'obtention de l'agrégation, elle fait le choix de la discrétion. Lorsque le journaliste lui demande comment une femme a pu parvenir à se présenter au concours, elle répond simplement : « Permettez que je ne vous dise que peu de chose sur moi », avant de faire l'éloge de ses camarades hommes de philosophie – « Je voudrais surtout rendre hommage à la franche sympathie qui a toujours existé entre mes camarades et moi, soit à Bordeaux pendant mes années d'étude, soit à la Sorbonne, ou m'a toujours été fait l'accueil le plus hospitalier. Que cette légende représentant jadis les étudiants comme hostiles aux femmes qui étudient dans les facultés soit à jamais détruite[2] ! »

Jeanne Baudry montre son optimisme et préfère mettre en avant les changements de mentalité ainsi que la coopération intellectuelle entre les sexes. En 1905, les femmes ayant accès au baccalauréat ne sont pourtant pas encore nombreuses. Dans les facultés, la situation connaît un certain progrès. À Paris, toutes facultés confondues, elles représentent environ 8 % des effectifs étudiants[3]. L'entretien apporte en revanche quelques informations sur ses goûts philosophiques, notamment sa préférence pour l'étude de

1. Les agrégations de langues vivantes, elles, sont mixtes ; l'arrêté du 31 juillet 1894 crée par ailleurs quatre sous-groupes – littéraire, historique, mathématiques, sciences physiques et naturelles – aux agrégations
2. « Agrégée de philosophie », *La Liberté*, 22 août 1905.
3. Voir C. Christen-Lécuyer, « Les premières étudiantes de l'Université de Paris », art. cité.

la logique, de la métaphysique et de la philosophie scientifique – soit tout ce qui est absent du programme de morale des lycées de jeunes filles.

Sollicitée en 1921 par la *Revue universitaire* lors de la tentative d'interdiction pour les femmes de se porter candidates à l'agrégation de philosophie, l'agrégée accepte, dans ces circonstances particulières, de donner des détails sur la procédure administrative lui ayant permis de se présenter au concours. D'un point de vue législatif, en 1905, les restrictions s'appliquent uniquement aux candidats qui ne peuvent servir l'État pendant dix ans – une mesure prise avant tout contre les ecclésiastiques. Aucun point ne concerne les femmes. Depuis la mise en place de l'article 7 du décret du 7 avril 1852, une autorisation, émise par le jury de l'agrégation et le ministère, est toutefois nécessaire pour participer au concours. Selon Jeanne Baudry, sa candidature a été transmise avec avis favorable par le jury au ministère : il a simplement paru équitable au jury d'accepter une licenciée[1]. Il semble que le président du jury de 1905, le philosophe Jules Lachelier, membre de l'Institut et inspecteur général de l'Instruction publique, ait appuyé sa candidature. Comme dans l'entretien de 1905, Jeanne Baudry raconte sa victoire en mettant surtout en avant la solidarité et l'aide reçue de ses collègues hommes.

Rupture symbolique sans aucun doute, sa réussite au concours de l'agrégation ne donne guère naissance à des émules[2], elle ne donne pas lieu non plus à des publications philosophiques de sa plume, et encore moins à la fin du monopole masculin sur la philosophie. Jeanne Baudry s'engage d'abord, de façon assez classique pour une femme diplômée, dans une carrière professorale au sein de lycées de jeunes filles. Nommée professeure au

1. « Bulletin de l'enseignement secondaire des jeunes filles », *Revue universitaire*, avril 1920, p. 293-296.
2. « Pour peu que Mlle Baudry ait, les années prochaines, des émules », écrit-on en 1905 (« Concours de 1905. Agrégations », *Revue des lycées et des collèges : semi mensuelle*, 10 octobre 1905, p. 289).

lycée de Tournon en 1908, une chaire lui est ensuite accordée en 1910 au lycée de jeunes filles de Bordeaux, poste qu'elle occupe toujours en 1914, date à partir de laquelle elle apparaît sous son nom d'épouse, Jeanne Bernis (du nom d'Émile Bernis, ingénieur civil). Le couple semble résider en Espagne entre 1914 et 1921.

La suite de la carrière professionnelle de Jeanne Bernis est loin de ressembler à celle d'un homme agrégé de philosophie. Il faut attendre 1935, trente ans après l'obtention du concours, pour qu'elle publie son premier ouvrage. La philosophe ne collabore pas non plus aux revues philosophiques françaises, dans lesquelles se forment les réseaux et se formulent les lignes dominantes de la philosophie institutionnelle. Qui plus est, cet ouvrage, intitulé *La Quête ardente*, ne porte pas sur la philosophie mais sur la poésie. De fait, elle s'éloigne du champ philosophique en devenant, dans les années 1930, professeure puis présidente de l'École du haut enseignement ménager.

Cet établissement privé, ouvert fin octobre 1930, rue Clotilde, dans le quartier du Panthéon à Paris, est le premier de ce type en France. Il est lié à la Ligue de l'organisation ménagère, une association qui réunit des femmes de la petite bourgeoisie autour de l'apprentissage du travail ménager. Une autre philosophe licenciée, Paulette Bernège (1896-1973), est à l'initiative de l'ouverture de l'établissement. Cette dernière est célèbre (en France et à l'étranger) pour ses conférences et sa revue (*Mon chez moi*) sur l'organisation rationnelle du foyer et la défense de la mécanisation du travail domestique[1]. Lors d'un voyage d'études aux États-Unis, elle a appris l'existence de ces écoles ménagères

1. « En notre époque de science et de démocratie, les seuls serviteurs que l'on puisse et que l'on doive désirer, sont des serviteurs mécaniques », affirme-t-elle dans entretien donné pour l'article « L'Électricité, servante de la démocratie » (*L'Ouest-Éclair*, 24 avril 1929, p. 4). Lire aussi « Section de paris », *Foyer-magazine*, décembre 1935, p. 26. Voir Jackie Clarke, « L'organisation ménagère comme pédagogie : Paulette Bernège et la formation d'une nouvelle classe moyenne dans les années 1930 et 1940 », *Travail, genre et sociétés*, vol. 13, 2005, p. 139-156.

pour femmes de classe moyenne, qu'elle décide d'implanter en France. Centrée sur l'enseignement technique, ayant pour objectif de créer « un cours de haut enseignement ménager, basé sur les principes modernes d'organisation scientifique du travail, qui puisse collaborer avec l'enseignement officiel et libre[1] », l'école est portée par une vision conservatrice des femmes, limitée à leur rôle d'épouse et d'administratrice du foyer familial. Elle s'adresse à des jeunes femmes pourvues d'un brevet ou d'un baccalauréat, et entend former des femmes au foyer, principalement des futures épouses de chefs d'entreprises qui pourront endosser la profession d'« experte ménagère[2] ».

En mars 1936, Jeanne Bernis est élue présidente de la section nationale, poste qu'elle occupe jusqu'en 1938[3]. Ses cours, ensuite repris en volumes, portent sur la psychologie et la pédagogie familiale. Elle participe par ailleurs à la rédaction de l'*Encyclopédie de la vie familiale*, publié aux éditions Horizons de France sous la direction de Paulette Bernège[4]. Dans cette encyclopédie, vingt et un spécialistes contribuent à formuler la science du bon maintien d'un foyer et consacrent une image conservatrice des femmes. Jeanne Bernis y rédige des pages portant sur « le foyer familial et l'éducation des enfants » et les questions relatives « au couple humain, au mariage et à l'éducation de l'enfant dans la famille »[5].

La promotion 1937-1938 de l'école lui rend hommage en portant son nom[6]. Difficile d'imaginer le nom d'un agrégé de philosophie au cœur de la question ménagère ! Et difficile encore

1. Paule Malardot, « Une école de haut-enseignement ménager », *Les Dimanches de la femme*, 11 janvier 1931, p. 14.
2. *Ibid.*
3. Elle sera aussi vice-présidente du comité de direction de l'école. « Section "Les parisiennes", Assemblée générale ordinaire du 17 janvier 1938 », *Foyer Magazine*, mars 1938, p. 18.
4. Paulette Bernège (dir.), *Encyclopédie de la vie familiale*, Paris, Aux Horizons de France, 1938.
5. « Une encyclopédie de la vie familiale », *Foyer Magazine*, novembre 1938, p. 14.
6. « La vie de l'école de haut enseignement ménager », *Foyer Magazine*, mai 1938, p. 17.

de ne pas constater que les thèmes traités par Jeanne Bernis ont tout en commun avec la féminité et réduisent les femmes au rôle d'éducatrices des enfants. Toujours est-il que son activité conservatrice, ses positions valorisant la famille et les normes féminines conviendront au régime pétainiste, période pendant laquelle elle est toujours en poste. En 1941, elle sera même déléguée à titre temporaire comme professeure de philosophie au Lycée du Mans, en remplacement d'un certain M. Wolff – ce qui porte à croire qu'elle ne dérange pas le régime en place. Elle publiera aussi, en 1944, un ouvrage chez Vrin, maison d'édition philosophique de renom, intitulé *Notions de psychologie*[1]. Durant les années 1950, elle contribuera à un manuel de psychologie à destination des classes de philosophie et des élèves préparant les concours des grandes écoles, ainsi qu'un ouvrage sur *L'Imagination* dans la collection « Que sais-je ? » des Presses universitaires de France[2].

Entre conquêtes symboliques et oubli

Avant la guerre, les demandes d'accès à l'enseignement philosophique s'intensifient, au même titre que celles concernant l'accès au baccalauréat pour les femmes. En 1911, on répertorie dans les seules facultés parisiennes 2 121 étudiantes. *La Française* note par ailleurs que « de plus en plus les femmes passent souvent les mêmes examens et ont souvent les mêmes titres que les hommes[3] ». Jeanne Crouzet-Benaben relève à ce propos : « Tandis que les hommes de la nouvelle génération, sentimentaux épris d'énergie, se détournent trop de la solide culture intellectuelle pour exalter le mysticisme et les sports, les femmes

1. « Nominations et mutations dans l'enseignement », *L'Ouest Éclair*, 1er janvier 1941, p. 3. Le nom complet du professeur en question n'a pas été retrouvé.
2. Simone Daval, Bernard Guillemain, Jacques Ardoino, Edmond Carrot et Jeanne Bernis, *Psychologie*, Paris, PUF, 1951 ; Jeanne Bernis, *L'Imagination*, Paris, PUF, 1955.
3. Cité dans Louis Marin, « Extension de la proposition à l'enseignement secondaire », *La Française*, 5 février 1911, p. 1.

françaises consacrent leur temps à l'étude minutieuse, aride, des questions morales et sociales[1]. » Les congrès féminins, tels le dixième Congrès international des femmes de 1913, se multiplient et revendiquent l'unification des enseignements secondaires.

Bataille stratégique, la question de la philosophie est alors au cœur du combat[2]. En 1912, la journaliste féministe Jane Misme (1865-1935) s'adresse ainsi au ministre de l'Instruction publique afin d'exiger un « enseignement post-scolaire de philosophie sociale, sans préjudice d'ailleurs d'un véritable enseignement philosophique dans les lycées[3] ». En février 1913 est discuté au Conseil supérieur de l'Instruction publique le vœu d'organiser dans les lycées des jeunes filles des cours de préparation au baccalauréat à partir de la troisième année – ce qui suppose des enseignements de latin et de philosophie. Le Conseil accepte que le latin soit introduit, mais entend que ce cours soit donné aux frais des élèves[4]. Pour la philosophie, il faut encore attendre.

Dans le champ philosophique, la possibilité pour les femmes d'accéder à l'enseignement supérieur et au métier de professeur connaît quelques avancées. Le philosophe Dominique Parodi (1870-1955) soutient ouvertement les revendications des femmes. Républicain, laïque, soucieux comme tant d'autres des questions de morale[5], il occupe un rôle important. Collaborateur de la *Revue de métaphysique et de morale* comme de *L'Année sociologique* d'Émile Durkheim, membre de la Société française de philosophie ainsi que du Conseil supérieur de l'Instruction publique, il est au cœur de l'évolution de la discipline, qu'il

1. J. Crouzet-Benaben, « Congrès international de Paris », *La Grande Revue*, 10 juillet 1913.
2. Edmée Charrier, *L'Évolution intellectuelle féminine*, Paris, Recueil Sirey, 1937, p. 88-89.
3. Jane Misme, « Les femmes et l'État », *La Française*, 7 janvier 1912, p. 1.
4. Pauline Rebour, « Propos d'une professeur », *La Française*, 8 mars 1913, p. 1.
5. Dominique Parodi, *Le Problème moral et la pensée contemporaine*, Paris, Alcan, 1910.

commente dans divers articles donnant naissance à un vaste panorama du domaine sous le titre *La Philosophie contemporaine en France. Essai de classifications des doctrines*[1].

Lorsque Théodore Suran, représentant des agrégés de grammaire au Conseil supérieur, propose d'interdire les candidatures féminines aux agrégations à la suite de la réussite de Jeanne Raison à cette agrégation – il est de bon ton, alors, d'insulter ces « hermaphrodites de l'université[2] » – Dominique Parodi s'y oppose fortement et défend le droit des femmes. Celles-ci, explique-t-il, passent l'agrégation masculine non par désir de concurrence, mais à cause de « l'insuffisante spécialisation de leurs examens propres[3] ». Il revendique, pour résoudre cette asymétrie, « l'identification complète des programmes et des concours[4] », allant à contre-courant de divers acteurs institutionnels pour lesquels la question de l'unification des enseignements constitue une alternative impossible.

Le philosophe s'était déjà montré favorable au principe d'égalité lors de la séance du 28 février 1911 de la Société française de philosophie. À l'occasion de cette discussion consacrée à l'éducation sexuelle, il s'était opposé aux positions d'Émile Durkheim, qui souhaitait interdire l'exposition des enfants à ces études, considérant l'acte sexuel comme inexplicable car non scientifique[5]. Dominique Parodi, au contraire, plaidait pour une

1. D. Parodi, *La Philosophie contemporaine en France. Essai de classification des doctrines*, Paris, Alcan, 1919. Sur ce philosophe, consulter notamment Stéphan Soulié, « Philosophie en République et expérience morale de la Grande Guerre : le cas Dominique Parodi », *Histoire@Politique*, vol. 25, 2015, p. 159-175.

2. « Échos. Une campagne d'avant-guerre », *La Fronde*, 24 novembre 1926, p. 2.

3. *Ibid.*

4. *Ibid.*

5. Hormis cette discussion, la Société française de philosophie, de 1901 à 1927, n'a jamais pris pour thème d'une de ses séances un sujet concernant les femmes, le féminisme ou la sexualité (voir : « Bulletin de la Société française de philosophie : sommaire des séances (années 1901-1927) » *Revue de métaphysique et de morale*, vol. 36, 1929, p. 155-164). Concernant le conservatisme d'Émile Durkheim en matière d'éducation sexuelle, voir Jean Élisabeth Pedersen, « Éducation sexuelle et morale laïque chez Durkheim », *in* F. Rochefort (dir.), *Le Pouvoir du genre. Laïcités et religions, 1905-2005*, Toulouse, Presses universitaires du Mirail, 2007, p. 111- 125.

ouverture de la question, de manière laïque et démystifiée. Il prône l'éducation sexuelle dans les établissements publics masculins et féminins ; il s'agit d'une connaissance scientifique que chaque jeune doit acquérir avant sa majorité. En 1913, Dominique Parodi est aussi un des membres de la section permanente du Conseil de l'Instruction publique, qui émet le vœu – sans suite – d'organiser de façon régulière le baccalauréat dans les établissements féminins[1].

Malgré ces positions, Dominique Parodi reste fidèle au modèle féminin républicain et identifie lui aussi les femmes à une nature féminine qui leur permettrait d'être particulièrement aptes à se consacrer au foyer. Il opte, quant à la question de l'évolution du droit des femmes, pour un accompagnement progressif, sans rupture, plutôt que pour une émancipation complète. Surtout, quoique favorable à un accès des femmes des classes supérieures aux études et à leur professionnalisation, il est très hostile au travail des femmes des classes laborieuses, qu'il accuse de détruire la famille en l'abandonnant au prix d'une journée de travail mal rémunérée…

« Mlle Rozenberg », première professeure de philosophie dans un lycée de garçons

En dépit des réticences presque générales des institutions, une autre prouesse est en passe d'être réalisée à la veille de la Première Guerre mondiale. Après l'exploit de Jeanne Baudry en 1905 à l'agrégation de philosophie, on annonce en 1910 que « les élèves de philosophie des lycées Carnot et Louis le Grand auront bientôt le plaisir d'avoir pour professeurs, pendant trois semaines, Mlles Imbert, Rosenberg et Rozier, qui, candidates à l'agrégation de philosophie (hommes), feront dans ces lycées le stage prévu[2] ».

1. Le journal féministe *La Française* relate le vigoureux appui de Dominique Parodi : Pauline Rebour, « Propos d'une professeur », *La Française*, 8 mars 1913, p. 1.
2. « Carnet de l'enseignement », *XIXe siècle*, 26 décembre 1910.

La présence de trois femmes attire l'attention non seulement parce qu'il s'agit de l'agrégation de philosophie, mais aussi parce qu'elles effectuent leur stage dans des lycées… de garçons.

Femina met l'accent sur cette nouveauté : « C'est la première fois que des femmes donnent dans des établissements d'enseignement masculin des leçons[1]. » De fait, depuis la loi Camille Sée, aucune femme n'a encore donné de cours de philosophie dans un lycée public de garçons (et pas davantage dans des lycées privés). Jeanne Baudry semble avoir effectué son stage dans un lycée de jeunes filles, et s'est ensuite vue donner une chaire de philosophie dans un lycée de filles. « Les usages de l'Université sont quelque peu battus en brèche par cette innovation », se félicite la revue. Alors que la mixité est interdite, et que la philosophie est toujours réticente à la présence des femmes, ces trois femmes font événement.

« Après les bachelières ès-lettres, ès-sciences, les licenciées et les doctoresses en tous arts et sciences, nous aurons bientôt les agrégées de philosophie. » L'article semble oublier qu'en 1905 la barrière de l'agrégation de philosophie avait déjà été franchie. Peu de journaux ont en effet médiatisé cette réussite, alors que les années d'avant-guerre sont marquées par une médiatisation croissante de ces femmes, liée notamment à une plus forte présence des étudiantes. L'assistance féminine au cours du célèbre Henri Bergson – j'y reviendrai – explique sans doute une partie de cet engouement autour de la philosophie.

La peur de la concurrence des filles aux agrégations – ligne d'accusation commune, notamment en philosophie – , s'accompagne d'un ensemble de protestations contre « l'envahissement de l'Université par les femmes[2] ». La situation est d'autant plus

1. « Deux femmes enseignent la philosophie aux jeunes gens. Mlle Rozenberg occupant la chaire de philosophie du Lycée Lakanal », *Femina*, 1er février 1911, p. 51.
2. Simone, « Une enquête de Femina. Normalienne, "taupine", bachelière ? », *Femina*, 1er mars 1911, p. 108. Sur ce phénomène, C. Christen-Lécuyer, « Les premières étudiantes de l'Université de Paris », art. cité.

tendue en philosophie que la barrière symbolique est haute. L'argument principal consiste à affirmer que « celles-ci ne sont pas qualifiées par nature pour enseigner la philosophie ou les sciences à des jeunes gens, presque à des hommes[1] ». Cette attaque n'empêche pas le stage de se produire, ni les revues féminines et féministes de mettre en valeur cette réussite.

Femina fait tout particulièrement référence à « Mlle Rozenberg », philosophe privée de prénom, mise en scène dans une illustration inédite la représentant occupant provisoirement sa chaire de philosophie dans le lycée de garçons Lakanal, situé à Sceaux. La revue souligne une forme de curiosité amusée et condescendante dans l'accueil qui lui est réservé par les lycéens. « Un grand silence, le silence de l'attente. Tous les yeux sont braqués sur la stagiaire, des yeux malins, curieux, ironiques... Elle feuillette des papiers ; son grand chapeau se penche ; elle porte une robe noire très simple ; elle est jolie, elle est jeune... Messieurs-dit-elle – et sa voix tremble – messieurs, nous parlerons aujourd'hui de la monade de Leibnitz[2]. »

La mise en scène témoigne d'une évolution : on ose désormais représenter des femmes comme professeures de philosophie, et non plus seulement comme élèves. « C'est une lutte entre le sexe laid et le beau sexe, tout l'honneur masculin y est engagé », commente la revue ; les élèves garçons sont agacés par cette présence inhabituelle. Il est rapporté que la stagiaire « reprend une à une les objections » de ceux-ci et « les démolit », démontrant si besoin son niveau intellectuel[3]. L'article commente aussi la satisfaction du professeur de philosophie accueillant « Mlle Rozenberg » pour son stage, qui d'un « c'est parfait ! », la juge apte.

Le magazine invente-t-il ces paroles ? Un journaliste a-t-il réellement assisté au cours ? Ces femmes ont-elles réellement

1. Simone, « Une enquête de Femina », art. cité.
2. Paul Acker, « Stagiaires », *Les Chroniques de Femina*, 1er février 1911, p. 65.
3. *Ibid.*

Mlle Rozenberg occupant la chaire de philosophie du lycée Lakanal

« Nous signalions dernièrement le goût sans cesse croissant des femmes et des jeunes filles pour les études supérieures. Après les bacheliers ès-lettres, ès-sciences, les licenciées et les doctoresses en tous arts et sciences, nous aurons bientôt les agrégées de philosophie. Deux jeunes filles, fraîches émoulues de la Sorbonne et d'une Université allemande font actuellement leur stage d'agrégation dans deux des plus célèbres lycées du ressort de Paris. C'est la première fois que des femmes donnent dans des établissements d'enseignement masculin des leçons de cette importance et les usages de l'Université sont quelque peu battus en brèche par cette innovation, d'autant plus piquante que c'est devant de grands élèves pas beaucoup plus jeunes qu'elles que nos jeunes stagiaires font leurs cours. Notre dessin montre Mlle Rozenberg professant la philosophie devant les élèves du lycée Lakanal, à Sceaux. »

Femina, 1er février 1911, p. 51.

existé ? « Mme Rozier » apparaît en 1910 dans les petites annonces de *La Française*, où elle cherche du travail [1]. « Mlle Rosenberg », dont l'orthographe a été modifiée, apparaît dans *La Femme*, qui la mentionne en tant que stagiaire[2]. Elle aurait obtenu son diplôme d'études supérieures de philosophie en 1910, répondant aux exigences de l'arrêté du 18 juin 1904 invitant les candidats(es) à produire ce diplôme pour se présenter à l'agrégation. Une autre revue, de philosophie cette fois, mentionne ces trois femmes, parmi lesquelles « Mlle Rozenberg » – dont la graphie est encore modifiée. Ses deux consœurs effectueraient leur stage aux prestigieux lycées Carnot et Louis-le-Grand. La presse y fait notamment référence[3]. Si elles semblent donc bien réelles, ces femmes ne sont plus mentionnées après 1911 et n'apparaissent ni au registre des admises au concours ni dans le bulletin des anciens étudiants de Paris. N'ayant pas conquis de titre, leur trace se perd.

Alice Steriad : une roumaine première docteure en philosophie de France

La première femme française docteure de philosophie, Marie Bœuf, le fut à l'étranger ; la première femme docteur en philosophie à l'université française est une étrangère : le 26 mai 1913, Alice Steriad (1885-1961), roumaine, réalise cet exploit. La philosophe fait partie de ces étudiantes étrangères, venues notamment de Russie, de Roumanie et de Pologne, plus nombreuses que les étudiantes françaises dans la Sorbonne d'avant-guerre[4]. Alice Steriad est née en 1885 dans une famille bourgeoise et intellectuelle ; son père est docteur en droit de l'Université de Paris, et semble, une fois encore, avoir joué un rôle central dans la

1. « Offres et demandes diverses », *La Française*, 23 janvier 1910, p. 4.
2. « Mouvement féminin. Les agrégées », *La Femme*, janvier 1911, p. 16.
3. C'est le cas, par exemple, du journal *La Lanterne*, « Les femmes dans l'université », *La Lanterne*, 27 janvier 1911, p. 1.
4. C. Lécuyer, « Une nouvelle figure de la jeune fille sous la IIIe République : l'étudiante », *Clio. Histoire, femmes et sociétés*, n° 4, 1996, p. 168.

formation intellectuelle et professionnelle de sa fille (sa thèse de doctorat est d'ailleurs dédiée à la mémoire de ses parents)[1].

À l'automne 1903, elle s'inscrit à la faculté de lettres et philosophie à Bucarest où elle obtient sa licence. Après le décès de son père, elle est envoyée à l'étranger pour y parfaire sa formation intellectuelle. Entre 1908 et 1909, elle étudie la philosophie en Allemagne, à Leipzig, puis s'installe à Paris jusqu'en 1910. En 1911-1912, elle se rend de nouveau en Allemagne afin de suivre les cours des philosophes Hermann Cohen et de Paul Natorp à Marburg. Il semble qu'elle ait alors fait partie du cercle restreint autour de ces deux figures de la philosophie allemande, sur lesquelles porte sa thèse.

Elle soutient ensuite son doctorat, *L'interprétation de la doctrine de Kant par l'école de Marburg* (publié la même année aux éditions Giard et Brière), devant un jury composé de trois philosophes renommés : Victor Delbos, Lucien Lévy-Bruhl et André Lalande. Selon la *Revue de métaphysique et de morale*, il s'agit de la première étude d'ensemble jamais publiée en français sur le sujet. L'enjeu est de taille : il s'agit pour cette femme de retracer les multiples lectures et appropriations d'un des philosophes allemands les plus classiques, Emmanuel Kant – « toute la philosophie allemande du dernier siècle est directement ou indirectement en rapport avec Kant[2] ». Elle s'intéresse à la disgrâce dans laquelle semble être un temps tombé le philosophe en Allemagne (« Il fut un temps où, en Allemagne, le pays des spéculations métaphysiques, on se gênait de s'avouer philosophe[3] »), et se concentre sur les formes de réhabilitation de l'œuvre de Kant au sein de l'« École de Marbourg », notamment chez Hermann Cohen, figure de

1. Ces éléments biographiques proviennent d'un texte autobiographique rédigé par Alice Steriad elle-même et traduit du roumain vers le français par Dora Lucaci : « Alice Voinescu, le dossier individuel d'enquête n° 4705 : une autobiographie accusatrice », *Actes de la session universitaire de communications. 15 ans d'études françaises et francophones à l'Université « Lucien Blaga »*, Sibiu, Éditions Universitaires « Lucian Blaga », 2009, p. 138-149.
2. Alice Steriad, *L'Interprétation de la doctrine de Kant par l'école de Marburg*, Paris, M. Giard et E. Briere, p. 1.
3. *Ibid.*

premier plan de la philosophie religieuse juive du début du XXe siècle[1]. Autant dire qu'Alice Steriad ne choisit pas d'étudier un thème marginal ; son sujet novateur est d'ailleurs très bien accueilli dans le paysage français.

Dans les colonnes de la *Revue de métaphysique et de morale*, son ouvrage « très remarquable », dans lequel règne une « conviction ardente » qui « retient l'attention[2] » plaît et impressionne car il apporte des connaissances nouvelles sur la philosophie de l'autre côté du Rhin. Victor Delbos le présente à l'Académie des sciences morales et politiques lors de la séance du 14 juin 1913. Il ne tarit pas d'éloges sur ce travail réalisé « avec beaucoup d'intelligence et de précision », rédigé avec « une parfaite clarté », tout en soulignant qu'il « trahit parfois son origine étrangère à quelques embarras ou quelques maladresses d'expression », mais use de la langue française « avec l'habileté et la souplesse qu'exige l'exposition d'idées aussi difficiles »[3]. Passée cette première réception, aucun article ne lui est plus consacré. Pourtant, le néokantisme de l'école de Marbourg n'a cessé d'influencer nombre de philosophes européens, tandis que la pensée d'Hermann Cohen a marqué, entre autres, le philosophe Emmanuel Levinas.

Dans les journaux non spécialisés et les revues féministes, le triomphe d'Alice Steriad passe complètement inaperçu. Aucun journal féministe important, parmi lesquels *La Française* ou *La Fronde*, ne la mentionne – ce qui contraste amplement avec leur habitude de souligner le succès des pionnières, et avec le succès médiatique que rencontrera la docteure française Léontine Zanta un an plus tard. L'accès d'Alice Steriad au statut de

1. Sur l'École de Marbourg, voir Éric Dufour, *Hermann Cohen. Introduction au néokantisme de Marbourg*, Paris, PUF, 2001.
2. « Livres nouveaux », *Revue de métaphysique et de morale*, supplément, mai 1914, p. 9-10.
3. Victor Delbos, « Rapports verbaux et communications diverses. Interprétation de la doctrine de Kant par l'École de Marburg, de Mlle A. Steriad », *Séances et travaux de l'Académie des sciences morales et politiques. Compte rendu*, septembre-octobre 1913, p. 336.

docteure en philosophie à la Sorbonne, lieu par excellence de la philosophie française, où Clémence Royer, quelques décennies auparavant, avait échoué à entrer, constitue pourtant une rupture symbolique inédite et pionnière.

Pourquoi n'est-elle pas mise à l'honneur, alors que sa réussite est indéniable et que d'autres femmes philosophes ont déjà été médiatisées ? Le nationalisme semble balayer la réussite d'une femme roumaine qui a choisi pour thème, qui plus est, l'exploration d'une école de philosophie allemande[1]. La réussite d'Alice Steriad est invisibilisée. En outre, la philosophe ne poursuit pas sa trajectoire dans les réseaux philosophiques. Il semble qu'elle ait reçu une invitation pour travailler dans un institut français à l'étranger aussitôt sa thèse soutenue, mais elle repart pour la Roumanie où son fiancé l'attend, prenant après son mariage le nom d'Alice Steriad Voinescu.

Bien que première docteure de philosophie de son pays et première roumaine à y recevoir le titre de professeure d'université, aucune structure professionnelle en philosophie n'est prévue pour une femme en Roumanie. À défaut d'occuper une chaire de philosophie, elle devient en 1922 professeure d'esthétique au Conservatoire de musique et d'art dramatique de Bucarest. En revanche, elle ne cesse d'écrire des articles en français, en allemand ou en anglais et publie trois ouvrages en roumain, consacrés à Montaigne (1936), au théâtre contemporain (1941) et à Eschyle (1946). L'insertion universitaire se fait par le champ de l'art et de la littérature plutôt que par la voie philosophique[2].

---

1. Ce phénomène est exploré notamment dans A. Bonnet, , « Notes sur le parcours d'une pionnière », *Cahiers d'études italiennes*, 2020 ; et *Léontine Zanta : histoire oubliée de la première française docteure en philosophie*, Paris, L'Harmattan, 2021.
2. Elle tombe à nouveau dans l'oubli après la Seconde Guerre mondiale. Sa thèse est traduite pour la première fois en roumain en 1999 ; et côté français, il faut attendre 1991 pour la revoir citée dans les *Archives de Philosophie* (« Comptes rendus », *Archives de Philosophie*, vol. 54, 1991, p. 521). En Roumanie, une fondation nommée *La Fundatia Culturala Alice Voinescu Drobeta-Turnu Severin* a par la suite été créée en son hommage.

Chapitre 5

La promesse des bergsonettes 1911-1914

> « Ainsi naquirent les Bergsoniennes. Vous déjeunez en ville : soudain, avant le dessert, deux ou trois jeunes filles se lèvent : – Où allez-vous ? demande-t-on ingénument. “Au cours de Bergson, répondent-elles, presque blessées. Où voulez-vous que nous allions ? Son cours est à une heure et demie ; avec l'auto nous arriverons juste pour l'ouverture”. »
>
> « Choses et autres »,
> *La Vie Parisienne*, 14 janvier 1911

Mi-février 1912, une inquiétude se répand dans le Paris philosophique. Un groupe de femmes aurait, quelques jours auparavant, fait irruption au Collège de France pour protester. L'objet de la discorde ? La revendication, auprès de Maurice Croiset, administrateur de l'institution, d'une... quarantaine de chaises. L'assemblée féminine s'est en effet indignée d'avoir à rester debout, dans les couloirs, déçue de ne pouvoir assister au cours d'Henri Bergson par manque de place dans la salle[1]. Cette

1. Lettre d'Henri Chasles à Maurice Croiset, administrateur du Collège de France, du 20 février 1912, citée dans *Henri Bergson. Exposition du centenaire* (éd. Simone Pétrement et Gérard Willemetz), Paris, Bibliothèque Nationale de France, 1959.

curieuse agglomération, qui se renouvelle les années suivantes, ne manque pas d'attirer l'attention. En 1914, la presse rapporte que « les femmes en mal de philosophie transcendantale, enlèvent d'assaut les fauteuils où elles assistent aux conférences de M. Bergson » et que « cet empressement se manifeste périodiquement »[1]. En 1918, le sarcasme est encore de mise : « M. Bergson a réalisé ce double problème pour un philosophe : être apprécié de son vivant et intéresser les femmes à la philosophie[2]. »

Derrière ce qui relèverait d'un soudain intérêt des femmes pour la philosophie se cache, en réalité, un processus légal. C'est bien l'interdiction établie par la loi Camille Sée, à laquelle s'ajoutent le manque de moyens matériels et la persistance des préjugés, qui ont laissé les femmes en marge de ce savoir. Ce qui est présenté comme un brusque intérêt de la part des femmes ne correspond pas aux faits : malgré les multiples limites matérielles et symboliques, celles-ci n'ont cessé d'être actives au sein de ces marges. De la Mutualité de Maintenon à l'activité de philosophes comme Julie Hasdeu, Camille Bos ou Jeanne Bernis, en passant par les magazines féminins et les demandes de modifications de la loi, les tentatives de contourner cette interdiction se sont multipliées au cours des décennies précédentes.

Ces commentaires sont néanmoins révélateurs d'un bouleversement. Dans les années 1910, les femmes se rendent non seulement en nombre à ce cours de philosophie du Collège de France, mais elles sont désormais mises sous les projecteurs de la presse, qui relate leurs faits et gestes. Cette situation contraste vivement avec le caractère isolé et éclaté des tentatives d'accéder au droit de philosopher, bien souvent passées sous silence et menées dans une profonde solitude.

1. Feuilledevigne, « Échos. Conférencier mondain », *La Lanterne*, 5 février 1914, p. 1.
2. « Choses et autres », *La Vie Parisienne*, 9 février 1918, p. 132.

Naissance d'une nouvelle figure : les bergsonettes

Le premier grand public philosophique féminin sous la République

Qu'a-t-il bien pu se produire pour qu'un tel changement s'opère ? La quantité conséquente de femmes au cours d'Henri Bergson, lorsqu'elle a été abordée, a été rapportée à un phénomène plus ample, comme une preuve supplémentaire de la gloire exceptionnelle connue par ce penseur. Premier philosophe français médiatique du XXe siècle, sa reconnaissance et son prestige ont en effet dépassé les frontières de la discipline philosophique, de l'espace universitaire et de la nation. Comme le rapporte Élisabeth de Gramont (1875-1964), femme de lettres et fidèle auditrice des cours, « l'air que nous respirons contient du bergsonisme[1] ». Les femmes se seraient simplement laissé porter par cette atmosphère. Et Henri Bergson incarnerait à merveille « le philosophe des dames[2] » – une étiquette lourde de significations lorsque l'on sait le rejet officiel des femmes de l'espace philosophique.

Qui sont exactement ces femmes assistant au cours d'Henri Bergson ? Quels liens établir entre la gloire du philosophe et leur présence massive ? Les récits de la presse documentent-ils une réalité, ou s'agit-il d'une fiction ? Et alors, à quelles fins ? Dans quelle mesure et jusqu'à quel point ce moment de la philosophie française a-t-il modifié les pratiques culturelles des femmes au début du siècle ? Peut-on parler d'une ouverture du champ philosophique aux femmes[3] ?

---

1. D'une famille aristocratique, traductrice de John Keats, commentatrice de Paul Valéry et grande amie de Marcel Proust. Élisabeth de Gramont, *Au temps des équipages*, Paris, Grasset, 2017 (1928). L'expression ici utilisée est reprise à É. de Gramont, *Les Marronniers en fleurs*, Paris, Grasset, 1929, p. 44. Voir par ailleurs François Azouvi, *La Gloire de Bergson. Essai sur le magistère philosophique*, Paris, Gallimard, 2007.
2. « Mr. Henri Bergson sera reçu demain à l'Académie », *Excelsior*, 23 janvier 1918, p. 5.
3. Pour une synthèse théorique de l'approche en sociologie des intellectuels ici utilisée, voir notamment Victor Neves, *Democracia e revolução. Um estudo do pensamento de Carlos Nelson Coutinho*, thèse de doctorat, Rio de Janeiro, 2016 (en particulier la partie I, chap. 2 et la partie III).

Prendre au sérieux ce public féminin permet de mettre en lumière un phénomène aux contours inédits dans le champ philosophique français et dans l'histoire, l'accès des femmes aux savoirs philosophiques. Autour de Bergson se consolide bel et bien le premier grand public philosophique féminin présent dans une institution publique non réservée aux femmes. À l'évidence, la loi Camille Sée continue de faire obstacle à la réalisation massive de destins philosophiques féminins, mais un déplacement s'opère : en parallèle de la formation privée et sporadique au sein d'espaces scolaires marginaux, modèle alors dominant de l'apprentissage philosophique pour les femmes, ces dernières pénètrent dans un espace public, collectif et mixte.

Ce déplacement est d'autant plus manifeste qu'il se cristallise dans une nouvelle figure sociale : celle des *bergsonettes*, parfois aussi appelées les *bergsoniennes*. Après les *précieuses* du XVIIe siècle et les *bas-bleus* du XIXe[1], voici venu le temps de nouvelles intruses dans le monde masculin des idées, qu'il convient de nommer parce qu'elles sont sorties de l'ombre et ont osé se réunir autour du philosophe le plus célèbre de l'époque. Le suffixe *-ette* féminise le nom du philosophe, et attribue une valeur affective autant qu'un statut diminué. Littéralement, ce sont de *petites Bergson*, à la fois miniatures et prolongements du maître.

La pleine signification du terme se dévoile à la lecture de la presse. C'est entre 1911 et 1914 que ce phénomène suscite le plus de curiosité. Trois types de journaux s'y intéressent : la presse mondaine, la presse humoristique et satirique, et la presse d'informations à caractère général – surtout des journaux de tendance conservatrice ou réactionnaire, scandalisés par cette nouveauté. L'interprétation du phénomène élaborée dans ces journaux

1. Pour une étude de ces termes : Christine Planté, *La Petite sœur de Balzac*, Paris, Le Seuil, 1989 ; Myriam Dufour-Maître, *Les Précieuses. Naissance des femmes de lettres en France au XVIIe*, Paris, Honoré Champion, 1999 ; Andrea Del Lungo et Brigitte Louichon, *La Littérature en bas-bleus. Romancières sous la Restauration et la Monarchie de Juillet*, Paris, Classiques Garnier, 2010.

participe, dans l'ensemble, d'une stratégie de délégitimation de ces femmes : leur présence constitue une perturbation des normes genrées, et, par conséquent, de la vie sociale tout entière. La philosophie, gardienne d'une rationalité masculine, virile et conservatrice, est accusée de fléchir devant le dérèglement social provoqué par les femmes. Celles-ci ne mériteraient donc que d'être discréditées.

La gloire de Bergson : cloisonnements et décloisonnements du champ philosophique

Au terme d'une vaste enquête auprès des étudiants de Paris, Alfred Binet rapporte en 1908 qu'Henri Bergson est alors le philosophe le plus influent sur la jeunesse intellectuelle[1]. C'est le temps, au sein des élites européennes, de la crise de la rationalité héritée des Lumières et de la Révolution française. Les notions de science et de progrès accompagnant le capitalisme libéral triomphant au XIXe siècle sont remises en cause. L'âge scientifique tel qu'il a été pensé ne va plus de soi face à une sensation de mal-être économique et social généralisé, dont témoignent aussi bien les arts que la littérature ou la philosophie. Face à cette déception, « le territoire mental de la vie[2] » paraît s'effriter.

Le champ philosophique tel qu'il s'est constitué et stabilisé autour des années 1880, et qui connaît pourtant son apogée universitaire, se déclare lui-même en crise. Les philosophes professionnels doutent du pouvoir social de leur discipline comme du mode d'appréhension de la réalité tel qu'il existe dans la tradition qu'ils enseignent. Les conflits sociaux persistent et les crises économiques se font sentir malgré le perfectionnement théorique des penseurs de la morale républicaine. Les philosophes de la

1. Alfred Binet, « Une enquête sur l'évolution de l'enseignement de la philosophie », *L'Année Psychologique*, 14, 1908.
2. Éric Hobsbawm, *L'Âge des extrêmes. Le court XXe siècle, 1914-1991*, Paris, Complexe, 1999.

République ont misé sur une morale fondée sur le culte d'un rationalisme profondément imbriqué aux théories républicaines. Quelle valeur peut avoir cette morale dans une période de réexamen du rationalisme ? Et que peut la philosophie pour le monde social, face aux sciences appliquées et spécifiques qui rendent son savoir général et conceptuel dépourvu d'efficacité directe et immédiate ?

Du point de vue épistémologique, cette crise se caractérise par la remise en cause de notions telles que celles de *système* et de *vérité*. La philosophie de Bergson agit, en ce sens, comme un fédérateur des réactions à la connaissance telle qu'elle a été développée. « Je n'ai pas de système », énonce-t-il dans un entretien en 1911, consolidant sa rupture avec les théories du siècle passé. « De même Gambetta a pu dire : "il n'y a pas une question sociale, mais des questions sociales", il me semble que si ce que j'apporte contient quelque chose de nouveau, c'est qu'il n'y a pas un problème philosophique, mais une infinité de questions particulières qui demandent à être résolues séparément et qu'il est impossible de réduire à une seule[1]. »

Sa philosophie est traversée par une refonte des problématiques classiques et propose un horizon de pensée hors des modèles scientifiques, un renouveau du spiritualisme qui constitue une alternative au positivisme et au matérialisme. L'antipositivisme est particulièrement bien accueilli dans les milieux intellectuels aisés. Son œuvre ôte à la science son privilège de connaissance absolue pour la ramener à une partie de l'absolu, uniquement capable de saisir ce qui se mesure. De cette façon, le mouvement est autre chose que ce que mesure la physique, incapable d'en saisir sa fluidité ; le mode de connaissance du réel ne passe pas par la spécialisation, qui relève des sciences, mais par la durée, qui, elle, trouve sa source dans l'intuition ; changement et mouvement

1. Jacques Morland, « Une heure chez M. Bergson », *L'Opinion*, 19 août 1911, p. 241-242.

sont compréhensibles dans leur essence hors de l'espace. Les écrits du philosophe le dépassent bientôt et la réception de ses travaux se fait plurielle, pour la plus grande part hors des murs de l'Université. Le phénomène Bergson est né.

De plus, bien que le philosophe mette sa légitimité à profit pour influencer d'autres domaines de la vie politique et sociale, sa philosophie ne revendique pas explicitement une forme d'engagement politique. Cette position entre en dissonance avec la majorité des philosophes de la République de la fin du XIXe siècle : pour eux, philosophie, République et question sociale vont de pair ; théorie et pratique politique sont nécessairement imbriquées[1]. Cette dissonance, toutefois, ne lui est pas propre ; le champ philosophique dans son ensemble est parcouru au début du XXe siècle par un questionnement profond sur le positionnement du philosophe au sein du monde social. La prise en charge de la question sociale est, si ce n'est remise en cause, du moins déplacée, changement qui correspond à un désaxement de cet espace.

Suite aux réformes scolaires de 1902 mettant en péril le statut de la philosophie comme discipline au statut d'exception, on enregistre un mouvement de protection venant du corps des professeurs de philosophie, qui se manifeste par une mutation du contenu des débats autour de la discipline. Le corps des philosophes estompe de plus en plus la mission républicaine et de conciliation sociale de la philosophie au profit de deux phénomènes : une rétraction des questions principales de la discipline sur les enjeux purement scolaires et institutionnels, définissant l'activité de manière plus stricte et réduisant son espace d'intervention ; et un remplacement progressif de la question sociale par

1. Le contenu de la philosophie de Bergson est par ailleurs caractérisé par « l'abstention de formes d'engagements politiques », comme le rappelle Christophe Charle (*Paris, fin de siècle. Culture et politique*, Paris, Le Seuil, 1998, p. 99). Henri Bergson a joué un rôle non négligeable au Conseil de l'Instruction publique entre 1919 et 1925 et dans la politique extérieure avant 1914 (voir Philippe Soulez, *Bergson politique*, Paris, PUF, 1989).

la question nationale, comme dans beaucoup d'autres champs du savoir avant la Première Guerre mondiale[1]. L'activité philosophique républicaine s'est donc peu à peu cloisonnée dans un espace d'intervention réduit, tandis que Henri Bergson, lui, en ouvre grand les portes.

Des femmes où on ne les attendait pas

Premier philosophe médiatique, la popularité inédite de Bergson se conjugue alors au caractère inattendu de la présence de femmes dans des carrières et des espaces masculins. De la médecine au droit, en passant par les lettres ou les sciences, le début du XXe siècle est marqué par la mise en scène, dans les magazines et les journaux, de femmes occupant des espaces imprévus par la loi et par les mœurs[2]. Le public féminin des cours de philosophie du Collège de France fusionne ces deux phénomènes et suscite une curiosité amplement mise en avant dans la presse.

Celle-ci est, depuis l'Affaire Dreyfus, un support de diffusion doté du pouvoir de transformer un phénomène social local et ponctuel en un véritable événement public. La presse féminine s'adressant à des femmes de la bourgeoisie et de la classe moyenne est alors florissante, objet de consommation autant qu'elle oriente la conduite féminine – dessins et gravures illustrent la marche à suivre[3]. Il est ainsi logique de rencontrer dans cette presse divers éléments se référant au public féminin du Collège de France sous la forme d'illustrations. Trois d'entre elles sont très révélatrices. Deux proviennent de la revue *Femina* : créée en 1901, elle vise un

1. Christophe Prochasson, « Les intellectuels français et la Grande Guerre », *Bulletin des bibliothèques de France*, n° 3, 2014, p. 38-45. Et sur Bergson : Florence Caeymaex, « Bergson, les discours de guerre (1914-1918). Propagande et philosophie », *Annales Bergsoniennes*, t. VII : *Bergson, l'Allemagne, la guerre de 1914*, 2014, p. 143-165.
2. Juliette Rennes, *Femmes en métiers d'hommes. Cartes postales 1890-1930*, Saint-Pourçain-sur-Sioule, Éditions Bleu autour, 2013.
3. François Dosse, « La fabrique de l'événement historique moderne », *Hermès*, vol. 71, 2015, p. 58 ; Vincent Soulier, *Presse féminine. La puissance frivole*, *op. cit.*

public de femmes de la haute bourgeoisie, valorise les initiatives féminines au sein des espaces masculins, tout en véhiculant une vision conservatrice de la famille et de la société, rejetant tout changement social[1]. Articulant image de la femme mondaine moderne et défense des valeurs familiales, le magazine joue un rôle fondamental dans la popularisation des pionnières, sans cesser pour autant de valoriser un éternel féminin. La troisième illustration, datée de 1914, provient de *La Gazette du Bon Ton*, journal de mode lancé en 1912 par Lucien Vogel.

L'aspect mondain de ces illustrations ne doit pas dissimuler un fait important pour la chronologie de l'histoire des femmes philosophes : dans deux d'entre elles, il ne s'agit plus d'une représentation de femmes seules et recluses, mais d'un passage au pluriel. Jamais sous la IIIe République un collectif de ce type n'avait été représenté. C'est bien ce changement qui fait événement. Révélatrices du sentiment de nouveauté suscité par l'émergence d'un groupe de femmes en lien avec la philosophie, comme d'une interprétation et d'une vision du monde, ces illustrations reflètent en même temps une dispute sur la signification de l'événement.

Des représentations de femmes qui philosophent : entre ruptures et continuités normatives

Cette première illustration et le texte l'accompagnant représentent la pratique de la philosophie de manière féminine, bourgeoise et mondaine. C'est une pratique culturelle identifiée à une mode, où les normes de la féminité bourgeoise et mondaine sont détaillées et respectées comme telles. L'association entre philosophie et mondanité est explicite. Il est vrai que les cours de Bergson ont la réputation de faire partie des pratiques sociales des réseaux

1. Sur les contradictions et les ambiguïtés de *Femina* : Lenard R. Berlanstein, « Selling Modern Femininity: Femina, a Forgotten Feminist Publishing Success in Belle Époque France », *French Historical Studies*, 30/4, 2007, p. 623-649 ; C. Cosnier, *Les Dames de* Femina, *op. cit.* ; Anne R. Epstein, « C. Cosnier, *Les Dames de Femina* », *Clio. Histoire, femmes et sociétés*, 2011, p. 1-3.

« Les habituées du cours à la mode »

« Le cours de philosophie de M. Bergson à la Sorbonne est très suivi par les femmes de la plus élégante société parisienne : c'est le cours à la mode et c'est tout dire. Nos mondaines envoient leurs valets de pied retenir à l'avance leur place dans l'amphithéâtre, et les quelques minutes, qui précèdent l'entrée en chaire du professeur, sont remplies du brouhaha des plus frivoles conversations qui s'échangent dans le subtil bruissement des manteaux que l'on enlève... On dirait du prélude d'un opéra en vogue. Mais dès que le Maître, en s'inclinant, annonce qu'il va commencer sa leçon, un silence religieux se fait dans la salle. Les mondaines ravies dégustent la parole élégante du professeur, applaudissent avec une discrétion bienséante ses périodes harmonieusement cadencées ; parfois l'une d'elles, tirant de son petit sac un carnet précieux, s'applique à y consigner une note rapide et le cours s'achève dans la fièvre des félicitations et dans l'empressement des invitations à dîner... Dehors, c'est un grouillement d'autos et d'équipages comme à la sortie d'un grand mariage ou d'une grande soirée... »

Composition d'après nature par René Lelong, *Femina*, 15 avril 1911, p. 205.

mondains parisiens. L'illustration insiste sur ce trait en les présentant comme un lieu de rendez-vous hebdomadaire de la mondanité parisienne se rendant au «*five o'clock* bergsonien[1] ».

Si le sujet – une foule de femmes qui se rendent à un cours de philosophie – est neuf, il ne heurte aucune norme de la féminité : l'illustration maintient l'équilibre entre nouveauté et conservation des valeurs traditionnelles. La construction du dessin met ainsi l'accent sur les toilettes, inscrivant les femmes dans les codes de la haute bourgeoisie. Les hommes sont en costumes sombres, les femmes en robes cintrées avec une profusion d'étoffes. Le style vestimentaire de celles qui se rendent au cours correspond à la description de « l'esthétique latine » proposée dans le même journal : « robes-fourreaux, les écharpes en mousseline, les chignons secs, le tourisme aux pays classiques, les toques souples, les chapeaux très grands[2]. » De fait, les femmes portent des chapeaux immenses – autour des années 1910, la grandeur du chapeau et son extravagance sont signes de fortune dans la haute société –, deux d'entre eux occupent d'ailleurs le centre de la composition.

L'équilibre entre hommes et femmes correspond à la représentation d'un salon du Second Empire, friand d'extravagances. L'organisation de la composition révèle aussi les objectifs de ce public féminin : voir et, surtout, être vue. Hommes et femmes attendent que le cours commence, certainement dans une antichambre éclairée par une fenêtre. Les inclinaisons des visages montrent des discussions actives, décrites par le texte qui accompagne l'illustration comme un « brouhaha de conversations frivoles ». Deux hommes, peut-être des valets, observent la femme à la toilette et au grand chapeau, située au centre[3].

1. « On dit... on dit. Les philosophes à la mode », *La Vie Parisienne*, 16 novembre 1912, p. 815.
2. « Les Bergsoniennes », *Femina*, 15 avril 1911, p. 204.
3. Sur la construction d'une symbolique autour de Paris et de la mondanité, lire tout particulièrement Christophe Charle et Daniel Roche, *Capitales culturelles, capitales symboliques. Paris et les expériences européennes*, Paris, Publications de la Sorbonne, 2002.

Dans le texte, l'utilisation du champ lexical de l'élégance et de la finesse renforce cette description de la femme du monde. L'apprentissage philosophique est avant tout « élégant » : le professeur dispose d'un « parole élégante », les femmes « applaudissent avec un discrétion bienséante » un discours « harmonieusement » construit. L'écriture même est gracieuse, celles se risquant à prendre des notes le font sur « un carnet précieux ». Le cours ne perturbe en rien la bienséance : avant qu'il ne débute, les valets se chargent de réserver une place dans l'amphithéâtre à leurs patronnes, l'installation est comparée au « prélude d'un opéra en vogue » ; et après le cours, on distribue des invitations à dîner, la sortie est même comparée à une « grande soirée ». Si l'activité philosophique est virile sous la République, tout est ici en accord avec le modèle de la féminité prêtée à la haute société parisienne.

Le public féminin du philosophe ne fait donc pas rupture, il est au contraire situé dans la continuité directe de la mondanité. Cette représentation est-elle en quelque mesure fidèle à la réalité ? Henri Bergson lui-même nous met sur la piste, lorsqu'il fait référence à cette image dans un entretien de 1932 : « On a beaucoup exagéré et déformé les choses [...]. *Femina*, un jour, m'a consacré une double page, avec une image de mon cours qui paraissait être une photographie, ce qui était plus grave, mais n'était que la photographie d'un dessin. J'y figurais debout, jeune, un chapeau haut de forme à la main, tandis que les laquais déshabillaient leurs maîtresses[1]. »

Trois ans plus tard, *Femina* publie une autre illustration représentant la négociation des normes de genre de façon plus complexe. Les femmes y sont représentées de manière différente, la dimension de nouveauté y est accentuée. Surtout, les femmes délaisseraient les plaisirs mondains au profit de la philosophie : cette fois, philosophie et mondanité sont désignées de façon opposée.

1. Jacques Chevalier, *Entretiens avec Bergson*, Paris, Plon, 1959, p. 166.

« Pour l'amour de la philosophie »

« C'est pour assister au cours de M. Henri Bergson, l'éminent philosophe, que l'Académie française vient d'accueillir, que nos élégantes, délaissant les plaisirs mondains, se résignent à passer de mortelles heures d'attente, dans les couloirs du Collège de France. Les unes sont assises devant la porte de l'amphithéâtre qui va s'ouvrir tout à l'heure ; les autres sont debout et discutent sans doute un de ces grands problèmes de psychologie ou de métaphysique qui passionnent les penseurs. Que ne supporterait-on pas pour l'amour de la philosophie ! »

Composition inédite de Fauret, *Femina*, 1er mars 1914, p. 117.

Plusieurs dissemblances sont à noter. Tout d'abord, dans un cadre similaire, l'équilibre quantitatif entre hommes et femmes a disparu. La composition met l'accent sur la présence massive de femmes, parmi lesquelles se distinguent, au loin, quelques chapeaux masculins. Ensuite, s'il existe une figure féminine centrale, comme dans la première composition, celle-ci n'est plus entourée de deux hommes la contemplant. De même, son chapeau n'est plus exubérant, mais orné d'un plumet discret et beaucoup moins haut, tandis que les autres femmes portent des chapeaux cloche ou des chapeaux ronds plats à motifs. Sa tenue, certes cintrée, est plus ample, plus sobre et moins détaillée. Les rembourrages artificiels ont disparu, la silhouette est, dans l'ensemble, plus droite et plus fluide. Puisqu'elle n'est plus en représentation, elle regarde par la fenêtre, l'air paisible, guettant sans doute l'arrivée de Bergson. Alors que dans la première représentation elle est assise sur une chaise, des femmes dans ce dessin sont assises à même le sol, les visages sereins, pensifs et souriants, discutant entre elles.

Somme toute, la première illustration suit plutôt les codes mondains d'un Paris encore impérial, tandis que la seconde représente ceux de la *nouvelle femme*, modèle féminin apparu au début du siècle, désignant toute femme de classe moyenne érudite prête à recourir à des pratiques culturelles non conventionnelles et souvent masculines. La nouvelle femme conteste les limitations culturelles établies ; elle ne défie par l'ordre social en tant que tel, mais cherche à se perfectionner dans les arts et les sciences, sans perdre sa féminité[1]. En ce sens, cette deuxième illustration dénote une transgression, sans que celle-ci soit nécessairement accompagnée d'une rupture des valeurs genrées structurant la société. La nouvelle femme pénètre là où elle n'est pas attendue, mais respecte les normes féminines. La dernière phrase du commentaire, se demandant ce

1. Ella Hepworth Dixon, *The Story of a Modern Woman*, Peterborough, Broadview Press, 2004 ; Marie Louise Robert, *The New Woman in Fin-de-Siècle France*, Chicago, University of Chicago Press, 2002 ; Angélique Richardson et Cris Willis (dir), *The New Woman in Fiction and Fact. Fin de siècle feminisms*, Londres, Palegrave Mcmillan, 2002.

que ces femmes ne pourraient supporter pour l'amour de la philosophie, synthétise dans un même élan l'amour de la sagesse et l'amour féminin, et la possible conciliation entre l'intérêt féminin pour la philosophie et la féminité.

Le public féminin serait-il plutôt composé de femmes qui voient en Henri Bergson autre chose qu'une mode mondaine ? Une troisième illustration, publiée le même mois que la précédente, vient contrecarrer cette idée, en privilégiant à son tour l'angle mondain. L'assimilation du cours de Bergson à une mode, et à un espace de représentation mondaine prend ici un sens littéral. La célèbre maison de couture Worth, créée par Charles Frederick Worth, lance un thème de saison : une robe de soirée sobrement intitulée « M. Bergson a promis de venir ».

Dans le dessin (réalisé par le peintre et dessinateur de mode Bernard Boutet de Monvel) publié dans *La Gazette du Bon Ton*, l'espace privilégié n'est plus le Collège de France mais la vie domestique ; il ne s'agit plus de la journée mais du soir ; tout caractère collectif a disparu. L'articulation entre bien culturel et consommation y est en revanche poussée à son paroxysme : le philosophe de l'intuition, en prêtant son nom, fait vendre de la haute couture[1]. Le nom de la robe est révélateur : les femmes sont à nouveau mises en posture d'attente. Une femme de la haute société s'est apprêtée pour recevoir la visite du philosophe ; et c'est bien lui qui se fait attendre et décide quand il arrive. La réalisation dépend de son bon vouloir et non de la femme, qui s'est contentée de se préparer à recevoir.

1. En janvier 1911, *Femina* donne à voir une série de patrons de vêtements intitulés « Projets de costumes pour académiciennes » lorsque la scientifique Marie Curie se présente à l'Académie des sciences, suscitant un large débat sur la possibilité, pour une femme, d'entrer à l'Institut.

« M. Bergson a promis de venir...
Robe de dîner de Worth »

Bernard Boutet de Monvel, *Gazette du Bon Ton. Arts, Modes et frivolités*, mars 1914, pl. 30

Les femmes qui philosophent : nommer ces forces du mal

La peur des femmes

Comment discerner le vrai du faux de ces représentations ? La presse écrite commentant ce phénomène propose, elle aussi, un point de vue spécifique, unanimement négatif : cette présence perturbe et brouille les normes de genre. Une telle attitude réactive et négative reflète sans aucun doute les préoccupations suscitées par l'accès progressif des femmes à des professions dites masculines et par l'essor des mouvements féministes. La crise des paradigmes libéraux est aussi une crise des normes de la vie sociale dans toutes ses dimensions, et accompagne un démantèlement progressif du système juridique patriarcal. La crainte de la femme masculinisée, qui signerait la fin de la différence des sexes, est devenue un véritable leitmotiv de la presse conservatrice[1].

S'agissant des cours du philosophe, cette peur se manifeste d'abord par la dénonciation de la concurrence injuste faite aux étudiants de philosophie, qui désapprouvent la présence d'auditrices subtilisant les places qui leur reviennent, au risque de mettre en péril leur destin professionnel : « Les étudiants en philosophie se plaignent : ils ne peuvent pas trouver place, aux cours de Mr. Bergson, au Collège de France ; la salle est envahie par les *snobinettes*, qui vont là en masse, parce que, paraît-il, il est de bon ton d'y aller[2]. » Un rapport pleinement genré à la philosophie est ainsi réaffirmé. Les femmes se rendraient au cours de philosophie parce qu'il s'agit d'une mode, pour « faire joujou » comme le dit l'article plus loin ; les hommes seraient, pour leur part, unanimement étudiants et sérieux. Et si les premières empêchent les

1. Florence Rochefort, « L'antiféminisme à la Belle Époque », *in* C. Bard (dir), *Un siècle d'antiféminisme*, Paris, Fayard, 1999, p. 133-147 ; Guillaume Pinson, « La femme masculinisée dans la presse mondaine française de la Belle Époque », *Clio. Histoire, femmes et sociétés*, 2009, p. 211-230.
2. Jean Lecoq, « Propos d'actualité, Les "snobinettes" et la philosophie », *Le Petit journal*, 25 janvier 1914, p. 1.

seconds de « préparer leurs examens et si les petites dames prennent leurs places, qu'arrivera-t-il ? ... Ils seront recalés à la fin de l'année ». Le caractère illégitime des femmes dans cette enceinte ne fait pas de doute.

À cette indignation, s'ajoute l'invention de néologismes pour nommer les auditrices, montrant que l'ordre des représentations est perturbé : pour penser ce changement, il faut le classer et il faut le nommer. Quoique diverses, les dénominations revêtent toutes une signification sociale et morale péjorative. *Bergsoniennes*, toujours au pluriel, est un des termes utilisés. Tiré de *bergsonien*, on le rencontre pour la première fois en 1911 dans les colonnes de *La Vie Parisienne*, journal créé sous le second Empire. Il représente les mœurs et la culture de la société mondaine parisienne pour un public d'abord familial, avant de s'orienter vers un public masculin en publiant des représentations érotiques de femmes.

À la différence de son équivalent masculin, dont le contenu est avant tout intellectuel ou théorique, le terme *bergsoniennes* désigne alors « des jeunes filles et jeunes femmes du monde éprises du conférencier universitaire à la mode, et qui, confites d'admiration, emplissaient les salles de la Sorbonne et du Collège de France, où ces hommes distingués professaient leur cours public[1] ». Outre l'accent sur la « mode », la transgression d'un espace masculin est de nouveau identifiée unilatéralement à une démarche mondaine. Le seul motif d'action de ces femmes serait d'ordre affectif : leur intérêt pour le cours, loin de tout intérêt philosophique, tient à ce qu'elles sont « éprises » et « admiratives ».

Dans cette perspective, les *bergsoniennes* peuvent être inscrites dans une filiation : « Nous avons les Brunetiéristes, les Izouletistes et les Faguetistes [...]. Cette année nous avons les Bergsoniennes[2]. » Ferdinand Brunetière, Jean Izoulet, Émile Faguet, puis Henri Bergson donc, les figures se succèderaient, sans que

1. « Choses et autres », *La Vie Parisienne*, 14 janvier 1911, p. 15.
2. *Ibid.*

l'attitude de ces femmes « confites d'admiration » ne se modifie. Au vrai, rien n'atteste de la présence massive de femmes autour de ces hommes et la comparaison est sans doute exagérée – le point commun pourrait plutôt résider dans le fait que tous trois ont discuté des questions féministes, mais là encore, avec réserve.

Le premier, Ferdinand Brunetière, professeur à la Sorbonne et directeur de la *Revue des deux mondes*, figure de la « crise de la science » et, par sa conversion, de la reviviscence de la religion, est connu notamment pour être un des premiers penseurs catholiques à s'approprier le mot de *féminisme* en 1903 et à faire des conférences, très modérées, sur la question du droit des femmes[1]. De son côté, Jean Izoulet est agrégé et professeur de philosophie au Collège de France, célèbre pour ses théories de compromis social proches du solidarisme et pour avoir exposé sa doctrine féministe lors de ses cours. Là encore, il faut relativiser ses positions : différentialiste, il affirme l'existence d'une âme féminine et se montre convaincu de ce qu'il nomme « la sexuation de l'intelligence[2] ».

Homme de lettres et académicien, Émile Faguet est sans doute moins influencé par une perception différentialiste. Dans un ouvrage intitulé *Féminisme*, il affirme par exemple que « l'homme est une femme plus robuste, la femme est un homme capable de maternité, et voilà toutes les différences, ou il s'en faut de peu[3] ». Il écrit aussi dans le journal féministe *La Française*, est un des seuls hommes favorables à l'entrée des femmes dans l'Académie française, et se déclare partisan de l'accession des femmes à toutes les fonctions publiques. Il est attaqué par les antiféministes, ce qui paraît expliquer sa présence dans cette liste.

1. Voir sa conférence « Des droits politiques pour la femme », *La Revue des femmes russes et des femmes françaises*, 14 janvier 1897, p. 115.
2. Léopold Lacour, « Un chapitre de la cité future », *L'humanité intégrale. Organe immortaliste*, p. 54.
3. Émile Faguet, *Féminisme*, Paris, Société française d'imprimerie et de librairie, 1910, p. 10. Il est aussi l'auteur d'un ouvrage sur Jean-Jacques Rousseau, qui rappelle l'importance des femmes dans le succès littéraire et philosophique du philosophe.

Un mois plus tard, en mai 1914, c'est dans le journal *Le Gaulois*, réputé républicain conservateur, que se rencontre à nouveau le terme de *bergsoniennes.* « Que de poétesses et de romancières ! De conférencières, de chroniqueuses, de peintresses, de musiciennes, de bergsoniennes, de politiciennes[1]. » Cette fois, il se retrouve glissé parmi une liste de noms définissant des types de femmes qui pénètrent des sphères intellectuelles ; le phénomène des *bergsoniennes* est ainsi ancré dans un processus plus ample de féminisation des professions artistiques, intellectuelles et politiques. L'assimilation avec des termes comme *musiciennes* et *politiciennes* font du qualificatif de *bergsoniennes* un synonyme de *femmes philosophes.*

« Bergsonettes », « nietzschéennes » et « snobinettes »

On trouve parfois le nom de *caillettes* pour désigner « une femme empanachée qui suit les cours de M. Bergson ». Cette appellation dépréciative semble héritée de Jean-Jacques Rousseau et se référer à une femme bavarde et de petite vertu, qui lit, écrit et s'intéresse d'une manière générale à la vie intellectuelle – précisément le contraire de l'éducation que Rousseau prêche pour les femmes[2]. Mais l'appellation qui s'impose est celle de *bergsonette,* repérée pour la première fois lors d'une conférence de 1908, et qui actualise les termes de *précieuses* et de *bas-bleus. Bergsonette* désigne toute femme « qui se jette éperdument dans la poursuite des connaissances même les plus abstraites, même les plus réservées jusqu'ici – et à meilleur droit – à l'homme, pour savoir, comme lui et, au besoin, se suffire dans la vie[3] ». Il s'agirait d'une

1. Un domino, « Ce qui se passe », *Le Gaulois,* 13 mai 1914, p. 1.
2. Timon de Paris, « Dictionnaire parisien, à l'usage des gens du monde », *La Vie Parisienne,* 17 août 1912, p. 591. Et pour l'usage du terme chez Rousseau : Michèle Le Dœuff, *Le Sexe du savoir,* Paris, Le Seuil, 1989, p. 355.
3. « La culture intellectuelle des jeunes filles et l'enseignement ménager secondaire », *Comment enseigner. Bulletin pratique de pédagogie secondaire,* février-août 1919, p. 130-131.

actualisation de la *caillette*, doublée d'un transfert du monde des lettres vers celui de la philosophie. Capacité de création de concept et aspiration à l'autonomie financière sont les deux pôles qui définissent les *bergsonettes*.

Le texte mentionne aussi le nom de *nietzschéennes*, pour lui donner un sens encore plus négatif, auquel s'ajoute une dimension d'égoïsme. Il désigne une intellectuelle centrée uniquement sur elle-même, ses désirs et sa carrière. Il moque également l'influence de Friedrich Nietzsche en France, lui aussi à la mode dans les milieux mondains. Jeanne Loiseau (1854-1921), femme de lettres, a même publié sous son nom de plume (Daniel Lesueur) un roman intitulé *Nietzschéenne* qui connaît un fort succès. Elle y problématise les difficultés des femmes à réaliser une carrière et à être respectées – l'ouvrage est d'ailleurs objet de polémique pour avoir donné les traits de Zarathoustra à une femme[1].

Le terme de *snobinette* est parfois utilisé en synonyme de celui de *bergsonienne*. Un feuilleton du journal conservateur *Le Figaro* le met par exemple en scène :

> — J'ai horreur de ce qu'on appelle aujourd'hui des snobinettes [...].
> — Une jeune fille qui fait sa quatrième année de médecine ?
> — Avec un semestre de lettres avant... et un de sciences également... qui récite du Maeterlinck et du Francis Jammes dans les soirées de bienfaisance... peint des aquarelles avec des ciels mauves et des arbres libres... et joue du violoncelle[2].

Les *snobinettes* sont des femmes érudites dont les recours intellectuels et artistiques sont multiples et qui ont soif de savoir. Le *snob* définit ce mélange entre univers mondains et espaces culturels, à tel point que se crée un type de snobisme philosophique autour de la figure de Bergson. Le terme *snobinette*

1. La pensée nietzschéenne est à la mode dans les salons mondains du tournant du siècle. Voir Emilien Carassus, *Le Snobisme et les lettres françaises de Paul Bourget à Marcel Proust*, Paris, Armand Colin, 1966 ; Martine Béland (dir), *Lectures nietzschéennes. Sources et réceptions*, Montréal, Presses de l'Université de Montréal, 2015.
2. Guy de Téramond, « Le chaînon », *Le Figaro*, 23 mai 1919, p. 3.

est né avant le phénomène Bergson, sous la plume de Jules Lemaître. Membre de l'Académie française, professeur de littérature, écrivain et critique dramatique, il y recourt pour se référer aux « dames bizarres qu'on voit dans les couloirs du théâtre de l'Œuvre[1] ». Le terme est remobilisé en février 1914 pour désigner les élèves d'Henri Bergson et interroger la racine de ce phénomène, pensé comme une sorte de contagion sociale féminine. Le mot circule au moins jusqu'à la fin des années 1920, date à laquelle il désigne les femmes suivant les leçons de Paul Valéry.

Des expressions plus virulentes et plus agressives sont également employées au sujet des auditrices de Bergson. L'écrivain Charles Péguy évoque de « jeunes bourgeoises à la cervelle d'oiseau[2] » ; le journal républicain radical *Le Rappel* parle, lui, d'« un public hétéroclite d'Américaines aurifiées, de douairières désargentées, et de bécasses décolorées[3] ». En 1914, dans *L'Action Française*, journal nationaliste d'extrême droite, l'écrivain réactionnaire et antisémite Léon Daudet s'insurge à son tour contre ce public féminin : « Les bergsonettes remplacent les carolines, tant blaguées jadis[4]. » Les *carolines*, ce sont les disciples d'Elme-Marie Caro, professeur de philosophie à la Sorbonne durant les années 1860, dont les cours étaient suivis aussi par des femmes de la haute société – il est « celui qui a su mettre la dure philosophie à la portée du beau sexe[5] ». On retrouve le mot en 1887 dans un article du quotidien *Gil Blas*, dont l'auteure se présente comme une disciple et souligne que cette philosophie plaît aux femmes car elle accorde foi catholique et philosophie, débat qui « s'est terminé sauf pour les

1. « La séance annuelle des cinq académies », *Le Petit journal*, 25 octobre 1896, p. 1.
2. Charles Péguy, *Œuvres en prose 1908-1914*, Paris, Gallimard, Pléiade, p. 428.
3. « Réceptions académiques », *Le Rappel*, 27 janvier 1918.
4. Léon Daudet, « Après l'élection du juif Bergson », *L'Action Française*, 24 février 1914.
5. Ernest Blum, « Zigzags dans Paris », *Le Rappel*, 30 janvier 1885. Elme-Marie Caro (1826-1887), philosophe spiritualiste, admirateur de Victor Cousin, membre de l'Académie des sciences morales et politiques et de l'Académie française.

femmes[1] ». Faute de témoignages, il est néanmoins difficile d'évaluer la présence réelle de ces femmes et l'ampleur de cet engouement pré-Bergson. En tout cas, les propos de Léon Daudet fustigent son influence, et retirent aux femmes toute capacité rationnelle : elles « aiment le nectar de l'esprit comme les abeilles aiment le suc des fleurs[2] ».

Quelles que soient les expressions, l'enjeu est de mettre des mots sur « ces formes du mal » qui s'emparent des femmes, enclines au pédantisme, au risque de détruire les valeurs sociales, morales et familiales. Leur désir de savoir est unilatéralement assimilé à l'arrogance, à la bêtise et à la destruction.

Une preuve de la décadence du philosophe

Malgré le concours d'imagination mis en œuvre pour élaborer tous ces noms, il faut noter que l'association des termes de *femme* et de *philosophe* n'apparaît à aucun moment dans la presse. Le second ne subit aucune altération. Un ensemble de suffixes sont additionnés à des noms de penseurs, mais pas une seule fois l'activité philosophique des femmes n'est présentée comme une activité générique et dépersonnalisée. L'intérêt pour la philosophie de Bergson n'est quant à elle à aucun moment décrit de l'intérieur. Rien n'est montré sur le contenu de l'apprentissage philosophique de ces femmes, le dialogue intellectuel est laissé dans l'ombre : tout se passe comme si leurs aspirations étaient purement formelles et esthétiques, et qu'il y avait un refus de penser que le phénomène puisse être de nature intellectuelle.

Enfin, indépendamment des appellations proposées, la présence des femmes, tournée en ridicule, est interprétée par les détracteurs conservateurs voire réactionnaires du philosophe, comme le reflet de la décadence de ses idées philosophiques. À distance de toute

1. Colombine, « Chronique », *Gil Blas*, 17 juillet 1887, p. 1.
2. L. Daudet, « Après l'élection du juif Bergson », art. cité.

« Bergson'attrac'cheun »

Le Rire, 28 février 1914, dessin de J. Hémard

philosophie, une caricature suggère même qu'il ne peut y avoir qu'une relation sexualisée entre le philosophe et ses auditrices.

La sexualité et le jeu sont la marque du refus de prendre en sérieux la relation du philosophe à son public féminin, et orientent le regard vers l'idée qu'il s'agit d'une séduction et d'un simple passe-temps. Une telle interprétation se retrouve dans de nombreux articles, qui n'hésitent pas à expliquer le succès de Bergson par son pouvoir de séduction. *Femina* souligne que la présence féminine procure la gloire au professeur charmeur, car les hommes « seront toujours flattés par le regard bienveillant des jolis yeux, par l'assentiment des belles chevelures blondes ou brunes, qui s'inclinent au son des paroles éloquentes[1] ». *La Vie parisienne* suggère que ces femmes « se passionnèrent d'autant plus qu'elles le comprenaient moins[2] ». *L'Homme libre* va dans le même sens : « Il est vrai qu'elles ne comprennent pas un seul mot de ce que dit ou de ce qu'écrit Bergson[3]. » La revue conservatrice *Le Gaulois* conclut que « les femmes tiennent l'intelligence pour secondaire et il y a dans les livres de M. Bergson de quoi leur faire croire qu'il pense comme elles[4] ».

L'ère bergsonienne comme aventure philosophique

La présence des femmes aux cours de Bergson constitue une preuve de plus du climat spirituel au sein d'une certaine partie des élites et témoigne de l'importance du philosophe. Mais la presse construit une interprétation qui doit être questionnée. On ne dénombre, en tout et pour tout, qu'une agrégée de philosophie jusqu'en 1920. La concurrence entre hommes et femmes est déloyale et ne peut se faire que par les marges. Comment

1. « Les bergsoniennes », *Femina*, 15 avril 1911, p. 204.
2. « Choses et autres », *La Vie Parisienne*, 14 janvier 1911, p. 32.
3. Ernest Charles, « Les femmes philosophes », *L'Homme libre*, 22 mai 1914, p. 1.
4. Lucien Corpechot, « La retraite de M. Bergson », *Le Gaulois*, 24 juin 1921, p. 1.

comprendre alors ce que la pensée d'Henri Bergson produit sur ces femmes, et ce que la présence de femmes produit sur la pensée du philosophe ? L'apport d'autres sources, notamment des témoignages littéraires des femmes de lettres, ainsi que des correspondances de Bergson et des entretiens donnés par le philosophe permettent de se distancier de la presse et d'en questionner les prises de vues.

La conscience de Bergson et son public d'étudiantes

Une autre illustration, une véritable photographie cette fois, met en perspective les représentations véhiculées par la presse : on y aperçoit des femmes et des hommes tendant l'oreille à la fenêtre et à une porte du Collège de France pendant le cours de Bergson. Il est frappant d'y découvrir un public mixte et non exclusivement féminin.

En 1911, dans un entretien accordé au journal *L'Opinion*, Henri Bergson lui-même affirme qu'il ne faut pas « laisser s'accréditer la légende qui se forme et d'après laquelle mon cours serait un "cours pour dames". Si des dames ou des jeunes filles viennent m'écouter, elles sont pour la plupart des étudiantes qui ont reçu la même préparation spéciale que les jeunes gens[1] ». Un public d'étudiantes, diplômées et donc légitimes au même titre que les hommes ? Voilà qui diffère fortement des récits de presse, dans laquelle le terme « étudiante » n'est jamais employé. Henri Bergson remet ainsi en cause l'opposition entre les *vrais* étudiants hommes et les femmes mondaines. À vrai dire, je n'ai retrouvé qu'un article utilisant le mot, mais pour déprécier les femmes désignées ; on y parle ainsi « des étudiantes polonaises et russes, des étudiantes aux cheveux mal peignés, au cou et aux bras nus[2] ». La laideur semble envahir ces femmes inconvenantes présentées, qui plus est, comme étant essentiellement étrangères.

1. J. Morland, « Une heure chez M. Bergson », art. cité.
2. « Choses et autres », *La Vie Parisienne*, 20 janvier 1912, p. 50.

« On écoute aux fenêtres de M. Bergson »

« La foule qui s'est rendue hier au cours de M. Bergson était plus dense encore que de coutume. Il s'agissait, pour ses disciples et admirateurs, de lui témoigner leur joie à l'occasion de son élection. On écouta aux fenêtres la leçon du maître ! »

Excelsior, 14 février 1914.

Si le penseur a peu écrit sur les femmes (« Sur le problème du mal, sur la survie et le métapsychisme, sur les femmes, on dira que j'en ai dit trop ou trop peu[1] »), il semble avoir tout à fait conscience du fait que leur présence massive à son cours constitue une réelle nouveauté, à laquelle il n'apporte guère d'explication. Ses commentaires sur ce phénomène, en tout cas, ne portent pas sur l'aspect mondain, tant privilégié par la presse, mais insistent sur la présence d'un public féminin cultivé.

Le genre des concepts bergsoniens

Outre la forme, un argument fréquent dans la presse consiste à expliquer l'attrait des femmes pour ces cours par le type de philosophie promu, qui valorise l'émotion, la sensibilité et l'intuition. Il présuppose une division genrée des capacités intellectuelles : l'intuition et l'esthétique attireraient un public plus féminin. Ce découpage normatif des modes d'appréhension de la réalité parcourt la culture du XIXe siècle, qui assimile la raison et le pouvoir au masculin, l'intuition et le sentiment au féminin. L'abstraction serait ainsi une capacité masculine, tandis que l'émotion relèverait d'une nature féminine.

Le problème de cette explication est qu'Henri Bergson lui-même rejette ce découpage, puisque, dans sa philosophie, l'émotion est d'ordre masculin. Dans une conversation rapportée par la philosophe Léontine Zanta, première française docteure en philosophie en France et disciple du philosophe, Henri Bergson lui aurait affirmé, à son entrée comme étudiante en philosophie : « Le génie créateur, vous, les femmes, ne l'avez peut-être pas. Le génie n'est pas d'ordre intellectuel. Il est d'ordre émotif et, la plupart du temps, c'est une grande émotion qui est créatrice. Les femmes n'en sont guère capables que quand elles sont de grandes mystiques[2]. » La

1. J. Chevalier, *Entretiens avec Bergson*, *op. cit.*, p. 154-155.
2. « De jour en jour Mme Léontine Zanta nous parle de Saint Monique », *Revue des jeunes. Organe de pensée catholique et française*, 27 janvier 1942.

voilà prévenue qu'elle ne sera certainement pas une philosophe, car dépourvue par nature de capacité d'émotion, et donc de création.

Henri Bergson prend soin d'ajouter un « peut-être », laissant transparaître un doute. Mais il inverse la répartition traditionnelle des catégories mentales masculines et féminines. Les femmes n'atteignent pas le génie philosophique ni le statut de créatrices parce qu'elles ne posséderaient pas d'intuition. Sur le thème du génie créateur, Henri Bergson n'est pas vraiment original – nombreux sont les théoriciens déniant aux femmes la capacité de création, que celle-ci soit philosophique, littéraire, artistique ou scientifique. En revanche, il s'agit d'un rejet d'autant plus intéressant qu'il fait voler en éclat la lutte pour la reconnaissance de la raison des femmes, au centre des débats féministes. Cette question ne semble pas poser problème au philosophe.

C'est dans son ouvrage de 1932, *Les Deux sources de la morale et de la religion*, qu'il développe, en une page, sa conception du masculin et du féminin. Il faut rappeler d'abord que l'émotion, pour Bergson, a une importance particulière, puisqu'il la situe au centre du processus de création. « Qu'une émotion neuve soit à l'origine des grandes créations de l'art, de la science et de la civilisation en général, cela ne nous parait pas douteux[1]. » Pour résumer, « création signifie, avant tout, émotion[2] ». Le penseur distingue deux types d'émotion : celle née de l'effet d'une représentation, considérée comme infra-intellectuelle ; celle qui est cause de la représentation et d'ordre supra-intellectuel.

Sa remarque sur le génie créateur féminin prend ici tout son sens. Il réfute la confusion entre féminité et émotion, qui ferait de la féminité une insulte. « On ne s'en rend pas compte quand on traite de "féminine", avec une nuance de dédain, une psychologie

1. Henri Bergson, *Les Deux sources de la morale et de la religion*, Arvensa Éditions (édition électronique), 2014 (1932), p. 35.
2. Anthony Feneuil et Ghislain Waterlot, « Bergson, philosophe de l'émotion », *Annales bergsoniennes*, t. VIII, 2017, p. 51-60.

qui fait une place si large et si belle à la sensibilité. Ceux qui parlent ainsi ont pour premier tort de s'en tenir aux banalités qui ont cours sur la femme, alors qu'il serait si facile d'observer[1]. » Si le philosophe refuse de s'engager dans une étude comparée des deux sexes, il développe tout de même sa pensée sur ce point dans une note de bas de page : « La femme est aussi intelligente que l'homme, mais elle est moins capable d'émotion, et si quelque puissance de l'âme se présente chez elle avec un moindre développement, ce n'est pas l'intelligence, c'est la sensibilité. »

Il précise que cette absence d'émotion chez les femmes est tout de même à nuancer dans quelques cas. Suivons le texte, tant il peut paraître étonnant. « Inutile de dire qu'il y a bien des exceptions. La ferveur religieuse, par exemple, peut atteindre chez la femme des profondeurs insoupçonnées. Mais la nature a probablement voulu, en règle générale, que la femme concentrât sur l'enfant et enfermât dans des limites assez étroites le meilleur de sa sensibilité. Dans ce domaine elle est d'ailleurs incomparable ; l'émotion est ici supra-intellectuelle, en ce qu'elle devient divination. Que de choses surgissent devant les yeux émerveillés d'une mère qui regarde son petit enfant ! Illusion peut-être ? Ce n'est pas sûr. Disons plutôt que la réalité est grosse de possibilités, et que la mère voit dans l'enfant non seulement ce qu'il sera, mais encore tout ce qu'il pourrait être s'il ne devait pas à chaque instant de sa vie choisir, et par conséquent exclure[2]. »

Le penseur est un grand admirateur des femmes mystiques, chez lesquelles il affirme avoir puisé sa source philosophique et religieuse. Ce n'est pas rien. Dans sa philosophie, le mysticisme a une place centrale, qui lie la personne et le divin et se trouve au cœur de l'effort de l'élan vital de chaque personne. Les mystiques sont cependant des exceptions. Dans la plupart des situations, l'émotion féminine se réduit au soin pour l'enfant et ne porte pas

1. H. Bergson, *Les Deux sources de la morale et de la religion*, *op. cit.*, p. 35.
2. *Ibid.*

à la création conceptuelle, artistique ou littéraire. Bergson conclut dans un entretien donné dans les mêmes années : « On semble méconnaitre cette vérité que c'est au mâle de séduire et de se parer et on semble ignorer aussi cette autre vérité que les femmes, en général, ont moins de sensibilité que les hommes[1]. »

Comment expliquer cette inversion ? Une voie possible est celle du modèle familial : le père de Bergson, musicien, était décrit comme assez fantasque, tandis que sa mère était une femme de tête[2]. Une autre voie caractérise la philosophie de Bergson comme féminine par l'association même entre émotion et féminité dans nos sociétés, et propose une interprétation selon laquelle le philosophe se serait simplement défendu, par cette inversion, de proposer une philosophie culturellement féminine. Il aurait nié cette relation parce qu'elle faisait partie de son dénigrement, notamment par les plus conservateurs et les plus virulents, y compris hors des frontières françaises. Du reste, ces deux voies d'explication ne sont pas exclusives l'une de l'autre. Toujours est-il qu'Henri Bergson modifie la dichotomie habituelle en maintenant son résultat : sauf exceptions, la capacité créatrice des femmes est une nouvelle fois niée.

Une autre explication au succès féminin

Il est probable que la présence de ces femmes provienne d'autres facteurs relevant moins de la nature des concepts utilisés par Bergson que des circonstances socio-historiques conjuguées à une ouverture extra-institutionnelle. Dans la pratique, l'aspect non universitaire de sa philosophie joue un rôle essentiel dans son succès. Celui-ci ne peut être considéré comme un phénomène dépassant l'espace philosophique que dans la mesure où l'espace philosophique est passé par un phénomène de professionnalisation qui l'a profondément délimité. La spécificité de Bergson tient en

1. J. Chevalier, *Entretiens avec Bergson*, *op. cit.*, p. 142.
2. Philippe Soulez, *Bergson*, Paris, PUF, 1997, p. 24.

ce sens à ce qu'il s'affranchit des règles du cadre académique ainsi que de la légitimation et de l'intégration qu'il procure. Le succès transdisciplinaire et extradisciplinaire de sa philosophie restructure le public philosophique, et c'est là une condition majeure pour que les femmes puissent avoir accès à la philosophie. Dans une situation où elles sont exclues de l'espace institutionnel de la philosophie, le cours de Bergson, en rupture avec les codes scolaires, leur permet d'y accéder malgré tout.

Henri Bergson lui-même explique l'attrait d'un nouveau public par la forme de son cours, ouvert à des non-spécialistes : « Beaucoup d'auditeurs [...] peuvent suivre d'un bout à l'autre l'exécution d'un morceau de musique et le comprennent d'un bout à l'autre, quoiqu'un petit nombre seulement aient assez de culture musicale pour le comprendre parfaitement : c'est ainsi que des personnes qui ne sont pas des philosophes peuvent prendre intérêt à ce que je dis. » Dans ce même entretien, il prend aussitôt soin de ne pas limiter la présence féminine à cette forme d'« intérêt » distingué de la compréhension : « Nous faisons une erreur quand nous pensons que les femmes ne sont pas capables de comprendre la spéculation philosophique[1]. »

Le lieu de l'enseignement en favorise aussi l'accès, car le Collège de France n'est pas réservé aux initiés. Le philosophe attire des personnes qui n'ont jamais fait de la philosophie, exerçant ainsi une influence sur des non-spécialistes venus des lettres, des arts, mais aussi de la psychologie, de la sociologie, de la linguistique ou encore de la musique[2]. En somme, il décloisonne en partie la philosophie, devenue depuis la seconde moitié du XIXe siècle une activité largement universitaire et spécialisée. Et c'est notamment en cela qu'il ouvre aux femmes un accès à un champ philosophique légalement fermé.

1. J. Morland, « Une heure chez M. Bergson », art. cité.
2. Concernant cette diversité : Dominique Combe, « La "gloire" de Bergson », *Études*, n° 10, 2004, p. 343-354.

Mais Henri Bergson n'est pas le seul à voir des femmes sur les bancs de son amphithéâtre. Marie Curie (1867-1934), une des rares femmes scientifiques de l'époque, enseigne, elle aussi, devant de nombreuses femmes et d'une manière générale, les femmes sont de plus en plus présentes dans les lieux d'enseignement supérieur public. S'il reste difficile d'évaluer le nombre d'étudiantes en philosophie qui suivent les cours de Bergson, il est possible de noter un changement structurel dans les années 1910, qui correspond à une hausse globale de fréquentation de la faculté des lettres par les étudiantes.

Année scolaire	**Nombre d'étudiantes**			**Nombre d'étudiants**	**Effectif total**	**Rapport du nombre d'étudiantes à l'effectif total**
	Françaises	**Étrangères**	**Total**			
1889-1890	102	9	111	1 723	1 834	1/16,52
1898-1899	149	37	186	2 903	3 089	1/16,61
1908-1909	908	839	1 747	4 469	6 216	1/3,56
1918-1919	1 835	296	2 131	4 208	6 239	1/2,93

La progressions du nombre des étudiantes
dans les facultés de lettres en France, 1889-1919

D'après E. Charrier, *L'Évolution intellectuelle féminine, le développement intellectuel de la femme, la femme dans les professions intellectuelles*, Paris, Librairie du Recueil Sirey, 1937, p. 168.

Les statistiques présentées dans la thèse de doctorat d'Edmée Charrier – une des premières traitant de l'évolution de la présence des femmes dans les professions intellectuelles – permettent de repositionner le moment Bergson dans une chronologie plus ample de la progression des femmes à l'Université. La faculté de philosophie est subsumée dans le cadre plus large des facultés de lettres : entre 1889-1890 et 1898-1899, la présence des femmes est constante, mais représente à peine 1 étudiant sur 16 ; dix ans plus tard, les années 1908-1909 marquent une progression des plus nettes, un étudiant sur trois est désormais une femme. Cette évolution ne fait que s'accentuer après la Première Guerre mondiale.

Ainsi, la médiatisation des auditrices du cours d'Henri Bergson, très forte entre 1911 et 1914, intervient en réalité au lendemain d'une progression spectaculaire des femmes dans les facultés des lettres. Comme le suggérait le philosophe, il y a tout lieu de penser que la représentation purement mondaine de ses auditrices – qui peut être lue comme une réaction à une féminisation plus large des savoirs – cache bel et bien des étudiantes...

Précieuses mais pas ridicules

Les femmes ont joué un rôle important dans la vie du philosophe et dans la diffusion de son œuvre. Il faut tout d'abord dire un mot sur son épouse (née Louise Neuburger, 1872-1946) – à propos de laquelle rien n'est dit –, très active dans la carrière de son mari. Plusieurs témoignages relatent son rôle à l'arrière-plan, notamment dans les dernières années du philosophe. Ils rappellent que c'est elle qui, souvent, rédige les réponses (signées *Mme Bergson*) à des personnalités sollicitant l'avis du philosophe. *Les Potins de Paris* relate une anecdote à propos d'un livre envoyé par un docteur ayant reçu, en retour, un commentaire signé *Mme Bergson*. « La déception fut grande chez ce mâle jeune-homme[1]. » Ce rôle d'assistante et secrétaire d'un mari intellectuel ou écrivain n'est certes pas rare, mais la spécialiste Rose-Marie Mossé Bastide, rapporte qu'après 1925 tout particulièrement, Louise Bergson contribue à la rédaction des écrits du philosophe[2].

1. « Monsieur, Madame et Bergson », *Les Potins de Paris*, 10 octobre 1918.
2. *Ibid.* Voir aussi Rose-Marie Mossé Bastide, *Bergson éducateur*, Paris, PUF, 1955, p. 46. Jacques Chevalier, fidèle disciple d'Henri Bergson, relate aussi recevoir des lettres écrites de la main de Madame Bergson (*Entretiens avec Bergson*, *op. cit.*, p. 283).

Henri Bergson reconnaît aisément ce rôle à son épouse, tout comme l'administration de la vie domestique lui permettant de s'affranchir des « exigences de la vie matérielle[1] ». Elle reçoit les invités, fait préparer les repas et organise ses rendez-vous. Mais peut-être cette femme a-t-elle contribué plus encore à la philosophie de son mari. Le philosophe Jacques Chevalier, ami du couple, relate que c'est elle qui sait exactement où se situe chaque ouvrage de la bibliothèque de son mari ; elle prend part aux discussions et le couple converse des jours entiers sur la philosophie. Lorsque le philosophe ne peut plus se déplacer, c'est encore elle qui se rend aux conférences, pour écouter ses divers héritiers et lui rapporter un jugement.

D'autres femmes de lettres participent à la diffusion de sa philosophie. Il est complexe d'en retracer les modalités, dans la mesure où ces relations sont entourées de rumeurs moquant et sexualisant ces femmes. Plusieurs éléments permettent cependant de penser que ces relations étaient d'une autre nature. Élisabeth de Gramont affirme que le succès du philosophe dans les milieux élitistes aurait pour origine une femme de lettres et salonnière issue de la noblesse d'épée, la comtesse Amélie Murat (1882-1940). « Son exemple fut imité, il y eut bientôt une mode pour Bergson, la salle du cours était envahie au point qu'il était difficile d'y pénétrer[2]. » Les salons continuent de jouer un grand rôle dans certains secteurs du champ littéraire et philosophique, et celui de la comtesse aurait constitué un des premiers lieux de diffusion de la pensée du philosophe. De son côté, Henri Bergson se réfère à la fin de sa vie à cette comtesse comme à une ancienne auditrice, sans lui prêter réellement d'importance ; ils ont pourtant échangé près de deux cents pages de correspondances chaleureuses au début du siècle[3].

1. J. Chevalier, *Entretiens avec Bergson*, *op. cit.*, p. 124.
2. É. de Gramont, *Les Marronniers en fleurs*, *op. cit.*, p. 44.
3. J. Chevalier, *Entretiens avec Bergson*, *op. cit.*, p. 166 ; H. Bergson, *Correspondances* (éd. André Robinet), Paris, PUF, 2002.

Parallèlement, entre 1896 à 1919, le philosophe entretient une longue correspondance avec Marie Anne Raffalovich (1833-1921), femme de lettres issue d'une riche famille russe, tenant également un salon important. Elle parle couramment huit langues, traduit de nombreux articles médicaux en russe et en allemand et est l'amie du scientifique Claude Bernard. Elle aurait d'ailleurs fait campagne pour qu'Henri Bergson soit nommé professeur en 1899 dans la chaire de philosophie moderne[1].

Une autre femme de lettres, Anna de Noailles (1876-1933), reconnue pour son rôle dans la défense et la promotion des femmes écrivaines, aurait particulièrement contribué à la diffusion des idées du philosophe. Fille d'un prince roumain et d'une pianiste grecque, elle aurait commencé, selon ses propres dires, à assister aux leçons d'Henri Bergson pour faire plaisir à son compagnon, avant d'y trouver un réel intérêt[2]. Le journaliste et homme de lettres Raymond Recouly raconte qu'il aurait organisé, à la demande d'Anna de Noailles, un déjeuner entre elle et Bergson. Le récit qu'il en propose semble pour le moins réducteur. « Mme de Noailles, le buste projeté sur la table, lançait brusquement au philosophe cette question plutôt embarrassante : "croyez-vous, maître, à l'immortalité de l'âme[3] ?" » Cette dépréciation sexualisée et désinvolte peut être interrogée, car l'écrivaine est très bien intégrée au réseau littéraire et intellectuel du début du XXe siècle et respectée pour ses écrits. Henri Bergson et Anna de Noailles ont aussi échangé une importante correspondance, attestant d'échanges intellectuels dynamiques. Il lui décerne en personne la Légion d'honneur, en 1931[4].

1. Comme l'indique Rose-Marie Mossé Bastide, *Bergson éducateur*, *op. cit.*, p. 47.
2. Anna de Noailles, *Le Livre de ma vie*, Paris, Bartillat, 2008 (1932).
3. Raymond Recouly, « Souvenirs sur Henri Bergson, *Le Nouvelliste d'Indochine*, 20 avril 1941, p. 3.
4. Anna de Noailles, « Bergson vu par Anna de Noailles », *Les Nouvelles littéraires*, n° 1677, 22 octobre 1959, p. 1 ; et « La renommée d'Henri Bergson », *Les Nouvelles littéraires*, n° 322, 15 décembre 1928, p. 1.

Parmi les élèves assidues d'Henri Bergson, on relève la présence de la philosophe argentine Victoria Ocampo (1890-1979) en 1908 lors de son passage à Paris. D'une famille aisée, elle est notamment connue pour avoir édité l'écrivaine Virginia Woolf et bénéficie d'une réputation philosophique dans son pays. Elle poursuit son œuvre dans le champ littéraire avec le financement de la revue des *Lettres Françaises*, et accueillera entre 1941 et 1945 des écrivains français réfugiés en Argentine[1]. Sur les bancs du Collège de France se trouve encore Armande de Polignac, compositrice et petite nièce de Goethe, épouse du comte Alfred de Chabannes-la-Palice, dont le talent interpelle, entre autres, le compositeur Maurice Ravel. Autant dire que si ces femmes sont des *précieuses* de bonne famille, elles n'ont pour autant rien de *ridicule* : cumulant capital économique et culturel, elles ne se trouvent pas en marge des réseaux littéraires et leur production intellectuelle est reconnue par des institutions officielles. Là encore, on est loin de l'image de la « cervelle d'oiseau »...

Henri Bergson et les droits des femmes

Henri Bergson n'invalide pas le mode de savoir des femmes, qu'il considère comme « capables de comprendre[2] ». Dans une lettre adressée au comte Hermann de Keyserling, il note aussi qu'il faut faire attention à ne pas « prendre l'esprit masculin pour norme, alors que la mentalité féminine a tout autant raison d'être[3] ». Pour ce qui concerne l'accès aux professions intellectuelles, le philosophe ne semble avoir à aucun instant fermé la porte aux femmes qui veulent philosopher. En dépit de son scepticisme quant à la capacité créatrice des femmes, dans la pratique, plusieurs éléments laissent entrevoir une défense de l'égalité entre les sexes.

1. Sur cette philosophe, notamment Andrée Mansau et María Fernanda Pérez Calvo, « Naissance à la philosophie et au féminisme : Victoria Ocampo », *in Femmes-Philosophes en Espagne et en Amérique Latine*, Paris, Éditions du CNRS, 1989, p. 57-61.
2. J. Morland, « Une heure chez M. Bergson », art. cité.
3. H. Bergson, *Correspondances*, *op. cit.*, p. 370.

Malgré sa dureté envers Léontine Zanta, il accompagne son travail et l'encourage à écrire sa thèse de doctorat. Après la Première Guerre mondiale, lorsqu'ont lieu les discussions au sujet de la création éventuelle d'une agrégation de philosophie féminine, il se montre un fervent défenseur de l'égalité entre hommes et femmes. Les femmes agrégées rapportent alors fièrement que « Monsieur Bergson a demandé avec insistance qu'on donnât aux jeunes filles pour professeurs des maîtresses ayant vraiment une culture philosophique, et non pas seulement des préparatrices au baccalauréat[1] ». Il côtoie aussi Marie Curie avec qui il siège en 1922 à la Société des Nations lors d'une commission pour la coopération intellectuelle internationale où ils représentent la France et lui témoigne un profond respect : « Nul témoignage ne pouvait m'être plus précieux que le vôtre[2] ! », lui écrit-il en commentant sa démission de la présidence de la commission de coopération intellectuelle à la Société des Nations.

Du point de vue des droits politiques des femmes, débat alors majeur, Henri Bergson n'a rien écrit. Il se prononce cependant pour le droit de vote des femmes dans un entretien donné aux États-Unis, tout en défendant une conquête graduelle et sous restrictions : « Je crois au suffrage des femmes, mais la France n'est pas prête pour cela [...]. Les femmes ont été pendant trop longtemps habituées à considérer les hommes comme politiquement supérieurs. Il devra y avoir un changement graduel avant que l'égalité de suffrage soit obtenue. Mais je ne vois aucune raison pour qu'elles ne doivent pas en fin de compte voter[3]. » Cette position modérée et gradualiste est répandue, bien qu'en discordance avec la plupart des féministes, qui revendiquent le droit de

1. « Au sujet d'une agrégation féminine de philosophie au rabais », *Bulletin de la Société des agrégées de l'enseignement secondaire public*, avril 1921, p. 19 ; « Une agrégation féminine de philosophie », avril 1921, p. 18-19.
2. Lettre d'Henri Bergson à Mme Curie du 20 octobre 1925, citée dans *Pierre et Marie Curie*, Paris, Bibliothèque nationale, 1967, p. 82.
3. Cité dans Robert C. Grogin, *The Bergsonian Controversy in France 1900-1914*, University of Calgary Press, 1988, p. 193 (je traduis).

vote total et immédiat et dénoncent toute gradation comme un prétexte pour ralentir le processus d'égalité.

Plus largement, la réception de l'œuvre du philosophe dans les débats théoriques féministes est loin d'être unanime. Dès les années 1910, des interrogations apparaissent sur les liens possibles entre sa philosophie et les pensées de l'égalité entre les sexes, se demandant en quoi sa philosophie créatrice peut aider à réfléchir sur le caractère masculin des savoirs[1]. Le philosophe, par son mode alternatif de pensée valorisant l'intuition et l'émotion, ouvre-t-il la porte à un autre sujet, ou propose-t-il un concept qui ne peut se décliner qu'au masculin ? Est-il possible, pour une femme philosophe, de se réapproprier un concept qui en son principe exclut sa propre existence ?

Le journal *La Française*, de tendance féministe républicain libéral, s'enorgueillit à plusieurs reprises du fait que le prestige du philosophe émane des femmes, sans pour autant questionner plus avant sa philosophie. C'est dans le courant du féminisme spiritualiste catholique, dont la philosophe Léontine Zanta est, après 1918, l'une des principales représentantes, que Bergson semble avoir une influence plus marquée. Le philosophe ne fait pourtant pas l'unanimité non plus chez les féministes catholiques. La très conservatrice revue *Devoir des femmes françaises* l'accuse par exemple, en 1913, d'avoir créé une doctrine « capable d'orienter vers le panthéisme les esprits non prévenus[2] ».

Parmi les courants féministes socialistes, sa pensée n'est pas bien accueillie non plus. Madeleine Pelletier (1874-1939),

1. Thomas Percival Beyer, « Creative Evolution and the Woman Question », *Educational Review*, vol. XLVII, 1914, p. 24-27. La question de la relation de Bergson au féminisme de son époque est aussi posée à l'étranger : « Monsieur Bergson et le féminisme », *Femme Belge*, n° 8, janvier 1922, p. 763-766.

2. « La philosophie d'aujourd'hui », *Devoir des dames françaises*, avril 1913, p. 193. Cette même revue a accusé Émile Boutroux d'être un panthéiste et de désorienter les femmes en recherche de la foi, plutôt que de les aider à trouver leur chemin de la chrétienté.

première femme médecin diplômée en psychiatrie, féministe socialiste et l'une des premières déléguées syndicales de France, la critique vivement. En 1912, elle considère l'antimatérialisme d'Henri Bergson comme une hypocrisie de la société capitaliste confrontée à la décadence. La critique ne porte certes pas sur le féminisme, mais l'implique sans aucun doute : féministe matérialiste avant l'heure, reconnue comme une des premières intellectuelles à discuter la différence des sexes en s'y référant comme à une question relevant de relations sociales, le féminisme ne peut se penser pour Madeleine Pelletier que s'il prend en considération la nécessité de mettre fin à tout type d'exploitation sociale. « L'homme n'est pas un esprit, il est un corps et l'intelligence elle-même fait partie de ce corps puisqu'elle est une fonction du cerveau[1]. »

Or le spiritualisme d'Henri Bergson s'opposerait à tout type de pensée matérialiste, avec un objectif social et politique bien précis, bien qu'il puisse ne pas être explicitement formulé. En 1924, elle lui reproche longuement d'avoir contribué au développement de l'irrationalisme et de tendances réactionnaires chez les catholiques, manifestes dans le gouvernement du Bloc national, au pouvoir entre 1919 et 1924. Henri Bergson aurait légitimé sur le plan théorique un retour en arrière historique. Avec lui, l'élite intellectuelle « a entrepris la restauration des anciennes croyances [...]. Le premier pas consistait à amener les gens cultivés d'abord, les masses ensuite à croire que l'âme et la vie future ne sont pas des absurdités. C'est que ce fit M. Bergson en France[2] ». Madeleine Pelletier voit dans sa philosophie la légitimation d'un retour du religieux dans ses dimensions les plus conservatrices et d'un recul des avancées sociales : « La cause première est la volonté

1. Madeleine Pelletier, « Prétendue dégénérescence des hommes de génie », *Revue d'études maçonniques*, 1912, p. 4.
2. M. Pelletier, *L'Âme existe-t-elle ?*, Paris, Éditions du Groupe de Propagande par la Brochure, décembre 1924.

de la bourgeoisie de détourner la classe ouvrière de la préparation de la révolution sociale. Toute religion est, au fond, un parti politique. Le catholicisme, c'est la monarchie ; le protestantisme, c'est la République bourgeoise ; il n'est pas jusqu'au plus vague spiritualisme qui n'ait pour effet d'endormir les énergies révolutionnaires[1]. »

Le philosophe est considéré, en ce sens, comme le symbole du recul de l'élite intellectuelle française, qui se protège du socialisme (et, après la guerre, de la Révolution russe) en se réfugiant dans l'irrationalisme. Une telle lecture du réel ne peut qu'être néfaste, selon elle, à la pensée féminise, qui doit entrer en rupture avec les positions d'une Église globalement conservatrice, anti-laïque et opposée à l'émancipation des femmes. Après elle, Paul Nizan, Georges Friedman ou Georges Politzer développeront une critique similaire.

L'ère Bergson au-delà du genre ?

Les réappropriations d'Henri Bergson au sein des théories féministes continuent de faire débat cent ans plus tard. Les spécialistes de la pensée du philosophe ont montré à quel point les courants d'interprétation de sa pensée ont varié. À son époque déjà, le phénomène Bergson a donné lieu à une situation paradoxale. Malgré les réprimandes et les moqueries, les femmes ont fait irruption dans la sphère philosophique. En ce sens, « l'ère Bergson » signe la première entrée massive de femmes à un cours de philosophie au XXe siècle : ses cours ont bien constitué une mode, masculine comme féminine, mais celle-ci dévoile le déplacement des limites genrées de l'espace philosophique. Ces éléments le classent du côté des accompagnateurs des femmes dans leur conquête de la philosophie, bien qu'au sein d'une

1. M. Pelletier, « Communisme et religion », *L'Ouvrière*, 19 avril 1924.

relation asymétrique (mais respectueuse) de maître à élèves[1]. Les femmes pénètrent dans la sphère philosophique à travers la figure d'un philosophe qui, lui-même, leur refuse le statut de créatrices. Ironie de l'histoire, lorsqu'il dénie aux femmes tout pouvoir de création – notamment philosophique –, il s'adresse à Léontine Zanta, première femme philosophe française à bénéficier d'un prestige, si ce n'est similaire au sien, du moins tout à fait inédit.

1. Le respect pour celles qui l'entourent permet alors d'effleurer ce que Geneviève Fraisse nomme « le rôle de certains hommes dans l'accompagnement vers ce savoir ». G. Fraisse, « Pionnières », *Mil neuf cent*, n° 16, 1998, p. 8.

Chapitre 6

La gloire de Léontine Zanta

« Les ombres des philosophes à barbe blanche se sont penchées pour l'effleurer d'un paternel baiser… »

« Marions-nous, ma sœur, à la philosophie, disait une femme savante. Mais Mlle Léontine Zanta réalise le mariage pour tout de bon[1]. » En 1914, à quelques mois de la guerre, la salle de soutenance de la Sorbonne a rarement été aussi remplie. Durant six heures, philosophes, féministes, journalistes et anonymes se sont installés sur les bancs pour observer une femme accomplir un exploit : devenir la première française docteure en philosophie en France. Reconnue de plein droit par ses pairs, cette anonyme vient de démontrer publiquement la compétence des femmes à philosopher, plus d'un siècle après la création du doctorat de philosophie. « En sortant, la ruée des photographes et des journalistes : j'étais une vraie star, l'étoile de la Sorbonne ! Et le lendemain ma personne suspendue en image dans tous les kiosques de journaux et mon avenir assuré par des Conférences dans toute l'Europe ! C'était trop beau[2] ! », se souvient la diplômée à propos de cette journée si spéciale.

Première philosophe française médiatique du XXe siècle, sa popularité s'étend vite au-delà de l'Université. C'est bien elle

1. Charles Ernest, « Les femmes doctoresses et la haute culture », *La Vie féminine*, supplément à *Excelsior*, 19 mai 1914.
2. Léontine Zanta, citée dans *Les Dimanches de la femme*, 29 décembre 1935, p. 3.

que Simone de Beauvoir mentionne comme sa principale référence, lorsqu'elle explique son choix d'étudier la philosophie : « J'avais lu dans une revue un article sur une femme philosophe qui s'appelait Mlle Zanta [...]. Les femmes qui avaient alors une agrégation ou un doctorat de philosophie se comptaient sur les doigts de la main : je souhaitais être une de ces pionnières[1]. » Avec Léontine Zanta surgit enfin un modèle d'identification pour les futures femmes philosophes[2].

Chevalier de la Légion d'Honneur, officier de l'Instruction publique, lauréate de divers prix littéraires, la docteure connaît tous les honneurs et n'est pas une inconnue de l'histoire des femmes. Malgré tout, le mystère, près d'un siècle plus tard, reste entier. Comment une femme s'est-elle érigée en pionnière dans l'espace philosophique ? La loi Camille Sée est encore en vigueur et continue d'entraver l'accès des femmes à la philosophie : il n'existe pas de classe de philosophie dans l'enseignement secondaire pour les jeunes filles telle qu'établie pour les garçons, situation qui rend improbable l'accès à l'ensemble des titres nécessaires pour être qualifiée de philosophe (baccalauréat, licence et agrégation). Léontine Zanta s'intègre dans une discipline qui, du point de vue légal, continue, par conséquent, d'être réfractaire à la présence des femmes.

1. S. de Beauvoir, *Mémoires d'une jeune fille rangée*, Paris, Folio, 2008 (1958), p. 222.
2. Pour une biographie exhaustive du parcours philosophique de Léontine Zanta, A. Bonnet, *Léontine Zanta, op. cit.* Elle est par ailleurs mentionnée par Geneviève Fraisse dans *La Raison des femmes* (Paris, Plon, 1992). Une biographie a été écrite par Henri Maleprade, magistrat honoraire à la Cour des comptes, liée par son épouse (qui était sa nièce) à la philosophe : *Léontine Zanta. Vertueuse aventurière du féminisme*, Paris, Rive droite, 1997. Trois notices biographiques lui ont été consacrées entre 2013 et 2018 : François Le Guennec, « Léontine Zanta », *in Le Dictionnaire universel des créatrices*, Paris, Édition Des femmes, 2013 ; Christine Bard, « Léontine Zanta », *in Dictionnaire des féministes. France - XVIIIe-XXIe siècle*, Paris, Puf, 2017 ; Frédéric Gugelot, « Suzanne Bing, Eve Lavallière, Isabelle Rivière, Léontine Zanta », *in Destins de femmes. Religion, culture et société France (XIXe-XXe siècles)*, Paris, Letouzey et Ané, 2010, p. 74-75.

S'il est vrai que de plus en plus de femmes s'intègrent aux marges du champ philosophique en élaborant des stratégies d'accès parallèles, comment expliquer que Léontine Zanta, soit devenue une figure publique et médiatique ? Les réussites de Julie Hasdeu, Camille Bos, Jeanne Baudry, « Mademoiselle » Rozenberg et Alice Steriad, n'ont pas créé un tel engouement. Il demeure donc nécessaire de comprendre les possibilités d'accès, mais aussi les possibilités de succès de Léontine Zanta, dont la vie coïncide avec les contours de la IIIe République.

Comment devenir pionnière

En février 1935, alors âgée de soixante-trois ans, Léontine Zanta, consciente d'avoir accompli un destin singulier, raconte sa trajectoire dans un entretien donné au journal *Les Dimanches de la femme*. Rien de moins insolite pour une docteure en philosophie que ce journal féminin, spécialisé en cours de broderie ou méthode de crochet, et fier de s'afficher comme le plus agréable des journaux d'ouvrages de dames. Toujours est-il que c'est avec plaisir qu'elle revient sur son enfance, sa découverte de la philosophie et ses succès.

Son projet philosophique, affirme-t-elle, serait né d'une véritable vocation, éveillée dès sa plus tendre enfance par deux passions : l'évasion et l'étude. « J'avais le désir de faire quelque chose qu'aucune autre femme n'aurait jamais fait. J'avais la vocation d'une pionnière[1]. » La petite Léontine avait-elle déjà un projet de vie si limpide, ou est-ce la femme d'une soixantaine d'années qui parle et revisite son enfance ? Récit de soi fidèle ou tronqué, toujours est-il que l'enfance de Léontine Zanta est une des clés de compréhension de son parcours. « J'avais été élevée moi-même, un peu comme un garçon », relate-t-elle. Née en 1872, à Mâcon,

1. « Mlle Léontine Zanta, la première femme française ayant obtenu le titre de docteur en philosophie pour le grand doctorat d'État », *Les Dimanches de la femme*, 29 décembre 1935, p. 3.

dans une famille alsacienne profondément catholique, Léontine est la cadette de cinq enfants, dont deux garçons morts prématurément. Le nouveau-né est attendu avec impatience par son père, qui compte bien réaliser son désir, « avoir un fils à donner au pays [...]. Ce fut une fille : moi ! » Comme ceux de beaucoup de futures pionnières, le père de Léontine, Charles Zanta, est professeur. Agrégé de grammaire, professeur de lettres, il possède une solide réputation humaniste. Il décide d'éduquer sa fille comme le garçon qu'il a tant espéré.

Loin de l'apprentissage restrictif réservé aux petites filles de classe moyenne, son père offre à Léontine une éducation masculine ouverte sur le monde, la science, les lettres et la philosophie. Libérée de l'éducation des bonnes manières féminines et des censures quotidiennes dans l'accès aux savoirs, lectures et études rythment le quotidien de la petite Léontine[1]. Quant à sa mère, Philomène Mathis, elle n'y fait référence qu'en filigrane ; c'est bien à son père qu'elle dédie sa thèse de doctorat, le désignant comme son premier maître à penser.

L'année de ses onze ans constitue un moment clé de son parcours. Charles Zanta considère sa fille prête à se confronter aux savoirs les plus rigoureux et décide de lui enseigner le grec et le latin – deux apprentissages essentiels à toute personne désireuse de passer l'épreuve du baccalauréat, comme de développer un savoir philosophique, deux apprentissages délaissés par l'enseignement public des jeunes filles. Léontine Zanta accède ainsi à une culture scolaire qui compense les restrictions de l'enseignement républicain. De même pour la philosophie : lorsqu'elle entre dans l'adolescence, le père décide qu'il est temps pour sa fille d'étudier sérieusement ce savoir.

---

1. Sur ces codes classiques, voir F. Mayeur, *L'Éducation des filles en France au XIXe siècle*, *op. cit.* ; R. Rogers, *Les Bourgeoises au pensionnat*, *op. cit.* ; Laure Bereni, Sébastien Chauvin, Alexandre Jaunait et Anne Revillard, *Introduction aux études sur le genre*, Louvain-la-Neuve, De Boeck, 2012, p. 121-131.

Entrer chez les philosophes

Charles Zanta n'est pas philosophe de formation, mais il est ami avec un influent professeur de philosophie, qui vient dîner régulièrement chez les Zanta : Gabriel Séailles. Ce philosophe spiritualiste a la réputation d'être « le directeur de conscience des meilleurs parmi l'élite de la jeunesse studieuse[1] » et bénéficie d'un grand prestige. Dreyfusard, partisan de la laïcité, préfigurateur de la Ligue des droits de l'homme et cofondateur de l'Université populaire, il est reconnu pour ses positions politiques progressistes. Un soir, Charles se lance et fait une proposition osée à son ami : accepter sa fille comme élève dans ses cours de philosophie. Extrêmement surpris, Gabriel Séailles lui répond d'abord par une boutade, qui marque la jeune fille comme une brimade : « Mon cher ami, quand on a une fille comme celle-là, on la marie… c'est pour elle la meilleure des philosophies[2] ! »

Malgré ses engagements progressistes, le philosophe a déjà affirmé des positions conservatrices concernant les femmes, les invitant à ne pas s'approcher du féminisme et à ne pas occuper de profession. Dans une enquête sur le féminisme réalisée à la fin du XIXe siècle, il déclare par exemple ne pas se résigner « à une société, où la femme est partout, excepté ou elle devrait être : dans les ateliers, dans les grands magasins, dans les bureaux, dans les universités, soumise à un travail qui altère sa santé, déforme son corps, en attendant que par une adaptation progressive il en ait fait un être hybride, asexué, je ne sais quelle planche solide, résistante, aux heurts douloureux[3] ». Il se définit alors comme adepte de « la révolution sociale qu'implique cette seule exigence : la femme au foyer ! ».

---

1. *La Revue politique et littéraire. Revue bleue*, vol. 49, juillet 1911, p. 120-121.
2. « Mlle Léontine Zanta, la première femme française… », art. cité, p. 3.
3. « Enquête sur le féminisme. M. Gabriel Séailles », *Documents sur le naturisme*, juillet 1897, p. 233-235.

Gabriel Séailles finit tout de même par acquiescer à la proposition de Charles Zanta et invite Léontine à assister aux cours de philosophie qu'il donne chaque semaine dans un lycée de jeunes filles. Malgré ses déclarations emportées, son comportement diffère de ses discours publics. C'est bien lui qui avait aidé Jeanne Benaben, seule étudiante parmi les garçons, à passer ses examens de baccalauréat de philosophie dans le calme. Au début du XXe siècle, il bénéficie même d'une réputation de féministe et ses positions ont amplement évolué : la journaliste féministe Séverine (Caroline Rémy, 1855-1929) en fait l'éloge, n'hésitant pas à qualifier de « féministe de toujours[1] » celui qu'elle côtoie à l'Université populaire. De fait, la Ligue des droits de l'homme et l'Université populaire accueillent, malgré quelques voix réfractaires, des féministes et développent des projets pour l'éducation des femmes. Il prend sous son aile Léontine Zanta et l'encourage à poursuivre une thèse de doctorat. Féministe ou non, toujours est-il que Gabriel Séailles fait preuve de sensibilité et de bienveillance quant à la condition délicate de femme philosophe, et Léontine Zanta n'hésite pas à le qualifier, dans l'introduction de sa thèse, de « premier maître en philosophie[2] ».

Après son baccalauréat, elle étudie la philosophie à la Sorbonne, section où elle est la seule fille durant toute sa formation. Cette période est peu commentée, la philosophe préférant raconter ses succès plutôt que ses difficultés. Elle suit assidument les cours de Gabriel Séailles, Victor Brochard et Émile Boutroux. La philosophie de ce dernier l'intéresse particulièrement : il est alors un des philosophes français les plus influents aux côtés d'Henri Bergson et de Léon Brunschvicg. Néokantien, il est connu pour sa réhabilitation de la métaphysique, revers de sa critique des sciences et du positivisme qui ne peuvent, selon lui,

1. Séverine, « La stoïcienne », *L'Intransigeant*, 28 mai 1914, p. 1.
2. Léontine Zanta, *La Renaissance du stoïcisme au XVIe siècle*, Paris, Champion, 1914, avant-propos.

rendre compte de la réalité et constituer la clé de tous les problèmes philosophiques[1].

Malgré l'admiration de l'étudiante, il semble que les relations entre Léontine Zanté et Émile Boutroux n'aient pas été plus loin. Le philosophe est très modéré lorsqu'il s'agit d'encourager les femmes : favorable à leur accès au savoir, il n'en est pas moins récalcitrant lorsqu'il s'agit de penser les rôles genrés dans la société. Pour lui, hommes et femmes ne sont pas identiques mais complémentaires ; et la Première Guerre mondiale ne met pas fin à une telle conviction : « L'éducation des femmes doit respecter leur féminité [...]. Les problèmes pratiques, peut-être formidables, qui se poseront, n'ébranleront pas l'édifice de la famille si les hommes et les femmes comprennent bien qu'ils sont faits l'un pour l'autre et doivent se compléter, non se doubler[2]. » Émile Boutroux défend un féminisme qu'il nomme anglo-saxon, pour l'égalité dans la différence, aboutissement des droits des femmes sans pour autant être en rupture avec les normes sociales et familiales.

Dans les années 1890, Léontine Zanta rencontre aussi Henri Bergson, dont elle devient vite disciple[3]. Il est pour elle une influence majeure. En 1928 à l'occasion du Prix Nobel attribué au philosophe, elle rédige un « hommage féminin à Henri Bergson », dans lequel elle raconte l'importance primordiale de ses théories dans sa formation philosophique :

> Ce qu'il fut pour nous, étudiants en philosophie de la fin du siècle dernier et du commencement du nôtre, on ne saura jamais le dire assez [...]. Il fut la lumière et la liberté. La liberté d'abord, car nous gémissions prisonniers de l'effroyable dogmatisme scientifique qui

1. L. Fedi, *Kant, une passion française. 1795-1940*, *op. cit.*, p. 375.
2. Suzanne Grinberg, « Le rôle de la femme française après la guerre : Émile Boutroux », *La Renaissance politique, littéraire et artistique*, 17 mars 1917, p. 5-6.
3. Lire sur ce point Robert Garric, « Le Père Teilhard et Mademoiselle Zanta », *in* Teilhard de Chardin, *Lettres à Léontine Zanta*, Paris, Desclée de Brouwer, 1965, p. 11-30.

nous avait imposé ses méthodes [...]. Négligeant le fait qui tombe sous le regard de la conscience, la lassitude nous prenait ! À quoi bon faire de la philosophie, disions-nous aux heures de tristesse, elle ne pose plus les grands problèmes du monde et du principe qui l'anime, de l'âme et de sa destinée. [...] Et nous étouffions, à l'étroit, comme l'écureuil dans sa cage [...]. *Les Données immédiates de la conscience* nous avaient ouvert les fenêtres du monde intérieur. Désormais, la matière devenait pour nous l'esprit retombé. L'esprit avait des droits qu'elle n'avait point, il la dominait assez pour passer à travers elle, sans toutefois se passer d'elle, capable de s'en servir ou et comme il voudrait, elle devenait *l'ancilla mentis* [...]. C'est pourquoi, nous, ses anciens, ses fervents disciples, nous applaudissons avec enthousiasme à cette distinction donnée au maître qui fut vraiment un chef d'école, un maître au vieux sens du mot[1].

Lorsqu'elle rédige cet article, cela fait plus de trente ans qu'ils se connaissent et qu'elle s'identifie à sa philosophie. Un rapprochement amical semble avoir eu lieu au début des années 1910. En 1911, elle publie son premier article louant le spiritualisme d'Henri Bergson. Dans les années 1920, d'autres textes d'hommage suivront et dans les années 1930, elle donnera même une série de conférences sur *Les Deux sources de la morale et de la religion*[2].

Henri Bergson n'a pas un rôle uniquement théorique dans la vie de Léontine Zanta. Il l'encourage aussi à écrire sa thèse de doctorat et demeure un ami. Ils se fréquentent, entretiennent une correspondance, et Léontine Zanta lui rend régulièrement visite dans les années 1930, dans sa maison de Vevey, sur les bords du lac Léman[3]. Pour autant, c'est bien le philosophe qui l'avertit aussi de son inaptitude, en tant que femme, à la création

1. « Un hommage féminin à Henri Bergson », *Les Nouvelles littéraires féminines*, 17 novembre 1928, p. 9.

2. Cet article est indiqué dans une bibliographie sur Henri Bergson sous le nom de « La posizione del bergson di frontargli studi psichici », *Luce e ombra*, 11, février 1911. Voir aussi L. Zanta, « Le rayonnement de la philosophie française », *Journal des débats*, 15 novembre 1928 ; et « Bienfaisance », *Le Figaro*, 1er avril 1933.

3. Robert Garric, « Le Père Teilhard et Mademoiselle Zanta », art. cité, p. 15 et 22.

philosophique : les comportements des philosophes autour de Léontine Zanta ne cessent décidément pas d'être ambigus.

Le choix du sujet : entre renaissance catholique et stoïcisme

Léontine Zanta obtient sa licence de philosophie en 1898, après quoi elle devient professeure de philosophie dans des institutions privées pour jeunes filles, notamment à la Mutualité de Maintenon, dans laquelle elle travaille plus de vingt ans. Elle donne aussi des leçons de philosophie à son domicile. Mais ses ambitions philosophiques ne s'arrêtent pas à ce stade : « J'ai toujours pensé à passer mon doctorat. J'ai été licenciée en philosophie en 1898 ; depuis, je me suis toute donnée à l'enseignement et à l'étude[1]. »

Le chemin à parcourir est semé d'embûches. Si Léontine Zanta ne se marie pas et n'a pas d'enfants (comme la plupart des femmes diplômées d'alors), elle hérite toutefois de lourdes responsabilités. Charles Zanta meurt au début des années 1900, laissant sa famille sans soutien financier, tandis qu'elle doit prendre en charge sa sœur avec ses enfants. Président du jury de sa thèse, Gabriel Séailles n'hésite pas à souligner la dureté des conditions matérielles pour qu'une femme puisse atteindre un tel niveau d'études, rappelant « les conditions douloureuses qui ne permettaient à l'étudiante de travailler que par à-coups, entre ses cours et ses répétitions[2] ». Ce soutien à la docteure est relevé par la presse : « Il était sûr d'elle, lui fit rendre son maximum de savoir comme le maître d'armes fait ployer jusqu'à l'extrême limite la souple lame dont il est certain[3] », écrit Séverine. Léontine Zanta obtient son doctorat à 42 ans passés, soit seize ans après sa licence, laps de temps durant lequel elle enseigne afin de subvenir aux besoins de sa famille.

En plus des encouragements reçus par Gabriel Séailles et Henri Bergson, le professeur Fortunat Strowski joue un rôle

1. « La première femme docteur en philosophie », *L'Intransigeant*, 20 mai 1914, p. 1.
2. « Actualités », *L'Action féministe*, août 1914, p. 649.
3. Séverine, « La stoïcienne », art. cité, p. 1.

fondamental dans l'achèvement de son doctorat. Agrégé de grammaire, docteur ès lettres, son travail porte sur les relations entre stoïcisme et christianisme. Il a rédigé sa thèse de doctorat sur le sentiment religieux en France au XVIIe siècle et a travaillé sur Montaigne et Pascal[1]. Il n'est pas étonnant que Léontine Zanta se tourne vers ce professeur pour poursuivre son cheminement philosophique. Née dans une famille catholique, pratiquante, profondément influencée par le spiritualisme de son époque, la philosophe participe, avec d'autres intellectuels, du regain d'intérêt pour la philosophie religieuse catholique[2]. Celui-ci se manifeste par la multiplication d'associations religieuses et la résurgence de pratiques mystiques et spirituelles, la création de revues universitaires catholiques, mais aussi un ensemble de conversions au catholicisme dans le monde intellectuel[3]. La pensée catholique se régénère, en se modernisant et en s'adaptant, dans une forme de soubresauts réactifs aux progrès de l'identité républicaine libérale qui s'affirme. Si elle ne fait pas l'unanimité au sein des espaces catholiques, la philosophie de Bergson contribue à offrir un espace à la pensée philosophique religieuse, puisqu'avec lui, « la philosophie commence là où la science se termine[4] ».

1. Voir C. Charle, « Strowski de Robkowa (Fortunat, Joseph) », *Les Professeurs de la faculté des lettres de Paris. Dictionnaire biographique 1909-1939*, *op. cit.*, p. 202-204.
2. Le père Sertillanges, ami intime de Léontine Zanta et d'Henri Bergson, résume ainsi l'impact du philosophe chez les penseurs catholiques : « Le service qu'il a rendu à la catholicité n'est sans doute pas un service direct ; mais, indirectement, il a frayé la route [...]. Il a substitué un intellectualisme arbitraire, fils de l'idéalisme allemand, et, d'autre part, au matérialisme, un réalisme spiritualiste ouvert aux prolongements et au couronnement religieux du spiritualisme chrétien [...]. L'esprit est en lui-même indépendant de la matière ; son fonctionnement ne correspond même pas terme à terme à celui du cerveau. [...] Par-là, une morale et une religion sont rendues possibles ; notre vie à un sens qui dépasse les phénomènes » (*La Revue catholique des idées et des faits*, 1928, p. 22-23).
3. R. C. Grogin, *The Bergsonian Controversy in France, 1900-1914*, *op. cit.*, p. 139-175. Ce regain du catholicisme a été longuement abordé dans le travail classique de Jean-Marie Mayeur, *L'Histoire religieuse de la France. 19e-20e siècle*, Paris, Beauchesne, 1997.
4. A. Binet, « Une enquête sur l'évolution de l'enseignement de la philosophie », art. cité.

La thèse de doctorat de Léontine Zanta a, dans ce contexte, un objectif bien défini : il s'agit de penser la place de la rationalité dans la religion. De quelle nature est l'expérience religieuse et quelle place la raison joue-t-elle dans celle-ci ? Face au processus de sécularisation et de laïcisation des espaces publics et des mœurs, comment porter un autre regard sur la chrétienté ? La philosophe choisit d'étudier le christianisme et ses liens avec le stoïcisme ; Fortunat Strowski lui conseille de se concentrer sur le XVIe siècle, car, pense-t-il, il s'agit d'un moment durant lequel chrétienté et stoïcisme sont en symbiose avec les pensées humanistes. La période offrirait un exemple à suivre pour revitaliser le catholicisme, en osmose avec des valeurs humanistes et républicaines. Elle s'engage dans une démonstration visant à établir que le christianisme repose sur la raison et expose la manière dont les théoriciens du christianisme ont utilisé le stoïcisme pour en valoriser la dimension rationnelle, car « c'est la raison qui vient à bout des passions, qui partout proclame l'ordre en dépit du désordre[1] ». Raison, foi et sensibilité feraient ainsi partie d'un seul et même tout, qui ne seraient pas incompatibles, selon elle, avec les valeurs de la modernité.

La soutenance est un véritable événement. « Si la curiosité ne l'emportait pas sur la stupeur, on en ouïrait de belles ! Une femme philosophe ! Une femme stoïcienne ! Quel étrange animal peut être cela[2] ? », écrit ironiquement la journaliste Séverine, présente sur les bancs de la Sorbonne. Le journal *Excelsior* illustre cette journée en représentant la salle de soutenance remplie. L'assemblée est au rendez-vous, le public, mixte, se divise entre hommes à têtes nues et femmes à chapeau. On aperçoit Léontine Zanta, coiffée d'un chapeau conséquent, debout devant le jury.

Le Matin rapporte, en accord avec cette illustration, la présence d'une « foule d'étudiants narquois, de jeunes femmes

1. L. Zanta, *La Renaissance du stoïcisme au XVIe siècle*, *op. cit.*, p. 335.
2. Séverine, « La stoïcienne », art. cité, p. 1.

La première soutenance de thèse de doctorat
de philosophie d'une femme française

L'*Exclesior*, 24 mai 1914.

enthousiastes, de professeurs sympathiques, de lettrés curieux[1] ». Le jury de thèse est composé des philosophes Fortunat Strowski, Lucien Lévy-Bruhl, Victor Delbos, François Picavet et Gabriel

1. « Une première en Sorbonne. Une femme est reçue doctoresse en philosophie », *Le Matin*, 20 mai 1914, p. 2.

Séailles. Après six heures de discussion, *La Française* rapporte que l'obtention du doctorat a provoqué « dans la salle frémissante, une explosion joyeuse : applaudissements, acclamations, accolades, baisers, la première doctoresse en philosophie connut toutes les expressions de l'enthousiasme[1] ».

Les journaux commentant cette réussite mettent l'accent sur l'exploit accompli. *L'Intransigeant* titre « La première femme docteure en philosophie ». *Le Matin* parle de cette « première en Sorbonne. Une femme est reçue doctoresse en philosophie ». *Le Temps* consacre deux colonnes à l'événement et insiste sur cette rupture symbolique : « Ainsi s'inaugure une tradition. » L'article ne tarit pas d'éloges : « On s'attendait moins à ce que, d'emblée, une femme visa le plus difficile, le plus redouté des doctorats »[2]. Une semaine auparavant, Jeanne Duportal (1866-1954) avait obtenu à la Sorbonne, un doctorat en lettres – une première en France. Cette fois, la philosophie, dernier bastion masculin, est conquise à son tour par une femme.

Un succès médiatique : entre nationalisme et féminité

La nouveauté retient l'attention des journaux ; Léontine Zanta n'est cependant pas la première femme à soutenir un doctorat de philosophie en France. Alice Steriad a franchi le pas un an plus tôt, devant un jury où siégeait déjà le philosophe Lucien Lévy-Bruhl. Pourtant, en 1913, la presse ne commente pas le succès de cette femme. Elle n'est pas davantage citée en mai 1914, ni même par Léontine Zanta, qui ne cessera de se présenter comme la première femme docteure en philosophie, et non comme la première française.

Le phénomène médiatique engendré par le maître Henri Bergson a sans aucun doute réverbéré sur son élève. « Ne

---

1. *Ibid.*
2. Samuel Rocheblave, « Mlle Zanta soutient sa thèse de philosophie en Sorbonne », *Le Temps*, 21 mai 1914.

va-t-on pas donner à Mlle Zanta une chaire de philosophie à la Sorbonne ? Il y aurait sans doute autant d'hommes au cours de Mlle Zanta qu'il y a de femmes au cours de M. Bergson[1] », affirme *Le Temps*, qui lie immédiatement le phénomène Zanta au phénomène Bergson. « Peut-être verrons-nous un jour au cours de la nouvelle doctoresse, autant d'hommes qu'il vient de femmes au cours de M. Bergson[2] ? », reprend *La Liberté*, qui, par un jeu de miroir entre les deux philosophes, rappelle que Léontine Zanta est avant tout une *bergsonette* au brillant parcours. Le choix de son sujet de thèse, dans l'air du temps, explique sans doute aussi une part de ce succès. Mais pourquoi passer sous silence la victoire d'Alice Steriad, au point de l'effacer ?

Le nationalisme d'avant-guerre s'exerce indéniablement dans ce traitement. Le phénomène médiatique Léontine Zanta se déploie à un moment d'exaltation nationaliste qui n'épargne pas le champ des savoirs[3]. Or, Alice Steriad a beau être devenue la première docteure en philosophie en France, elle n'en reste pas moins roumaine, tandis que Léontine Zanta est bien française – qui plus est fille d'un professeur alsacien catholique ayant choisi la France en 1870. Ces racines alsaciennes sont très valorisées par la presse, qui définit volontiers Léontine Zanta comme la « digne fille du professeur de Colmar, demeuré français après 1870[4] », et loue parfois davantage ses racines nationales que son travail intellectuel.

Léontine Zanta est donc moins « dérangeante » socialement, d'autant que, malgré sa transgression symbolique, elle incarne les

1. Ernest Charles, « Les femmes doctoresses et la haute culture », *La Vie féminine*, supplément à *Excelsior*, 19 mai 1914.
2. Hélène du Taillis, « Silhouettes de parisiennes, Mlle Léontine Zanta », *La Liberté*, 21 juin 1914, p. 2.
3. Christophe Prochasson et Anne Rasmussen, *Au nom de la patrie. Les intellectuels et la Première Guerre mondiale*, Paris, La Découverte, 1996 ; Frank Field, *British and French Writers of the First World War*, Cambridge, Cambridge University Press, 1991 ; Martha Hanna, *The Mobilization of Intellect*, Harvard, Harvard University Press, 1996 ; Nicolas Beaupré, *Écrire en guerre, écrire la guerre. France, Allemagne, 1914-1920*, Paris, CNRS Éditions, 2006.
4. *L'Aurore littéraire, artistique, sociale*, 21 mai 1914.

valeurs attendues de la féminité de la femme de classe moyenne. La *nouvelle femme*, face à une prétendue masculinisation, est un modèle du « moindre mal ». Érudite qui pénètre dans des espaces masculins, elle conteste les limitations culturelles établies pour les femmes, intègre la culture masculine à sa vie, mais sans pour autant abandonner sa féminité – qui se manifeste notamment dans ses codes vestimentaires. Tout le contraire de Madeleine Pelletier, pour qui le costume féminin est une oppression de tous les jours[1].

Léontine Zanta rassure la gent masculine comme la gent féminine politiquement modérée, voire conservatrice. Loin de cette peur des femmes à l'allure de garçonne et au comportement jugé déviant, loin de la crainte de la masculinité des femmes enseignantes, elle respecte tous les codes de la féminité. Valentine Thomson (1881-1944), journaliste directrice de *La Vie féminine*, remarque « l'attrait magnétique qui se dégage des cheveux neigeux, des joues fleuries, des dentelles et du sourire... On se dit : "Comme c'est une femme !" [...] et l'on s'aperçoit que cet être si délicieusement féminin a déployé à l'heure voulue des qualités viriles[2] ». Son âge semble aussi rassurer – « Les cheveux blanchis encadrent un visage jeune aux couleurs fraîches, aux traits charmants[3]. »

Une photo est diffusée dans toute la presse. On la voit debout, ne dérogeant ni aux codes vestimentaires féminins, ni à la règle du chapeau. Elle est entrée dans l'ère de la femme moderne, prête à embrasser tous les savoirs, mais toujours en féminité et respectueuse de la différence des sexes. Cette photographie se retrouve aussi dans la revue *Femina*, qui n'hésite pas à la placer entre diverses publicités, des « corsets d'Ariane », à la « crème épilatoire Rosée », en passant par une réclame sur le soutien-gorge et une

1. Guillaume Pinson, « La femme masculinisée dans la presse mondaine française de la Belle Époque », *Clio. Histoire, femmes et sociétés*, 2009, p. 211-230.
2. Valentine Thomson, « Une leçon de féminisme », *La Vie féminine*, supplément à l'*Excelsior*, 19 mai 1914.
3. « La stoïcienne », art. cité, p. 1.

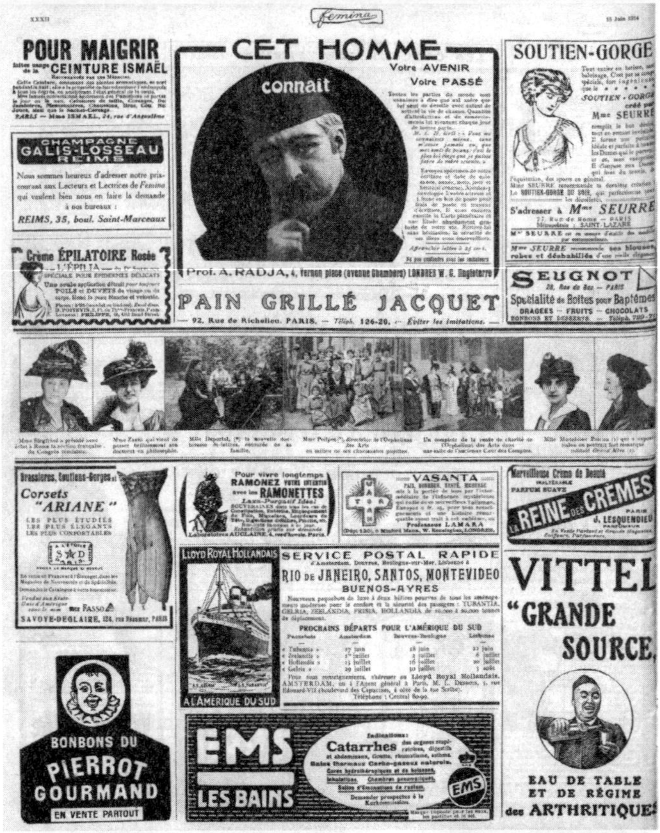
XXXII — Femina — 15 Juin 1914

POUR MAIGRIR
CEINTURE ISMAËL
PARIS — Mme ISMAEL, 24, rue d'Angoulême

CHAMPAGNE GALIS-LOSSEAU REIMS
Nous sommes heureux d'adresser notre prix-courant aux Lecteurs et Lectrices de *Femina* qui veulent bien nous en faire la demande à nos bureaux :
REIMS, 35, boul. Saint-Marceaux

Crème ÉPILATOIRE Rosée

CET HOMME connaît Votre AVENIR Votre PASSÉ
Prof. A. RADJA, 4, Vernon place (avenue Chambers) LONDRES W. C. Angleterre

PAIN GRILLÉ JACQUET
92, Rue de Richelieu, PARIS. — Téléph. 126-20. — Éviter les imitations.

SOUTIEN-GORGE
S'adresser à Mme SEURRE

SEUGNOT
28, Rue du Bac — PARIS
Spécialité de Boîtes pour Baptêmes
DRAGÉES — FRUITS — CHOCOLATS

Brassières, Soutiens-Gorges et Corsets "ARIANE"
SAVOYE-DEGLAIRE, 124, rue Réaumur, PARIS

Pour vivre longtemps RAMONEZ votre intestin avec les RAMONETTES

VASANTA
Professeur LAMARA

Merveilleuse Crème de Beauté
LA REINE DES CRÈMES
J. LESQUENDIEU

LLOYD ROYAL HOLLANDAIS
SERVICE POSTAL RAPIDE
RIO DE JANEIRO, SANTOS, MONTEVIDEO
BUENOS-AYRES
PROCHAINS DÉPARTS POUR L'AMÉRIQUE DU SUD
A L'AMÉRIQUE DU SUD

VITTEL "GRANDE SOURCE"
EAU DE TABLE ET DE RÉGIME des ARTHRITIQUES

BONBONS DU PIERROT GOURMAND
EN VENTE PARTOUT

EMS
Catarrhes
LES BAINS

Mme Siegfried a présidé avec éclat à Rome la section française du Congrès féministe.

Mme Zanta qui vient de passer brillamment son doctorat en philosophie.

Léontine Zanta photographiée à la sortie de sa soutenance de thèse de doctorat de philosophie

Photographie de presse, agence Meurisse, Paris, le 10 mai 1914

publicité pour l'amaigrissement. Sous cet angle, Léontine Zanta paraît plus en continuité qu'en rupture avec le passé.

De l'ascension à l'abandon de la philosophie

Pas de chaire en philosophie pour une femme

« Et aussi, grâce au féminisme, il sera distribué aux deux sexes de la philosophie à égalité[1]. » La réussite de Léontine Zanta est un véritable espoir d'égalité intellectuelle pour les femmes dans ce champ de savoir si réfractaire. Après son doctorat, elle obtient un poste provisoire au lycée Buffon, un lycée de garçons où elle remplace un professeur mobilisé par la guerre. En 1917, elle reçoit le prix Marcelin Guérin, de l'Académie Française, pour la publication de sa thèse et devient en 1921 associée à l'Académie de Mâcon. Un bel avenir lui semble promis.

D'abord motivée par « l'espoir d'obtenir peut-être une chaire de philosophie dans l'enseignement supérieur[2] », la philosophe perd pourtant vite toute espérance. La guerre l'empêche de se faire connaître en Europe, elle qui avait programmé plusieurs conférences, mettant ainsi un frein à son prestige médiatique. Surtout, les postes de professeures dans les universités sont – pour encore longtemps – réservés aux seuls hommes. En 1928, elle écrit : « Les femmes n'ont pas gagné, que je sache, un seul poste féminin dans nos facultés de Lettres[3]. » De fait, en 1930, à peine trois femmes enseignent les lettres dans les universités françaises[4].

La guerre finie, il lui faut redonner sa place au lycée. En plus de l'enseignement privé, elle développe d'autres activités professionnelles hors de la philosophie. Elle est correspondante pour de

1. H. du Taillis, « Silhouettes de parisiennes, Mlle Léontine Zanta », art. cité.
2. « Une femme doctoresse ès philosophie », *Excelsior*, 20 mai 1914, p. 2.
3. « Voyage en Italie », *Les Nouvelles littéraires*, 16 juin 1928, p. 9.
4. Selon E. Charrier, *L'Évolution intellectuelle féminine*, *op. cit.*, p. 425.

nombreux journaux et revues : éditorialiste pour *L'Écho de Paris*, elle publie aussi dans *Le Correspondant*, *Le Figaro*, *La Revue hebdomadaire* ou encore *La Française*.

L'invention du personnage de l'étudiante en philosophie : une aventure impossible

Léontine Zanta se fait également romancière. Elle écrit ainsi cinq ouvrages dont quatre romans. Le monde des lettres est lui aussi récalcitrant à la présence des femmes, mais le marché du livre féminin se développe et des associations de femmes de lettres s'organisent pour remettre en cause le caractère masculin de ce savoir[1]. Léontine Zanta semble y trouver un écho malgré tout plus favorable. En 1920, elle intègre aussi le jury du prix littéraire Femina, fondé en 1904 afin de contrer l'hostilité du jury Goncourt envers les femmes[2]. Dans ses deux premiers romans, publiés en 1921 et 1927, elle invente même une nouvelle figure littéraire : l'étudiante en philosophie. Il existait bien des femmes philosophes dans les œuvres classiques telles que *Les Femmes savantes* de Molière, et la figure des *bas-bleus* flirtant avec la philosophie, les lettres et la science. La figure de la *bergsonette* a aussi été quelquefois représentée par des écrivains, tel Charles Péguy.

À distance de ces archétypes, Léontine Zanta prend au sérieux cette nouvelle figure sociale, dans toutes ses dimensions. La mise en scène de l'étudiante de philosophie lui permet de penser les possibilités des femmes de suivre une carrière universitaire, professionnelle et intellectuelle. Il faut noter que l'étudiante est,

1. Voir notamment : Rotraud von Kulessa, *Entre la reconnaissance et l'exclusion. La position de l'autrice dans le champ littéraire en France et en Italie à l'époque 1900*, Paris, Honoré Champion, 2011 ; Delphine Naudier, « La reconnaissance sociale et littéraire des femmes écrivains depuis les années 1950 », *in* Françoise Blum (dir.), *Intellectuelles. Du genre en histoire des intellectuels*, Paris, Complexe, 2004, p. 191.
2. Sur ce prix, Sylvie Ducas, « Le prix Femina : la consécration littéraire au féminin », *Recherches Féministes*, vol. 16, 2003, p. 43-95.

d'une manière générale, un nouveau thème de la littérature du début du XXe siècle – abordé par exemple par Berthe Grimpret et Gabrielle Vair dans leur roman à succès *Étudiantes* (1921) qui suit les aventures d'une étudiante en médecine voulant échapper au mariage mondain[1]. Les deux textes de Léontine Zanta, *La Science et l'Amour* et *La Part du feu* sont des romans d'initiation, genre plutôt commun à l'époque[2] : dans le premier, on suit les aventures de Madeleine, étudiante de première année en philosophie à la Sorbonne ; dans le second, on découvre la vie de Sabine, jeune licenciée de philosophie. Les deux romans tournent autour du même axe : comment faire pour être pionnière sans dérégler pour autant les normes sociales et familiales ? Comment concilier vie intellectuelle et vie féminine ?

Cette question de la conciliation entre féminité et intellect est une problématique courante dans les réflexions féministes modérées[3]. Comme romancière, Léontine Zanta choisit de mettre l'accent sur l'échec et la perte de repères moraux face à ce savoir. Madeleine s'ennuie rapidement à la Sorbonne et sa rencontre avec un étudiant plus âgé fait basculer ses ambitions. Elle émet d'abord le souhait de rester célibataire et de se consacrer à ses études, avant de se rétracter et d'accepter de se marier avec lui. Il la quitte cependant avant que les noces n'aient lieu. Perdue intellectuellement et sentimentalement, elle échoue à ses examens et se retrouve seule, tandis que l'étudiant les réussit et poursuit sa route. Madeleine n'arrive ni à administrer ses sentiments ni à terminer ses études. Léontine Zanta choisit de donner une fin pessimiste à son personnage, qui ne parvient pas à articuler les deux pôles de sa vie : « Je me sens entraînée par ma nature sensible

1. Sur l'émergence de la figure de l'étudiante, C. Lécuyer, « Une nouvelle figure de la jeune fille sous la IIIe République : l'étudiante », art. cité.
2. Sylvie Chaperon, « La psychologie comparée de l'homme et de la femme de Céline Renooz (1897) », *Revue d'histoire des sciences humaines*, vol. 17, 2007, p. 91-94.
3. Françoise Blum, « Cent ans de combat pour le droit des femmes », *Après-demain*, n° 403-404, 1998, p. 45.

de femme, et mon cerveau me demande d'être virile. Voilà le secret de tant de troubles, de tant de souffrances[1]. »

Dans son second roman, Sabine, licenciée de philosophie, tombe amoureuse d'un médecin marié avec lequel elle vit une aventure. L'homme se repentit d'avoir été infidèle à sa femme et trouve dans la foi catholique un équilibre qu'il tente d'inculquer à Sabine, dont la psyché a été déstabilisée par ses études de philosophie. Devenue matérialiste en étudiant les concepts à la Sorbonne, Sabine ne retrouve la paix qu'en se livrant à Dieu et en délaissant ses études.

Les deux jeunes protagonistes se sont perdues du fait de leurs connaissances philosophiques ; la fin amère de Madeleine comme la fuite religieuse de Sabine tranchent avec la pratique féministe de Léontine Zanta. Simples choix de fiction ou reflets de l'opinion de la philosophe ? Il est vrai que Léontine Zanta a de quoi être frustrée, car sa démonstration philosophique n'a pas suffi à changer les mœurs. « C'est bien la voie douloureuse en effet que nous allions suivre, nous les femmes nouvelles, dans ce siècle qui semble offrir toutes les libertés, mais où tout ce qui vaut moralement s'achète au prix de formidables efforts[2] », faitelle dire à Madeleine, comme s'il s'agissait d'un reflet de sa propre expérience. Les dénouements de ses romans prennent un sens plus profond encore lorsqu'ils sont mis en écho avec son parcours à partir des années 1920.

Le rejet de la philosophie

La pensée de Léontine Zanta connaît en effet, au cours des années 1920, un profond tournant éclairant les destins des femmes de ses romans, tout particulièrement celui de Sabine. Après son doctorat, c'est du côté du féminisme chrétien catholique que la philosophe

1. L. Zanta, *La Science et l'Amour. Journal d'une étudiante*, Paris, Plon, 1922, p. 122.
2. *Ibid*, p. 104.

trouve porte ouverte et développe ses idées sur le rôle des femmes dans la société. Elle écrit dans nombre de revues catholiques, comme *La Vie catholique* ou *La Revue des jeunes*. Elle organise par ailleurs des conférences pour discuter, entre femmes, de thèmes philosophiques[1]. Elle administre aussi, avec Robert Garric, professeur de littérature, les « Équipes sociales », créées en 1920 à partir d'un projet d'assistance sociale et d'accès à la culture pour les défavorisés – Simone de Beauvoir y participera et donnera même dans ce cadre un de ses premiers cours[2].

Depuis l'instauration de la IIIe République, les mouvements féministes républicains, majoritaires, et les mouvements catholiques entretiennent des rapports complexes. Pour la plupart des mouvements féministes, l'héritage judéo-chrétien est une cause centrale de l'oppression des femmes[3]. Un long combat est mené pour la laïcisation de la vie sociale et publique, notamment autour de l'instruction. L'Église, elle, se positionne contre la laïcité et alterne ses positions quant à la question des droits des femmes. En 1909, le pape Pie X fait une allocution, devant des organisations féministes, rappelant que les femmes ne sont ni servantes ni esclaves, mais compagnes et associées de leurs maris – sans pour autant contester l'autorité masculine prévalant sur la famille.

En tant que féministe catholique, Léontine Zanta ne s'est pas, jusqu'au tournant des années 1920, positionnée en rupture avec les autres courants féministes existants. Elle s'est inscrite et est reconnue dans ce champ ; elle partage la définition générale du combat féministe sous la IIIe République : la conscience de la domination masculine, la nécessité de l'égalité juridico-politique

---

1. R. Garric, « Le Père Teilhard et Mademoiselle Zanta », art. cité, p. 20.
2. Comme en atteste le cours rédigé par Simone de Beauvoir pour le *Bulletin de méthode* des Équipes Sociales de 1927 (republié dans 2013 dans le *Cahier de l'Herne* consacré à Simone de Beauvoir).
3. Bruno Duriez et *al.* (dir.), *Les Catholiques dans la République, 1905-2005*, Paris, Éditions de l'Atelier, 2005.

et d'opportunités égales entre les sexes[1]. Elle n'a pas craint non plus de plaider pour le droit de vote des femmes, ni d'aller faire ses études à la Sorbonne alors que le cardinal Alfred Baudrillart, recteur de l'Institut catholique de Paris, défendait de se rendre dans un tel lieu fréquenté par « de jeunes étrangères, sans traditions ni principes, anarchistes et révolutionnaires[2] ! ».

Peu à peu, la philosophe adopte cependant une attitude agressive envers les féminismes non catholiques et toutes celles et ceux qui prônent l'émancipation des femmes du poids familial. Cette tendance correspond aux contradictions du féminisme catholique des années 1920, qui s'inscrit dans une polarisation politique croissante – particulièrement sensible au sein de mouvements féministes hébergeant différentes visions du monde et projets politiques. La Première Guerre mondiale et la révolution de 1917 exacerbent les tensions politiques : la méfiance, dans certains secteurs conservateurs, envers la raison, les Lumières et la République, se mêle désormais à la peur bourgeoise de la révolution et se cristallise largement sur la question de la laïcité. À partir de 1917, le Code de droit canonique stigmatise amplement l'enseignement public. L'offensive cléricale est aussi portée par le gouvernement du Bloc National, jusqu'à la victoire du Cartel des gauches en 1924. À cette date, la coalition entame une nouvelle déchristianisation de l'enseignement, tandis que se constate la montée d'un fort antisoviétisme dans les courants catholiques conservateurs[3].

Les féministes catholiques, elles, se montrent de plus en plus dubitatives quant à la défense du modèle de la femme

---

1. Cette définition générale du féminisme sous la IIIe République est aussi proposée dans Éliane Gubin et *al.* (dir.), *Le Siècle des féminismes*, Paris, Éditions de l'Atelier, 2004, p. 35.
2. *Ibid.*
3. Sur les différentes tendances du catholicisme après la Révolution russe puis après l'élection du Cartel de gauches, voir Jean-Étienne Dubois, *Leçon d'histoire pour une droite dans l'opposition ? Les mobilisations de droite contre le Cartel des gauches dans la France des années vingt*, thèse d'histoire, Université Blaise Pascal-Clermont-Ferrand II, 2013.

indépendante, préférant souvent défendre le foyer et affirmer l'obéissance au chef de famille. Un véritable fléchissement conservateur, puis réactionnaire s'observe au mitan des années 1920, lorsque ces groupes s'allient contre le programme de laïcisation. Ils se recentrent autour de la foi catholique, du devoir familial et national, et connaissent un glissement favorisant la famille et les politiques natalistes[1]. Léontine Zanta participe à ce tournant. En 1922, son essai sur le féminisme, qui réunit sous le titre *Psychologie du féminisme* un ensemble de conférences réalisées auprès de la Société de géographie, témoigne déjà de ces inflexions.

Elle y définit d'abord le féminisme comme une philosophie : « Par platonisme, par aristotélisme, nous entendons les doctrines philosophiques qu'enseignèrent successivement Platon, Aristote ; par féminisme, nous entendrions une philosophie spécialement élaborée par des femmes, une philosophie du sexe[2]. » Tout en soutenant l'importance du féminisme, elle théorise une opposition entre deux types de féminisme, qu'elle considère bientôt irréconciliables, le *féminisme d'adaptation* et le *féminisme de combat*. Le premier est défini comme sain, car il ne rompt pas avec l'ordre social et se veut favorable à la famille catholique ; le second serait quant à lui déplorable, car politique. Son exemple type pour l'illustrer est le féminisme saint-simonien, qui met au centre la libération des femmes par l'organisation du travail. Elle inclut aussi sous cette catégorie le féminisme républicain dans son ensemble, alors défendu par des figures comme Cécile Brunschvicg (1877-1946), et qui tendrait à gommer la différence des sexes.

1. É. Gubin et *al.* (dir.), *Le Siècle des féminismes*, *op. cit.* ; C. Bard, « La crise du féminisme en France dans les années trente », *Les Cahiers du CEDREF*, n° 4-5, 1995, p. 13-27 ; F. Rochefort, « Laïcisation des mœurs et équilibres de genre », *Vingtième Siècle. Revue d'histoire*, n° 87, 2005, p. 129-141. Sur l'influence du Cartel des gauches et les bouleversements des mouvements féministes durant l'entre-deux-guerres, voir en particulier Anne Cova, *Femmes catholiques et maternité sous la IIIe République*, Paris, L'Harmattan, 2000.
2. L. Zanta, *Psychologie du féminisme*, Paris, Plon, 1922, p. 2.

Par contraste, son ouvrage entier met en relief cette différence, considérée comme nécessaire et devant même être accentuée. Une société juste serait une société dans laquelle les femmes posséderaient un savoir tout différent de celui des hommes. « Spinale plutôt que cérébrale », les femmes ne doivent pas changer les sociétés, mais se réaliser dans la nature qui leur correspond. Plus encore, il ne s'agit pas, à travers le féminisme, de bousculer les normes sociales, les relations sociales, mais « d'améliorer la vie des femmes sans détruire la société, revendiquer sans aller contre ». Le féminisme comme question politique et question sociale est transformé en un simple problème de mœurs.

Léontine Zanta défend avec toujours plus de vigueur la famille comme principe sacré (elle qui ne s'est pas mariée parce qu'elle a priorisé ses études de philosophie), ainsi que le maintien de la foi catholique. Le terme même de féminisme lui paraît en 1923 « hanté par le spectre des premières féministes à l'allure ridicule[1] ». En décembre 1924, dans un article du *Figaro* intitulé « Esprit Laïque, esprit de destruction », elle dénonce la nocivité de la morale laïque et accuse le régime en place depuis peu de mener une politique « destructive d'une autre morale qui a fait ses preuves puisqu'elle a traversé vingt siècles de civilisation sans qu'on ait pu y porter atteinte[2] ». Elle accuse l'instruction publique de voler les enfants aux familles et défend l'enseignement privé qui doit être privilégié pour la sauvegarde de la nation. En 1928, elle va jusqu'à accuser les professeurs de la Sorbonne favorables à la politique du Cartel des gauches de manipuler les résultats des examens afin de favoriser les étudiantes au détriment des étudiants, pour mieux détruire les stabilités familiales[3].

1. L. Zanta, « La Femme électeur », *Le Figaro*, 20 décembre 1923, p. 1.
2. L. Zanta, « Esprit laïque, esprit de destruction », *L'Écho de Paris*, 2 décembre 1924, p. 1.
3. L. Zanta, « À la Sorbonne, un regard en arrière », *L'Écho de paris*, 20 juillet 1928, p. 1. En réponse à cette attaque, le journal *L'Ère nouvelle* publie un article dénonçant les positions de Léontine Zanta : Albert Bayet, « La campagne contre l'Université. Une accusation perfide contre les professeurs de l'enseignement secondaire », *L'Ère nouvelle. Organe de l'entente des gauches*, 25 juillet 1928.

Dans le même temps, la philosophe commence à produire une définition de la philosophie antagoniste à la religion. En 1927, dans un article intitulé « Diotime et le féminisme », elle propose une réflexion sur le traitement des femmes par les philosophes, accusant ces derniers d'avoir délaissé l'égalité entre hommes et femmes : « Platon [...] dans sa métempsycose, inflige à l'homme qui a péché la punition de "renaître femme"[1] », fustige-t-elle. En contrepoint, Grégoire de Tours, durant le concile de Mâcon en 585, n'aurait pas hésiter à affirmer l'égalité entre les hommes et les femmes. Toute sa démonstration a pour objectif de décrédibiliser l'histoire de la philosophie au profit de l'histoire de la théologie. La fin de l'article est révélatrice, puisque la première française docteure en philosophie n'hésite pas à tourner le dos à la philosophie : « Assez de philosophes ! Je garde ma solution, mais c'est au Christ que je demanderai la formule », affirme-t-elle, reniant ainsi sa propre formation.

Après avoir bravé, en tant que femme, les institutions masculines de la Sorbonne, comment la philosophe en vient-elle à dénoncer la philosophie ? Sa défiance envers la raison gagne progressivement du terrain et aboutit à une défense ouverte de l'irrationalisme – une position qui ne se comprend que dans le contexte des relations alors nouées entre religion catholique et enseignement de la philosophie. La question de l'enseignement religieux dans la philosophie est en effet un point de tension crucial chez les intellectuels antirépublicains. Entrée, depuis les Lumières, dans un processus d'autonomisation de la théologie, la discipline philosophique est devenue peu à peu un enseignement relevant du domaine public, fondé sur les principes de la raison et de la science. Les philosophes de la IIIe République ont pris une large part à ce processus, en entendant placer l'institution scolaire sous le contrôle de l'État en vue de former un esprit public et civique dégagé autant que faire se peut de l'institution cléricale[2].

1. L. Zanta, « Diotime et le féminisme », *Les Nouvelles littéraires*, 30 juillet 1927, p. 2.
2. Sur ce point, B. Poucet, « Laïcité et enseignement de la philosophie », art. cité, p. 81-91.

La question de l'enseignement philosophique public constitue, dans les années 1920, un enjeu de querelle majeur, à tel point que des penseurs catholiques conservateurs, toujours plus opposés à la République, refusent définitivement le dialogue avec la philosophie universitaire. Beaucoup réfutent jusqu'à la totalité de l'enseignement philosophique public, qu'ils opposent drastiquement à la foi catholique. En 1934, le philosophe catholique Étienne Gilson publie un article dont le titre explicite cette attaque : « L'État sans philosophie ». Il regrette l'absence, selon lui, de *vraie* philosophie dans les universités françaises ; la République, affirme-t-il, a mis fin à la théologie, délaissé la métaphysique et les valeurs de l'âme et ainsi provoqué la chute morale du pays. « En France, la Sagesse a cessé d'exister[1]. »

Léontine Zanta s'inscrit dans cette mouvance, et son cheminement ne s'arrête pas là. Le thème de la régénération de la culture, leitmotiv de l'Action française puis du régime de Vichy, s'affirme désormais dans ses écrits[2]. Dès 1931, le mouvement de Charles Maurras s'associe à sa pensée et n'hésite pas à valoriser ses ouvrages. Elle est louée dans les colonnes du journal de l'organisation comme une philosophe qui ne cherche pas à « dépeupler la terre en vidant le ciel, à quoi s'emploient les farouches partisans du matérialisme marxiste[3] ». Maurice Barrès, de l'Action française, était déjà un fidèle de sa maison au début des années 1920, et Paul Bourget, affidé de l'extrême droite, signait la préface de son ouvrage sur le féminisme[4]. Son glissement ne fait que se renforcer.

En 1937, Léontine Zanta en vient à prendre clairement la défense des théories et des politiques fascistes : « Nous avons des

1. Étienne Gilson, « L'État sans philosophie », *Sept*, 31 mars 1934, p. 2.
2. Voir Debbid Lackerstein, *National Regeneraiton in Vichy France. Ideas and Policies, 1930-1944*, Londres, Routledge, 2012. Voir aussi la thèse (en ligne) de Michael de Gerbe, *Vichy's New Man. National Regeneration and Historical Revisionism in French Education, 1940-1944*, Ohio University.
3. « Mlle Léontine Zanta et Sainte Odile », *L'Action française*, 16 juillet 1931, p. 4.
4. Comme indiqué dans R. Garric, « Le Père Teilhard et Mademoiselle Zanta », art. cité, p. 16.

hommes qui agissent dans notre République, qui prêchent l'amour, la réconciliation des classes, qui comprennent qu'il n'est qu'un moyen de sauver la civilisation et la Patrie ; on les traite de factieux, on les accuse de fascisme, cela veut dire, d'après le dictionnaire "fronte populare", de trahison. [...] Que serait le sac de notre capitale si les hordes moscoutaires qui circulent dans ses bas-fonds en pleine liberté venaient à occuper nos rues, nos places, nos avenues [...] ? De notre Paris du XXe siècle, il ne resterait peut-être plus une pierre, et ce serait eux les responsables[1] ! »

Ce tournant politique réactionnaire a de profondes conséquences sur ses positions féministes. Ses deux dernières œuvres littéraires, consacrées à Sainte Odile et Sainte Monique, connaissent un sévère fléchissement quant à la question de l'émancipation des femmes. Le « féminin » est désormais entendu à partir du culte du sacrifice à la famille. Toute émancipation hors de celle-ci est devenu un danger pour la société. Les femmes, garantes de l'ordre social, n'existent plus pour elles-mêmes mais dans une dévotion absolue à la famille, à Dieu et à la patrie qui risque d'être envahie.

Sa vision du rôle des femmes dans la société est ici toute proche de l'idéologie du régime de Vichy : un discours principalement articulé autour de l'idée de renoncement pour les femmes en vue de créer une culture du sacrifice pour la patrie et de favoriser la restauration de prétenues valeurs catholiques bafouées. Ce tournant réactionnaire correspond d'ailleurs à un fléchissement social et politique d'une partie des intellectuels français nationalistes et anticommunistes[2].

1. L. Zanta, « L'esprit de haine », *Écho de Paris*, 8 avril 1937, p. 1 et 6.
2. Francine Muel-Dreyfus, *Vichy et l'éternel féminin. Contribution à une sociologie politique de l'ordre des corps*, Paris, Le Seuil, 1996. Voir aussi Clarisse Berthezène et Jean-Christian Vinel (dir.), *Postwar Conservatism, a Transnational Investigation. Britain, France and United States, 1930-1990*, Londres, Springer, 2017 ; Gisèle Sapiro, *La Guerre des écrivains. 1940-1953*, Paris, Fayard, 1999.

Le chemin de Léontine Zanta pour devenir la première française docteure en philosophie est donc passé par une voie parallèle à celle des hommes philosophes, grâce à une diversité de ressources. Son univers familial lui a ouvert les portes de la philosophie, malgré les situations l'ayant renvoyée à son statut de femme. Modèle de réussite pour les jeunes femmes qui s'intéressent à la philosophie, son glissement progressif vers l'irrationalisme et la pensée d'extrême droite décrédibilisent pourtant son propre projet intellectuel. Lorsqu'elle décède, en 1942, son nom n'apparaît que dans une nécrologie, écrite par le Père Sertillanges, proche du régime de Vichy, dans le journal pétainiste *Les Voix Françaises*[1]. Après 1945, elle demeure tout au plus, pour les femmes, comme un exemple à ne pas suivre.

1. « Léontine Zanta », *Les Voix françaises*, 17 juillet 1942.

Chapitre 7

La fin des philosophes au petit pied (1918-1924)

> « Rien de tout cela pour des femmes ; mais seulement de futures agrégées de philosophie au petit pied ! »

« Victor Delbos me disait un jour, c'était un mois avant la Grande Guerre : "Il se produit, parmi mes étudiants, un fait qui m'étonne et renverse bien des préjugés : mes meilleurs élèves en philosophie sont, cette année, des femmes." Il ne se doutait pas, ce maître regretté, que ce fait était providentiel. La guerre allait faire bientôt parmi notre jeunesse intellectuelle une telle hécatombe, qu'il faudrait avoir recours à ces femmes[1]. » À la veille de la Première Guerre mondiale, les femmes sont peu nombreuses mais bien présentes dans le champ philosophique français : Alice Steriad et Léontine Zanta ont réalisé un exploit à la Sorbonne, les cours de philosophie du célèbre Henri Bergson au Collège de France sont composés d'un public mixte, plusieurs femmes enseignent la philosophie dans des lycées de jeunes filles, les étudiantes en philosophie se multiplient et se distinguent parmi les meilleurs étudiants de leurs promotions. Les réclamations quant à leur présence témoignent d'une peur de la concurrence parmi les futurs licenciés en philosophie.

1. L. Zanta, « L'avenir intellectuel de la France », *Le Figaro*, 21 septembre 1919.

Lorsque la guerre advient et, avec elle, l'effondrement de l'organisation du XIXe siècle, de profonds changements de société s'annoncent. Fin 1918, à peine un citoyen français sur trois en âge de prendre les armes revient vivant. Le monde universitaire et professoral s'en trouve complètement désorganisé. Entre 1918 et 1920, la *Revue universitaire* publie d'interminables listes de professeurs et d'étudiants morts au combat. Le philosophe Georges Canguilhem rappelle que dans les plus hautes instances scolaires, comme à l'École normale supérieure masculine, une génération entière est décimée : « Pour la seule promotion 1913, 27 sur 54 littéraires, et 17 sur 41 scientifiques, ont été tués[1]. »

Les esprits aussi s'en trouvent bouleversés. La féministe Louise Weiss écrit à ce propos que, jusqu'à la guerre, pour les populations universitaires, « tuer demeurait une notion intellectuelle[2] ». Les hiérarchies scolaires sont ébranlées. Pour l'année 1920-1921, on compte 40 % d'étudiants en moins à Paris par rapport à l'avant-guerre (de 13 071 à 7 634). La situation économique se complique pour les classes moyennes et se répercute sur les choix des études. La *Revue universitaire* s'inquiète de « ces enfants d'employés ou de petits fonctionnaires qui ont dû quitter le lycée parce que leurs parents ne pouvaient faire face à ce surcroit de dépenses[3] », difficultés renforcées par un enseignement public en partie payant après-guerre. Les carrières intellectuelles et libérales sont relativement mises à mal.

La guerre a aussi obligé l'arrière à s'organiser autrement. Les femmes, pour combler les absences, assument des professions dites masculines qui, jusque-là, leur étaient interdites ou dans lesquelles elles étaient très minoritaires. Comme dans beaucoup d'autres

1. Georges Canguilhem, « Raymond Aron et la philosophie critique de l'histoire », *Enquête*, n° 7, 1992.
2. Louise Weiss, *Mémoires d'une européenne*, t. 1 : *1893-1919*, Paris, Payot, 1968, p. 175. Voir aussi C. Prochasson et A. Rasmussen, *Au nom de la patrie*, *op. cit.* ; Emmanuel Saint-Fuscien, « Sortir de la guerre pour revenir dans la classe ? », *Histoire de l'éducation*, 2013, p. 51-72 ; Hassan Givsan, « La Première Guerre mondiale, ou comment la mort fit son entrée en philosophie », *Le Philosophoire*, n° 39, 2013, p. 191-230.
3. « Chronique du mois », *Revue universitaire*, juillet 1920, p. 376,

secteurs professionnels, la composition du professorat et du public universitaire est remaniée. Dès 1915, le nombre de filles préparant le baccalauréat double. En 1916, Louis Liard, vice-recteur de l'académie de Paris, rappelle qu'une « partie du large vide ouvert par la mort dans les rangs de nos étudiants est en train d'être comblée par les femmes[1] ». La multiplication de structures pour recevoir des étudiantes témoigne de ces changements. En 1920, la Société universitaire d'accueil aux étudiantes est créée, chargée de porter assistance à un nouveau profil jusqu'ici mis de côté : l'étudiante de condition plus modeste. Les institutions de ce type, comme la Maison des lycées et la Maison des étudiantes, sont rapidement saturées, ce qui entraîne la construction de nouveaux foyers et le déploiement d'une assistance médicale pour les étudiantes[2].

Dans ce cadre, le combat se concentre sur la revendication d'un enseignement plus égal, revendication portée par les espoirs nés d'une période durant laquelle les possibilités professionnelles pour les femmes des classes supérieures et moyennes se sont intensifiées par nécessité. Deux réformes sont exigées : d'une part, diminuer la coupure entre enseignement primaire et enseignement secondaire, qui empêche hommes et femmes d'occuper des postes stables et d'accéder à l'enseignement supérieur ; d'autre part, l'égalité entre les programmes et les diplômes masculins et féminins. La loi Camille Sée paraît de plus en plus obsolète au vu de la nouvelle configuration genrée des professions d'éducation. Associations et syndicats entendent désormais peser sur l'éducation publique et s'organisent autour de ces exigences d'égalité[3].

Les espoirs de changement sont néanmoins vite déçus. Il devient certes de plus en plus difficile de justifier des inégalités de genre face à l'accès à l'enseignement ; la guerre a montré que les

1. Louis Liard, « La guerre et les universités françaises », *La Revue de Paris*, 1er mai 1916, p. 48-73.
2. Voir notamment : « Bulletin de l'enseignement secondaire des jeunes filles », *Revue universitaire*, janvier 1920, p. 57.
3. C. Charle, *La République des universitaires*, *op. cit.*, p. 98.

femmes pouvaient, elles aussi, occuper les espaces de l'enseignement public secondaire et universitaire. Mais ces mutations n'en sont pas moins provisoires. Les pouvoirs publics entendent réintégrer les hommes partis au front et les changements qui se voulaient profonds et durables sont, dans cette perspective, rapidement remis en cause. Les combats reprennent vigueur autour de ce qui semblait désormais relever de l'évidence[1].

La lycéenne veut faire sa philosophie, ni plus ni moins que son frère

Le champ philosophique est profondément affecté par la guerre. Entre 1914 et 1920, le nombre de publications s'effondre ; il augmente à nouveau dans les années 1920, sans retrouver son niveau d'avant-guerre. Une génération masculine manque à la philosophie française, et les sujets philosophiques en France peinent à évoluer[2]. Cette absence ne met pas fin à la culture masculine en philosophie, ni à la prépondérance écrasante des hommes dans le corps universitaire. Malgré les attentes de Léontine Zanta, qui pense que les étudiantes de philosophie ont fait la démonstration qu'elles étaient tout aussi capables que les hommes, la résistance perdure. Au plus bas échelon et même pendant la guerre, les barrières continuent de se dresser. La germaniste Jeanne Ancelet-Hustache (1891-1983) rapporte le cas d'une élève reçue à la première partie du baccalauréat en 1917, demandant l'autorisation de suivre les cours de philosophie au collège de

1. Françoise Battagliola, *Histoire du travail des femmes*, Paris, La Découverte, 2008, p. 59. Sur l'effort de guerre des femmes durant la guerre, Évelyne Morin-Rotureau, *Combats de femmes 1914-1918*, Paris, Autrement, 2004, et Françoise Thébaud, *Les Femmes au temps de la Guerre de 14*, Paris, Payot, 2013.
2. « Le "moment 1914" en philosophie : France-Allemagne », entretien entre Olivier Agard et Frédéric Worms, *Esprit*, novembre 2014. Concernant les remaniements philosophiques de la philosophie au sortir de la guerre : Antoine Compagnon (dir.), *Autour de 1914-1918. Nouvelles figures de la pensée*, Paris, Odile Jacob, 2015.

garçons pour préparer la seconde partie du baccalauréat : la requête lui est immédiatement refusée[1].

La représentation de la classe de philosophie est, quant à elle, toujours aussi masculine. Un cliché de la célèbre agence de photographie Meurisse brosse en 1923 le portrait type d'une classe de philosophie. L'assemblée est entièrement masculine. Cahiers et crayons en mains, la rigidité des corps et des attitudes tout comme l'absence de sourire garantissent l'ethos du contrôle philosophique. Loin de l'extravagance des chapeaux de Léontine Zanta et de la dimension d'apparence frivole du public féminin d'Henri Bergson, la discipline est, pour les jeunes garçons et leur professeur, de rigueur. La philosophie n'est ni affaire de spectacle, ni une affaire de femmes.

Une classe de philosophie en 1923

1. J. Ancelet-Hustache, *Lycéenne en 1905*, *op. cit.*

Cette représentation voile cependant certaines évolutions. En cette même année 1923, divers journaux titrent que « les bachelettes sont arrivées en tête aux examens du baccalauréat de philosophie[1] ». À défaut de changement radical, la guerre a bien eu un impact sur l'organisation genrée de l'enseignement de la philosophie. Plusieurs femmes professeures de philosophie ont été amenées à remplacer des hommes dans des lycées de garçons, ce qui était encore exceptionnel quatre ans auparavant. Pendant la guerre, le journal féministe *La Française* n'a de cesse de commenter ces victoires, car chaque diplôme, chaque nomination apparaît comme une démonstration de plus de la capacité des femmes à tenir le rang philosophique.

De plus en plus de femmes, à demi anonymes, remplacent des professeurs de philosophie. En 1915, on mentionne notamment une certaine Mme Devoghel, licenciée de philosophie de la faculté de Lille en 1914, au profil atypique. Sans poste d'enseignante, elle doit dans un premier temps se contenter de travailler au service du central téléphonique de Dunkerque. Lorsque la pénurie d'hommes partis au front se fait sentir, elle est appelée pour remplacer son collègue de philosophie du lycée de Saint-Omer[2]. La même année, une certaine Mlle Marot, directrice d'École normale, devient professeure de philosophie et de morale à Orléans, remplacement qui devient fréquent. Une certaine « Mlle D. » devient aussi chargée de cours de philosophie au collège des garçons[3].

En 1917, *La Française* s'enorgueillit des vingt-deux nouvelles bachelières en philosophie annoncées à la dernière session du baccalauréat de philosophie, en dépit de la législation scolaire contraignante[4]. C'est une réussite massive. Deux femmes entrent

1. « Une journée de bachot à la vieille Sorbonne : les bachelettes sont arrivées en tête aux examens du baccalauréat de philosophie », *Excelsior*, 2 juillet 1923.
2. « Les institutrices dans les écoles de garçons », *La Française*, 29 mai 1915, p. 1.
3. J. Ancelet-Hustache, *Lycéenne en 1905*, *op. cit.*, p. 185.
4. « Échos », *La Française*, 13 janvier 1917, p. 2.

ensuite pour la première fois de manière visible dans des ministères. L'une d'elles, Jeanne Tardy devient attachée de cabinet auprès d'Albert Métin, sous-secrétaire d'État au ministère des Finances dans le gouvernement Ribot[1]. Elle est licenciée en droit, en histoire, mais aussi en philosophie[2]. En 1920, Hélène Landry, licenciée en philosophie et en droit, est à son tour nommée attachée au cabinet du ministre de la Marine, avant de devenir avocate à la cour de Paris et vice-présidente du conseil général de Corse. Issue d'une famille d'avocats et d'universitaires, elle est la fille d'Adolphe Landry, normalien qui a collaboré à la *Revue philosophique* avant de devenir ministre de la Marine en 1920 et de l'Instruction publique en 1924[3]. Si la formation philosophique ne donne pas lieu à une carrière professorale ou universitaire, il n'en reste pas moins que des positions nouvelles et prestigieuses sont désormais conquises par des femmes diplômées en philosophie.

Les revendications autour du droit à l'enseignement de la philosophie pour toutes et tous s'accélèrent quelque peu. En 1916, la *Revue universitaire*, qui défend l'égalité des programmes scolaires, s'indigne du fait que, dans les cours féminins, « il n'y a point de philosophie[4] ». Il existe alors une heure de morale théorique en quatrième, et deux heures de psychologie en cinquième, un programme sans commune mesure avec celui des

1. « La première attachée de ministère », *La Française*, 31 mars 1917, p. 1. Elle avait déjà occupé un poste similaire dès 1915 alors qu'Albert Métin était ministre du Travail mais le fait était alors passé inaperçu. L'historiographie retient surtout, deux décennies plus tard, la nomination de trois femmes sous-secrétaires d'État (Suzanne Lacore, Cécile Brunschvicg et Irène Joliot-Curie) dans le gouvernement du Front Populaire de 1936.
2. La seconde, Berthe Milliard, entre comme cheffe adjointe de cabinet auprès de Léon Bourgeois, nommé ministre du Travail – c'est la première fois qu'une femme devient cheffe adjointe de cabinet.
3. « Au ministère de la Marine », *La Française*, 14 février 1920, p. 2 ; « Mlle Hélène Landry, attachée au cabinet civil de la Marine », *Excelsior*, 23 janvier 1920, p. 2.
4. « Contre l'identification des programmes masculins et des programmes féminins », *Revue universitaire*, juillet 1916, p. 120.

garçons. Le certificat d'aptitude de Sèvres et le certificat d'aptitude à l'enseignement secondaire des jeunes filles continuent, pour leur part, de comporter une épreuve de morale et psychologie. La revue remet en cause la discrimination philosophique qui concerne les femmes depuis la loi Camille Sée, justifiant une situation inégale et entravant la possibilité d'accéder massivement aux études supérieures.

Le 5 avril 1917, un rapport est présenté au congrès de l'Union française pour le suffrage des femmes, branche de l'Alliance internationale pour le suffrage des femmes, qui propose, entre autres, un accès complet à la philosophie. Il ne s'agit pas seulement de se concentrer sur l'aspect pratique permettant l'accès à un titre, mais surtout de porter une revendication visant l'égalité à la fois intellectuelle et professionnelle. Reprenant l'image de couronnement qui continue de lui être associée, le manque de philosophie y est présenté comme un véritable défaut de formation pour tout individu. « Il faut souhaiter qu'un enseignement sérieux de philosophie soit institué dans le plus grand nombre possible de lycées de jeunes filles, et cela non pas seulement pour les candidates au baccalauréat », peut-on lire. Car « là est la véritable lacune de l'enseignement féminin », constate le rapport, qui conclut que le cours de philosophie joue un rôle fondamental dans la formation du citoyen : « Sans philosophie, il n'est pas de véritable culture classique[1]. »

La même année, l'une des premières licenciées en philosophie répertoriée, Jeanne Crouzet-Benaben, s'exprime sur le sujet dans *L'Enseignement secondaire des jeunes filles.* Elle encourage l'enseignement de la philosophie pour les filles autant que la lutte contre les préjugés intellectuels envers les femmes. Elle prend position pour un enseignement philosophique qui ne serait pas seulement

1. « Réforme de l'enseignement secondaire féminin. Rapport présenté au congrès de l'Union Française pour le Suffrage des Femmes le 5 avril 1917, par Mme Pichon-Landry », *La Française*, 21 avril 1917, p. 2.

formel et diplômant. « L'étude de la philosophie ne peut que nourrir et alimenter la lecture et le commentaire d'une page d'un grand philosophe ou d'un grand moraliste et les rendre plus substantiels », écrit-elle. Elle affirme que ses connaissances philosophiques ont joué un rôle bénéfique pour sa famille, et qu'il est possible de concilier savoir philosophique et rôle de mère et d'épouse.

Elle argumente même en faveur de l'accès à la philosophie... pour renforcer le rôle maternel des femmes : « C'est grâce à une culture masculine, par exemple, que j'ai pu collaborer de façon étroite et constante avec les travaux de mon mari [...]. C'est encore grâce à cette culture que j'ai pu suivre, depuis les débuts jusqu'à la philosophie et la rhétorique supérieure, les études littéraires de mes fils[1]. » La philosophe souhaite montrer, par sa propre trajectoire, que les fondements de la loi Camille Sée sont obsolètes et que l'opposition entre rôle de mère et philosophie n'a pas lieu d'être.

En 1917 encore, deux enquêtes témoignent d'un intérêt croissant des jeunes femmes pour les cours de philosophie, au-delà de la question de l'accès au baccalauréat. La première, organisée par *La Vie féminine*, cherche à savoir si les femmes souhaitent une réforme de l'enseignement secondaire. Lucien Descaves, membre créateur de l'académie Goncourt, en résume les réponses. Avec grand étonnement, il note que les jeunes femmes ayant répondu « se montrent avides de philosophie[2] ». Ce désir, explique-t-il, ne relève pas d'une stratégie diplômante, mais d'une réelle volonté d'accéder à un savoir dont elles sont, par la loi, privées. La revendication de l'égalité philosophique comme principe organisateur de l'enseignement est donc intrinsèquement liée à l'aspiration à la connaissance philosophique pour toutes les filles.

1. « À travers la presse. Monographie d'une éducation masculine de femme », *L'Enseignement secondaire des jeunes filles*, 1917, p. 247.
2. Lucien Descaves, « Le sens des réalités », *L'Enseignement secondaire des jeunes filles*, juin 1917, p. 253.

Il conclut son rapport en ces termes : « “La synthèse des connaissances qu'elle vient d'acquérir, la critique des sciences, la réflexion sur la nature même et les forces de la raison, le sentiment du système, de l'harmonie et de la cohésion dans la pensée, voilà ce que les lycéennes attendent de leur dernière année d'études et ce que ne saurait leur fournir une analyse des caractères ou une collection de préceptes pour se bien conduire.” Bref, la lycéenne veut faire sa philosophie, ni plus ni moins que son frère[1]. » Ce décalage entre les programmes scolaires et les attentes des lycéennes est toujours plus contesté. Les femmes souhaitent étudier la philosophie dans sa multiplicité et recevoir un programme digne de celui enseigné dans les lycées de garçons. Si ce désir est dit récent (comme si les femmes n'avaient pas de passé philosophique), il n'en montre pas moins un changement face à la loi Camille Sée, qui ne choque plus seulement les principales concernées.

La seconde enquête, réalisée en juillet 1917, est organisée par une commission extra-parlementaire chargée d'examiner les modifications à apporter à l'organisation des études et aux sanctions de l'enseignement secondaire public des jeunes filles. Elle fait suite à l'échec de la mise en place de la seconde partie du baccalauréat dans les lycées de jeunes filles. Dès mars 1915 en effet, Paul Painlevé, alors député puis ministre de l'Instruction publique, avait reçu le Conseil national des femmes françaises en vue de mettre en place une extension du programme des lycées et collèges de jeunes filles. Le 21 décembre 1916, la loi Painlevé avait obtenu un vote favorable au Conseil supérieur de l'Instruction publique. Elle visait la réorganisation de l'enseignement secondaire et surtout la mise en place de la seconde partie du baccalauréat commune aux filles et aux garçons : « Pour rendre accessibles aux femmes toutes les carrières, on voudrait identifier

1. *Ibid.*, p. 253.

leurs études avec celles des garçons[1]. » Elle n'aboutit pourtant pas à une pratique régulière.

Les 220 réponses reçues proviennent de recteurs, d'inspecteurs d'académie, de directrices de collèges et de lycées, d'enseignantes et d'enseignants. Une des conclusions est spécifiquement consacrée à l'enseignement de la philosophie, présenté comme le changement le plus demandé par le corps enseignant. La modeste introduction à la philosophie par le biais de la morale est fortement critiquée, parce qu'elle favorise les inégalités entre garçons et filles mais aussi entre les femmes elles-mêmes, obligées de prendre des cours particuliers à leur frais si elles souhaitent accéder à un enseignement complet de philosophie. Le rapport souligne aussi qu'au baccalauréat, « on ne compte que des succès, surtout en philosophie[2] », rappelant qu'il n'existe pas de différences de capacités intellectuelles quant à son apprentissage, mais bien une difficulté d'accès. D'excellentes copies de philosophie d'élèves filles sont présentées en conclusion, comme autant de preuves de leur capacité à réussir.

1917 est aussi l'année d'une nouvelle docteure en philosophie en France, Blanche Pointud-Guillemot. Originaire d'Auvergne, elle soutient sa thèse à la faculté des lettres de Clermont-Ferrand. Son parcours scolaire est long et difficile. Elle suit des cours secondaires de jeunes filles de la municipalité de Clermont, où elle obtient le brevet supérieur. Orpheline de père, ayant deux sœurs à charge, elle travaille très tôt comme professeure dans un pensionnat, avant de passer son baccalauréat, espérant devenir licenciée puis docteure et améliorer les conditions de vie de sa famille. Elle suit alors des cours à la faculté de lettres, où elle prépare une licence de philosophie, qu'elle obtient en 1912.

---

1. « L'enseignement des jeunes filles », *L'Enseignement secondaire des jeunes filles*, mai 1917, p. 198.
2. Émile Blutel, « Commission extraparlementaire chargée d'examiner les modifications à apporter à l'organisation des études et aux sanctions de l'Enseignement secondaire public des jeunes filles », *L'Enseignement secondaire des jeunes filles*, août 1917, p. 73.

L'un de ses amis, l'historien Georges Desdevises du Dézert, lui aussi auvergnat d'origine, raconte que, sitôt sa licence en poche, elle commence un doctorat en philosophie, avec le désir de pouvoir travailler à l'université. « Elle espérait, cette fois, en avoir fini avec la longue et douloureuse attente[1]. » Comme Léontine Zanta, le thème du travail de Blanche Pointud-Guillemot porte sur le rôle de la philosophie catholique dans l'histoire de la philosophie. Elle écrit une biographie philosophique d'Alphonse Gratry, prêtre philosophe du XIXe siècle, professeur de théologie morale et académicien, connu entre autres pour avoir lutté contre l'influence hégélienne en France[2].

La thèse est peu commentée. Mais si les commentaires sur les doctorats en droits et en lettres font souvent l'éloge d'une nature féminine, ce n'est toujours pas le cas en philosophie : le doctorat de Blanche Pointud-Guillemot est considéré, lorsqu'il est commenté, comme l'œuvre d'un homme. Paraît-il encore si inconcevable de penser que des femmes pourraient avoir réalisé un tel doctorat[3] ? Quoi qu'il en soit, les espoirs de la docteure d'enseigner la philosophie dans le service public (lycée ou université) sont bientôt anéantis. Elle dépasse la limite d'âge des concours de l'enseignement public : elle a mis trop de temps à obtenir ses diplômes... La docteure se tourne alors vers l'enseignement particulier et, assure son ami, vers « des tâches assurément très inférieures à celles qu'elle était capable de remplir[4] ». Elle publie par la suite quelques nouvelles dans un journal local, *L'Auvergne littéraire et artistique*, trouve un poste à la tête d'une Maison d'éducation de Lorient, avant de tomber malade en 1931 et de décéder l'année suivante.

---

1. *Échos d'Auvergne. Revue périodique pour les originaires du Cantal et du Puy de Dôme*, 1 janvier 1932.
2. Blanche Pointud-Guillemot, *Essai sur la philosophie de Gratry*, Paris, Gabriel Beauchesne, 1917.
3. H. Charron, « Accès des femmes aux diplômes universitaires », art. cité.
4. *Échos d'Auvergne. Revue périodique pour les originaires du cantal et du Puy de dôme*, 1er janvier 1932.

La trajectoire d'une philosophe des sciences : Hélène Metzger

Une docteure en philosophie dans la famille Bruhl

Entre 1913 et 1918, quatre doctorats de philosophie sont soutenus par des femmes, sur un total de sept doctorats féminins en lettres. En 1918, après Alice Steriad, Léontine Zanta et Blanche Pointud-Guillemot, Hélène Metzger (1899-1944) conquiert le titre de docteure en philosophie[1]. Alors que les femmes qui poursuivent leur activité de recherche après un doctorat de lettres sont minoritaires[2] et que les trois docteures en philosophie qui l'ont précédée ont pris d'autres chemin, Hélène Metzger continue, elle, son activité philosophique au-delà de sa thèse. Elle est, de fait, la première à connaître une solide insertion dans le champ philosophique français, publiant avec cohérence et régularité. Sa longévité dans cet espace sera brutalement interrompue par son arrestation en 1944[3].

Née Hélène Bruhl (Metzger étant le nom de son mari, décédé pendant la Première Guerre mondiale), en 1899, dans une famille bourgeoise, son destin philosophique est loin d'être tracé. Son père, profondément conservateur, la destine avant tout au mariage. Pourtant, la jeune femme parvient à devenir chimiste, profession qui la passionne, mais dont l'univers la déçoit. Passionnée par la cristallographie, l'étudiante se révèle brillante ; son

1. Sa thèse n'est pourtant pas répertoriée dans le bulletin des thèses des universités – les années de guerre n'apparaissant pas. En 1985, un colloque au Collège de France a réhabilité sa figure et un numéro de la revue *Corpus* lui est consacré. Le chercheur Gad Freudenthal lui a consacré un travail approfondi. G. Freudenthal (dir.), *Études sur Hélène Metzger*, Leyde, Brill, 1989 ; G. Freudenthal, « Hélène Metzger (1888-1944) », *in* M. Bitbol et J. Gayon (dir.), *L'Épistémologie française, 1830-1970*, Paris, Éditions Matériologiques, 2015, p. 107-148.
2. H. Charron, « Accès des femmes aux diplômes universitaires... », art. cité.
3. Les conditions de cette arrestation paraissent invérifiées, sa belle-sœur Mme Ryziger aurait évoqué une descente de police. G. Freudenthal (dir.), *Études sur Helène Metzger*, *op. cit.*, p. 207-208.

approche scientifique est néanmoins jugée sans intérêt par ses professeurs, car trop historique et conceptuelle[1]. La jeune chimiste s'intéresse en effet à l'histoire de la chimie et à l'évolution des théories scientifiques ; elle s'interroge notamment sur les conditions historiques et scientifiques de leurs mutations. Le sujet n'intéresse guère le champ, tourné vers les expérimentations plutôt que vers l'auto-analyse. Sans doute la méfiance à l'égard des femmes dans le champ de sciences dites « exactes » a-t-elle aussi pu jouer un rôle dans ce manque d'ouverture d'esprit de la part de ses professeurs[2].

L'enseignement de la philosophie est au moins aussi réfractaire à la présence des femmes. Pourquoi alors se tourner vers elle ? Hélène Metzger est, depuis son enfance, encouragée dans ses études par l'un de ses oncles, persuadé de ses capacités intellectuelles : Lucien Lévy-Bruhl, déjà croisé en ces pages. Agrégé de philosophie, professeur titulaire d'une chaire d'histoire de la philosophie à la Sorbonne, auteur de livres retentissants sur ce qu'il appelle la « mentalité primitive »[3], il devient en 1917 directeur de la *Revue philosophique*. S'intéressant aux travaux de sa nièce, qui lui fait part de ses difficultés, il l'incite à s'inscrire en doctorat de philosophie à la Sorbonne.

Entre Alice Steriad (dont il a suivi la thèse), Léontine Zanta (il a participé à son jury) et Hélène Metzger, Lucien Lévy-Bruhl est donc présent dans la trajectoire de ces trois docteures pionnières en philosophie en France – Camille Bos, qui ne soutient pas sa thèse en France, fait exception. Dans son parcours, le philosophe s'est par ailleurs montré à plusieurs reprises réceptif à la question des inégalités de genre. En 1914, s'il se déclare, de

1. Ces informations sont indiquées dans l'article que la philosophe Suzanne Delorme consacre à son amie : « Informations », *Revue d'histoire des sciences et de leurs applications*, janvier 1947, p. 63-77.
2. Nicole Hulin, *Les Femmes, l'enseignement et les sciences*, Paris, L'Harmattan, 2008.
3. Après la guerre, il fait systématiquement relire ses manuscrits par sa nièce, qui prépare en outre les index des différents volumes.

façon plutôt classique, partisan d'une extension progressive du droit de vote pour les femmes, il se justifie en affirmant que les droits politiques pour les femmes permettront « plus de justice dans notre société actuelle[1] ». Bien dans l'esprit de son temps lorsqu'il revendique un changement par étape, il n'en comprend pas moins l'égalité politique comme un pas essentiel qui « faciliterait l'égalité économique : à travail égal les femmes obtiendraient un salaire égal[2] ».

Lucien Lévy-Bruhl n'est pas non plus un défenseur de la dernière heure. Dès la fin du XIXe siècle, il a été partisan du droit des femmes à accéder à tous les types de savoir, et c'est lui qui est à l'origine de la publication des lettres entre Auguste Comte et John Stuart Mill sur la question du statut des femmes dans la société. Dans l'introduction au volume, il se place du côté de John Stuart Mill, qui entend prouver que l'inégalité des sexes n'est qu'un préjugé, et insiste sur le fait que « la condition des femmes dans la société moderne, source d'une infinité de souffrances et d'injustices, est une forme d'esclavage, la dernière de toutes et la plus difficile à déraciner[3] ». Il fait donc montre d'une certaine sensibilité à ces questions, ce qui explique aussi l'appui donné à sa nièce.

---

1. « Apôtres actuels du suffragisme », *La Française*, 5 juillet 1914, p. 1.
2. *Ibid.* Bibliothèque Marguerite Durand, dossier documentaire 3173, « Vote des femmes 1918. Recueil. Droit de vote des femmes ; France. M. Lévy-Bruhl, professeur à la Sorbonne ».
3. Lucien Lévy-Bruhl, *Lettres inédites de John Stuart Mill à Auguste Comte*, Paris, Alcan, 1899, p. XXIV. Il rappelle que pour Auguste Comte en revanche, il est question de défendre l'idée que « les femmes sont naturellement inférieures aux hommes par l'intelligence et supérieures à eux par le sentiment » (*ibid.*, p. XXIV). Sur la réception positive de l'ouvrage dans les milieux féministes français, voir Clotilde Dissard, « La question de la femme d'après Auguste Comte et Stuart Mill », *La Tribune*, 13 mai 1899.

L'admiration d'André Lalande

Lucien Lévy-Bruhl présente Hélène Metzger au philosophe André Lalande, qui accepte de suivre son travail. Normalien et professeur à la Sorbonne, il se distingue par son goût pour les mathématiques et la physique, sa lutte contre l'évolutionniste spencérien – qui a dominé sa génération –, et son intérêt pour le pragmatisme. Maître d'œuvre d'un monumental *Vocabulaire technique et critique de la philosophie*, développé au sein de la Société française de philosophie, il est titulaire de la chaire de logique et de philosophie des sciences à la faculté des lettres de Paris pendant près de trente-cinq ans. Fervent rationaliste laïc, il incarne tout particulièrement l'esprit du philosophe de la IIIe République[1].

André Lalande n'a pas, quant à lui, pris part aux débats féministes, mais il ne paraît pas craindre la présence de femmes à l'université. Depuis le début du siècle, il donne des conférences de philosophie tous les mercredis, à 17 h, à l'École normale supérieure de Sèvres[2]. Membre du jury d'Alice Steriad, il présidera aussi le jury de l'agrégation de Simone de Beauvoir, dont il louera sans équivoque les capacités philosophiques. Sans doute interprète-t-il la présence des femmes dans les professions masculines et l'égalisation de la société comme un phénomène inéluctable. Contre la théorie de la différenciation des individus, il est convaincu que la tendance sociale est à l'unification, que l'histoire de l'Humanité tend vers un ensemble de conduites universalisantes. Ainsi, « la tendance à l'assimilation entre le rôle social des hommes et celui des femmes[3] » est-elle, selon lui, partie prenante d'un processus historique et scientifique

1. André Lalande, *André Lalande par lui-même*, Paris, Vrin, 1967, p. 3-5 ; René Poirier, « André Lalande », *Revue de métaphysique et de morale*, vol. 70, n° 2, 1965, p. 142.
2. « Conférences », *L'Enseignement secondaire des jeunes filles*, 26 janvier 1914, p. 26.
3. A. Lalande, *André Lalande par lui-même*, *op. cit.*, p. 5. Voir aussi Georges Davy, « La philosophie d'André Lalande », *Revue des deux mondes*, 1957, p. 612-628.

plus qu'une question d'opinion. Sa vision du progrès scientifique est donc associée à celle du progrès des droits politiques pour les femmes. La recherche de l'unité et de l'identité sont deux notions centrales de son travail, à travers lequel il entend bien réduire les antagonismes moraux divisant la société.

André Lalande semble conscient des conditions matérielles qu'Hélène Metzger réunit pour élaborer un travail d'excellence, qui sont souvent impossibles aux femmes de son époque. « Sans enfants, sans les nécessités d'une profession, c'est à l'histoire et à la science que Mme Metzger demanda de combler le vide qui s'était creusé dans sa vie[1]. » Sa vie matérielle est effectivement garantie par une pension de veuve de guerre lui donnant une relative stabilité économique. André Lalande est aussi admiratif de l'esprit philosophique d'Hélène Metzger, « un de ces exemples d'intelligence courageuse[2] ». Il n'hésite pas à louer son ouvrage *Les Doctrines chimiques en France du début du XVIIe à la fin du XVIIIe siècle*, qu'il présente à l'Académie des sciences le 5 mai 1923. Il rédige, en 1926, la préface d'un autre de ses ouvrages, *Les Concepts scientifiques* et considère Hélène Metzger comme l'une des principales références en matière de philosophie des sciences.

Au cœur du réseau de la philosophie des sciences

La légitimité qu'André Lalande accorde au travail d'Hélène Metzger est partagée par l'ensemble des acteurs du champ de la philosophie des sciences. À titre d'exemple, la *Revue philosophique* offre cinq pages de présentation à sa thèse, qualifiée, de façon inédite, d'une des « meilleures contributions qu'on puisse apporter à la connaissance de l'esprit[3] ». La philosophe publie par la suite dans une collection dirigée par Abel Rey aux

1. « Les doctrines chimiques en France du début du XVIIe à la fin du XVIIIe siècle », *Séances et travaux de l'Académie des sciences morales*, mars-avril 1924, p. 299-300.
2. *Ibid.*
3. « Philosophie des sciences », *Revue philosophique*, janvier 1919, p. 325.

prestigieuses éditions Herman ; son travail est par ailleurs couronné par l'Académie des sciences comme par l'Académie des sciences morales et politiques et elle devient membre de l'Académie internationale d'histoire des sciences[1]. La régularité de ses publications impressionne, d'autant qu'elle est réservée à une minorité des acteurs du monde philosophique.

Elle publie huit livres sur la philosophie des sciences, approfondissant à chaque fois sa recherche. Dans son doctorat, *La genèse de la science des cristaux* (1918), elle explore la formation du concept scientifique autour de la notion de cristaux depuis le XVIIe siècle et les diverses tentatives de parvenir à un modèle scientifique. *Les Doctrines chimiques en France du début du XVIIe siècle à la fin du XVIIIe siècle* (1923) est publié aux toutes récentes Presses universitaires de France, et dédié à Lucien Lévy-Bruhl. La *Revue philosophique* souligne de nouveau l'importance de sa recherche, et son « sens très vif de l'unité de la science[2] ». En 1925, Hélène Metzger reçoit le prix Bordin décerné par l'Académie[3], pour un travail très apprécié pour ses découvertes en matière de taxinomie. André Lalande, alors membre de la section philosophie de l'Académie, souligne l'« effort de pensée original [...] et une contribution des plus utiles à la question de savoir comment se forment les concepts scientifiques[4] ».

---

1. « La genèse de la science des cristaux », *Revue philosophique*, juillet-décembre 1919, p. 325-330.
2. Ces trois dernières citations sont tirées du compte rendu « Les doctrines chimiques en France », *Revue philosophique*, juillet-décembre 1923, p. 450-452.
3. Le prix Charles-Laurent Bordin est un prix français décerné depuis 1835 par les cinq académies.
4. « Séance publique annuelle du samedi 19 décembre 1925 », *Séances et travaux de l'Académie des sciences morales*, 1926, p. 46. Le concours a alors pour thème : « Développer sur un point important, la théorie logique des classifications esquissée dans les aperçus de Taxinomie générale de Durand de Gros ». Il s'agit du prix portant le nom de Pierre Claude François le Dissez de Penanrun, décerné par la section philosophique de l'Académie des sciences et de morale. « Bulletin des séances d'août, septembre, octobre 1925 », *Séances et travaux de l'Académie des sciences morales et politiques*, 1926, 1er semestre, p. 173. Hélène Metzger est récompensée la même année qu'un autre philosophe, plus célèbre aujourd'hui, Alexandre Koyré, avec qui elle collabore par la suite lors de ses séminaires à l'École pratique des hautes études en 1934.

Les Concepts scientifiques (1926) tourne autour de deux questions : comment l'esprit organise-t-il ce qu'il perçoit et subsume-t-il les objets dans des catégories ? Comment systématise-t-il les concepts ? L'accueil est à son tour très favorable. La *Revue de synthèse historique* (dirigée par Henri Berr, Lucien Febvre, Paul Langevin et Abel Rey), organe du Centre international de synthèse, central dans le domaine de la philosophie des sciences, loue l'originalité du travail. Elle est même comparée à Clémence Royer pour son savoir encyclopédique et sa détermination[1]. Si l'ouvrage traite de psychologie, il n'est pas du tout orienté vers les questions familiales dites « féminines » – perspective à laquelle la loi Camille Sée, toujours en vigueur, a jusqu'ici soumis les femmes. L'approche psychologique se situe entièrement du côté des sciences et de la réflexion sur la formation des concepts, thème de recherche jusqu'ici réservé aux hommes.

Durant les années 1930, les publications d'Hélène Metzger sont régulières. En 1930, elle publie deux ouvrages sur l'histoire des sciences ; vient ensuite *La Philosophie de la matière chez Lavoisier* (1935) ; et en 1938, chez Hermann, une œuvre en trois parties sur la philosophie de Newton. À partir de 1941, elle prépare un travail qui ne sera publié qu'à titre posthume en 1954, *La Science, l'appel de la religion et la volonté humaine*, édité par son frère Adrien Bruhl. À ces nombreux livres s'ajoutent des articles. Elle privilégie les pages de la *Revue de synthèse* et de la *Revue philosophique*[2]. Ces publications témoignent d'une intégration inédite, médiée, dans un premier temps du moins, par les

1. C'est le cas dans l'article de Robert Bouvier, « Les femmes et la science », *Revue de synthèse historique*, juin 1929, p. 99-110.
2. Hélène Metzger, *La Science, l'appel de la religion et la volonté humaine*, Paris, de Boccard, 1954 ; « H. Daudin, I De Linné à Jussieu : II. Cuvier et Lamarck », *Revue philosophique*, janvier-juin 1927, p. 469-473 ; « Les origines du système métrique par Adrien Favre », *Revue philosophique*, janvier-juin 1932, p. 334-335 ; « Eric John Holmyard », *Revue philosophique*, janvier-février 1933, p. 311 ; « Daniel Mornet », *Revue philosophique*, janvier-février 1934, p. 301-303 ; « Arlindo Camilo Monteiro », *Revue philosophique*, janvier-février 1935, p. 271.

contacts de son oncle renommé, mais qui constitue un élément de son prestige parmi d'autres.

Pour comprendre le succès d'Hélène Metzger dans toute sa dimension, il faut rappeler que son ascension se produit dans un pôle tout de même encore assez marginalisé de la philosophie, celui de la philosophie des sciences, animé par des philosophes aux trajectoires moins rectilignes que dans le reste du champ. Le Centre international de synthèse, espace de croisement entre philosophie, histoire, psychologie, ethnologie et sociologie, est un lieu périphérique d'un point de vue proprement philosophique. Cette relative marginalité de la philosophie des sciences en fait aussi un pôle novateur, en rupture avec les théories spiritualistes du XIXe siècle et ses codes. Dans cette perspective, il n'est pas anodin qu'Hélène Metzger, première femme à s'établir durablement dans le champ philosophique français, se retrouve en philosophie des sciences plutôt que dans d'autres domaines.

La nature m'a fait un cerveau : féminisme et philosophie des sciences

La philosophe contribue régulièrement aux travaux du Centre international de synthèse[1] ; le 5 juin 1931, elle est par ailleurs nommée administratrice et trésorière de l'Académie internationale d'histoire des sciences, responsabilité à laquelle elle est réélue jusqu'à son assassinat. C'est un poste important pour une femme, qui atteste de son ancrage ; ce n'est pourtant ni la place qu'elle mérite, ni celle qu'elle souhaiterait. Son prestige ne suffit pas à faire tomber la barrière des sexes : la philosophe n'obtiendra aucun poste universitaire et souffrira du traitement de l'éternelle « disciple », ou « associée », rarement considérée comme une philosophe à part entière.

1. S. Delorme, « Informations », art. cité.

Son exaspération apparaît par exemple vis-à-vis de son ami Émile Meyerson, chimiste et philosophe, dont elle a été disciple, mais dont elle considère être devenue l'égale. Figure à la fois reconnue et marginale, le philosophe connaît un succès tardif, avant de devenir une figure de premier plan. Leur relation amicale se détériore, la philosophe souffrant d'être traitée comme une élève secrétaire. En particulier, lorsqu'il lui propose de publier avec lui, il s'agit en réalité de lui demander d'organiser ses textes – Hélène Metzger, philosophe à la pensée propre, ne supporte guère cette position et écrit : « Je me refuse à être l'esclave du plus grand philosophe du monde puisque la nature m'a fait un cerveau[1]. » La légitimité acquise au fil des années semble ne pas suffire. S'ajoute à une certaine misogynie le fait que l'objet de recherche d'Hélène Metzger demeure éloigné des normes universitaires. Pas tout à fait femme de sciences, sans être complètement philosophe, elle travaille sur des thèmes encore marginalisés quoique reconnus, mais sans chaire pour s'exprimer et enseigner[2].

Elle possède aussi une solide réputation de « féministe ardente et sincère[3] ». Dans les années 1930, elle écrit à plusieurs reprises pour *La Française*. Son premier article (1932) s'intitule de façon significative « Propos d'une philosophe ». Loin des inventions autour des *bersgonettes* ou des *nietzschéennes*, c'est sans doute une des premières fois dans le siècle que le terme de philosophe est précédé, sans moquerie, d'un article défini féminin. Selon elle, il existe une France à deux vitesses : les mœurs concernant l'émancipation des femmes ont largement devancé les lois et remettent en cause une vision naturalisante des droits politiques. « Un jeune électeur fier de son sexe, m'a déclaré dernièrement que si les femmes ne votaient pas, elles n'avaient pas su le vouloir. “Et toi, qu'as-tu fait, lui répondis-je, tu t'es donné la pensée de

1. G. Freudenthal, « Hélène Metzger (1888-1944) », art. cité, p. 113.
2. Giuliana Gemelli, « Le Centre international de synthèse dans les années trente », *in* G. Freudenthal (dir.), *Études sur Hélène Metzger*, *op. cit.*, p. 242.
3. Thérèse Casevitz, « Les livres », *La Française*, 14 septembre 1935.

naître citoyen mâle[1] ?" » Le ton est des plus nets ; aucune argumentation ne saurait justifier l'absence de droits pour les femmes.

Un autre article, « Un plaidoyer pour la femme[2] », commente le travail d'une écrivaine féministe écossaise mettant au jour l'injustice envers les femmes intellectuelles. Un autre encore, en 1936, est consacré à redonner place à une historienne des sciences selon elle injustement oubliée, à savoir Marie Alexandrine Tannery (1856-1945), dite « Madame Paul Tannery ». À partir de son destin et de son effacement, Hélène Metzger réfléchit à la façon dont l'histoire des sciences a été racontée au masculin, et aux mécanismes qui en ont exclu les femmes[3]. Dans les cercles féministes républicains, Hélène Metzger est aussi la preuve vivante qu'une femme peut philosopher et, plus encore, être philosophe des sciences. « À ceux qui prétendent que la femme n'est qu'intuition et sensibilité, et ne peut avoir de cerveau scientifique, Hélène Metzger donne un indiscutable démenti[4]. »

La trajectoire de la philosophe s'arrête brusquement pendant la guerre. Juive, cachée, Hélène Metzger est arrêtée par la police, puis internée au camp de Drancy en février 1944. Elle meurt à Auschwitz la même année, à l'âge de 45 ans. Son dernier livre, posthume, synthétise la crise de la pensée occidentale et réfléchit au dévoiement de la raison par les régimes fascistes. Hélène Metzger s'interroge sur le chemin pris par les sciences humaines françaises qui, selon elle, ont conduit à la « stérilisation de l'esprit, à l'annihilation, à la destruction, ou pour mieux dire, à la neutralisation de tout idéal religieux ou scientifique, de toute valeur métaphysique ou morale, de toute volonté réfléchie, assurée, dogmatique[5] ». Ce dernier

1. H. Metzger, « Propos d'une philosophe », *La Française*, 5 mars 1932, p. 3.
2. H. Metzger, « Un plaidoyer pour la femme », *La Française*, 9 septembre 1933, p. 1.
3. H. Metzger, « Madame Paul Tannery. Historienne des sciences », *La Française*, 28 novembre 1936, p. 2.
4. « Les livres », *La Française*, 7-14 septembre 1935, p. 4.
5. Suzanne Delorme, « H. Metzger, La science, l'appel de la religion et la volonté humaine », *Revue d'histoire des sciences et de leurs applications*, t. 7, n° 4, 1954, p. 378.

ouvrage, encore mal connu, constitue sans doute un témoignage philosophique central de la déception vis-à-vis de l'usage de la raison proposé par les sociétés capitalistes libérales[1].

L'offensive catholique continue

Concurrencer la philosophie universitaire

Parallèlement à ces réussites universitaires, et tandis que les réformes de l'enseignement public échouent à mettre en place un enseignement de la philosophie pour les femmes, l'enseignement privé continue de s'organiser pour s'adapter aux mutations sociétales et maintenir son influence. À partir de 1917 et durant tout l'entre-deux-guerres, le Code de droit canonique stigmatise l'enseignement public républicain et laïc. En 1920, un prêtre de Paris demande sans succès à être inscrit à l'agrégation de philosophie (il n'est pas admis car le concours vise à former le personnel de l'enseignement public laïc) puis porte l'affaire devant le Conseil d'État (il est débouté). En 1921, Léon Bérard entend réformer l'enseignement secondaire et remanier le contenu de l'enseignement philosophique pour garçons. Le cours continue d'être caractérisé comme moment de synthèse des études antérieures mais la métaphysique est remplacée par la philosophie générale. Les tensions entre enseignement philosophique catholique et enseignement public laïc et républicain n'ont pas disparu[2].

En 1922, le Conseil national des femmes françaises pointe un véritable retard de l'enseignement public sur l'enseignement privé catholique, qui, toujours en rivalité, a organisé la préparation aux

1. Il faut attendre 1962 pour que son travail soit reconnu outre-Atlantique, sous l'impulsion du succès des théories scientifiques de Thomas Kuhn, qui la cite comme une des fondatrices de l'antipositivisme dans l'histoire des sciences, et dix ans encore pour être reconnu en France. Thomas Kuhn, *La Structure des révolutions scientifiques*, Paris, Flammarion, 2008 (1962).
2. B. Poucet, *Enseigner la philosophie*, *op. cit.*, p. 240-241.

divers baccalauréats pour les filles. C'est le temps de l'offensive cléricale, portée par le gouvernement du Bloc National[1]. Dans la région parisienne, les cours privés catholiques se sont multipliés : Association Fénelon pour l'éducation des jeunes filles (avenue de l'observatoire), Cours de jeunes filles de l'Institut catholique (rue Vaugirard), École normale catholique (rue de Sèvres), Université libre de jeunes filles (boulevard Victor Hugo à Neuilly) ou encore Institut normal Sainte Geneviève (rue d'Assas).

Parmi ces initiatives, le Cercle de l'enseignement catholique organise des cours de philosophie dans le couvent des dames bénédictines du temps[2]. Il a été créé au sortir de la guerre à l'instigation de Mme de Lamaze (Marie Mayjurou de Lagorsse, 1874-1933), défenseuse d'un catholicisme rigide et profondément conservateur. Elle l'administre avec son mari ; tous deux fondent aussi une revue, *Lumen*, éditée de 1920 à 1933, qui expose le détail des programmes de philosophie. Les professeurs et conférenciers chargés des cours sont, pour la plupart, des religieux, tels que l'abbé Paquier, ancien professeur à l'Institut catholique, l'abbé Lallement, maître de conférences dans la même institution ou encore le chanoine Henri Dutoit, secrétaire général des facultés catholiques de Lille. Colette Yver (Antoinette de Bergevin, 1874-1953), écrivaine réputée pour ses positions antiféministes, y est aussi active[3].

Le Cercle rejette par principe l'éducation publique, dont son enseignement de philosophie, inventé pour « renier tout métaphysique et toute explication suprasensible des choses de l'Univers, de la vie, de l'homme[4] ». L'offensive du Cercle contre la

1. Bruno Duriez *et al.* (dir.), *Les Catholiques dans la République*, *op. cit.* Un inventaire avait déjà été dressé par Pierre Gerbod, « Les catholiques et l'enseignement secondaire (1919-1939) », *Revue d'histoire moderne et contemporaine*, n° 3, 1971, p. 376.
2. « Le cercle et son organe "Lumen" », *Lumen*, juillet 1920, p. 425-427.
3. Helen Chenut Harden, « Antiféminisme », *in* C. Bard, *Dictionnaire des féministes*, *op. cit.*
4. Henri De Pully, « La morale domestique. Le rôle plus spécial de la mère. Neuvième cours », *Lumen*, septembre 1921, p. 600.

philosophie universitaire est traversée par l'anti-germanisme, le nationalisme et l'anticommunisme en pleine ascension – la revue mentionne à plusieurs reprises la nécessité de combattre les idées de la Révolution russe. L'abbé Bernard Roland Gosselin, professeur à l'Institut catholique de Paris, spécialiste du thomisme, n'hésite pas à transposer cette dispute politique sur le terrain de la philosophie, affirmant que « l'idéologie bolchévique conduit la Russie à l'abîme » : « Née de la philosophie germanique, qui empoisonne l'Europe depuis plus d'un siècle, elle menace aujourd'hui la civilisation tout entière [...]. On ne lutte contre les idées qu'avec des idées. Aux principes négateurs de l'évolutionnisme et du devenir universel, il faut opposer la métaphysique de l'être et de l'absolu[1]. » Le champ philosophique français et l'université ne verront pourtant émerger en leur sein des idées marxistes qu'à partir de la fin des années 1920, avec beaucoup de difficultés[2].

La multiplication des attaques profite sans doute aussi du relatif discrédit du champ intellectuel en général, et philosophique en particulier. La guerre marque en effet un coup d'arrêt au « moment philosophique » guidé par la recherche d'une philosophie sur mesure pour la République. Du reste, les principaux agents du champ se sont, au début du siècle et jusqu'à la fin de la guerre, plutôt concentrés sur la question nationale, au détriment de la question républicaine. Et, alors que la période d'après-guerre est marquée par la prévalence des idées pacifistes, ces philosophes sont accusés d'avoir incité à la guerre[3].

---

1. Bernard Roland Gosselin, « Notes sur le bolchévisme », *Lumen*, janvier 1922, p. 65.
2. Voir Isabelle Gouarné, *L'Introduction du marxisme en France*, Rennes, PUR, 2013 ; Michel Bellet, « The Reception of Marx in France : *La Revue Socialiste* (1885-1914) », *The European Journal of the History of Economic Thought*, vol. 25, nº 5, 2018, p. 1154-1199.
3. Voir notamment Stéphan Soulié, « Philosophie en République et expérience morale de la Grande Guerre », art. cité ; Pascal Ory et Jean-François Sirinelli, *Les Intellectuels en France de l'affaire Dreyfus à nos jours*, Paris, Perrin, 2004 ; Philippe Soulez (dir.), *Les Philosophes et la Guerre de 14*, *op. cit.*

L'objectif des cours de philosophie du Cercle catholique est donc moins de permettre l'accès des femmes au baccalauréat et à la licence, que de capter l'intérêt des femmes pour cette discipline pour les empêcher de l'étudier dans le public. Les cours s'adressent à « toutes celles qui comprennent la nécessité d'une formation intellectuelle, morale et religieuse pour exercer de l'influence dans les milieux divers[1] ». L'enseignement de la philosophie est considéré comme un espace de lutte religieuse et politique, propice à un prosélytisme dictant la supériorité du catholicisme dans l'enseignement secondaire. « La philosophie est, en effet, la reine des sciences humaines [...]. Mais si la philosophie est reine dans son domaine, elle n'est, selon le langage de Descartes, que la servante de la théologie[2] », peut-on ainsi lire dans les principes philosophiques de la revue *Lumen*. À quatre décennies de distance, ces propos font encore écho au débat suscité par le projet de la loi Camille Sée.

Émile Peillaube, doyen de la faculté de philosophie à l'Institut catholique de Paris, est chargé des premiers cours au Cercle. Dès son introduction, il lance un véritable appel aux jeunes femmes catholiques : « Aidez-nous. Vous pouvez beaucoup pour la diffusion de la philosophie chrétienne[3]. » Le programme est axé sur l'enseignement de la philosophie scolastique basé sur l'étude de Saint Thomas, complété par un enseignement de théologie dogmatique, de morale et de liturgie. Le cours s'efforce une nouvelle fois de subsumer la philosophie à la théologie. Surtout, la conception genrée des organisateurs du Cercle est portée par une croyance : les femmes seraient, par nature, disposées à être anticommunistes et à en combattre les valeurs. « La femme est conservatrice : peu portée vers toutes les utopies socialistes, elle

1. « Notre idée et notre but », *Lumen*, janvier 1920, p. 5.
2. « Entre nous. Un cercle Lumen à Angers. L'enseignement catholique pour les Femmes du Mondes à la faculté de Théologie », *Lumen*, février 1921, p. 128-129.
3. Émile Peillaube, « Origine de la philosophie scolastique », *Lumen*, février 1920, p. 55-71.

tient à garder son foyer et l'avenir de sa race. Si elle a une solide culture d'esprit, elle peut alors faire valoir ses droits, avec toutes les qualités spontanées que Dieu a mises en elle[1]. » L'enseignement de la philosophie n'est, dans cette perspective, qu'un moyen de combattre un projet politique, non une fin en soi, et encore moins une lutte pour l'égalité des savoirs.

Une enquête catholique sur les études philosophiques pour les filles

Émile Peillaube est aussi à l'origine d'une *Enquête catholique sur les études philosophiques pour les filles*, menée pendant quatre ans et publiée dans la *Revue de philosophie*[2] . Cette dernière est, depuis son apparition en 1900, une des seules revues catholiques entièrement dédiée à la philosophie. Liée à l'Institut catholique de Paris, en collaboration avec l'Institut philosophique supérieur de Louvain et diverses Universités pontificales de Rome, elle est l'un des principaux organes de philosophie de l'Église. Elle s'est donnée pour objectif la christianisation de la pensée française car « la philosophie chrétienne est la philosophie tout court, c'est-à-dire, la seule explication rationnelle du monde et des rapports de l'homme avec Dieu[3] ». Elle suit les principes de l'Encyclique de 1879 et de Léon XIII (*Aeterni patris*) sur la philosophie chrétienne – invitant les chrétiens à enseigner la philosophie, instrument de combat contre la sécularisation.

Émile Peillaube joue un rôle central dans cette réaffirmation de la théologie. D'autant que l'Institut est aussi connu, au-delà de ses positionnements anti-laïcs, pour s'opposer à la pensée catholique dite moderniste, c'est-à-dire ouverte aux réformes sociales et à la

1. Cardinal Charost, « La culture féminine et l'Église », *Lumen*, décembre 1926, p. 191.
2. L'enquête est aussi reproduite dans le revue *Lumen* : « Enquête scientifique sur la convenance des études philosophiques pour les jeunes filles », *Lumen*, mars 1920, p. 154.
3. Ces informations proviennent de l'article de présentation de la revue : « Revue de philosophie », *Lumen*, janvier 1920, p. 45-46.

science. Véritable lieu de la renaissance thomiste en France, il défend une philosophie conservatrice sans dialogue avec la république. « On était en pleine bataille, l'enjeu était l'intégrité de la foi et de la raison[1] », résume la philosophe catholique conservatrice Raïssa Maritain (1883-1960). Bachelière en 1900, cette dernière se dirige vers une licence de philosophie à la Sorbonne, qui la déçoit. Elle adopte rapidement une position antirépublicaine vis-à-vis de l'enseignement public et une méfiance envers la science. Son dégoût rappelle le chemin de Léontine Zanta. La philosophie universitaire ose mettre en doute les principes religieux en posant que « la pensée n'est peut-être qu'une manifestation de la matière[2] ». Il faut mentionner qu'en 1912 déjà, son époux, Jacques Maritain, figure de la philosophie thomiste, n'avait pas hésité à imposer à ses élèves, l'obligation de réciter l'*ave maria*[3].

Toujours est-il qu'en 1920, Émile Peillaube lance sa grande enquête, divisée en dix questions. Par cette initiative, il répond aux circonstances car, depuis la fin de la guerre, un phénomène inédit se présente à la faculté de philosophie de l'Institut catholique de Paris : une trentaine d'étudiantes sont présentes. Au vu de cette nouveauté, il faut savoir dans quelle mesure et jusqu'à quel point la philosophie, du point de vue catholique, peut être considérée comme moralement acceptable pour les femmes. Il est temps de repenser les positions antérieures, et l'enquête interroge des préjugés jusqu'ici tenaces, comme l'idée que « l'esprit féminin est intellectuellement docile, confiant, croyant ».

Le questionnaire est adressé aux jeunes filles, aux femmes qui font ou ont fait des études philosophiques, mais aussi aux

1. Ancienne disciple d'Henri Bergson duquel elle s'est distanciée. Raïssa Maritain, *Les Grandes amitiés*, Paris, Desclée de Brouwer, 1949, p. 382.

2. Raïssa Maritain, « Récit de ma conversion », *Cahiers Jacques Maritain*, 7-8, septembre 1983, Le centenaire de Raïssa 1883-1983, p. 72.

3. Il faut aussi noter que la revue est caractérisée par la présence d'articles antisémites, allant jusqu'à lier la pensée sociologique française à une prétendue dégénérescence du judaïsme, comme le soutient André Joussain (« La morale sociologique et les raisons de son échec », *Revue de philosophie*, janvier-décembre 1923, p. 557-578).

professeurs d'enseignement privé catholique, aux membres du clergé et aux familles catholiques. Quelques médecins sont convoqués pour donner leur opinion sur les dommages et bénéfices potentiels de la philosophie dans les esprits féminins. Le rapport comporte soixante-dix-huit pages et expose quarante témoignages sélectionnés[1]. Les réponses sont divisées selon la qualité du répondant (parents, ecclésiastiques, jeunes étudiantes et professeures de philosophie, jeunes filles qui préparent le baccalauréat, femmes du monde)[2].

Dans l'ensemble, l'enquête est plutôt favorable à la philosophie dans les institutions privées. Son attrait est moins interprété comme une déviance morale que comme un désir féminin de métaphysique. Les étudiantes et professeures sont catégoriques au sujet de la prétendue infériorité intellectuelle des femmes, qui semble être devenue une vue obsolète. « Cette différence ne se vérifie pas en fait[3] », indique le rapport. Chez les bachelières, ce préjugé paraît définitivement désuet. « Si les femmes n'excellent pas dans ces études, c'est qu'elles n'y sont pas encouragées, mais seulement tolérées, et encore[4] ! » Une autre indique : « Nous ne représentons aucun type nouveau féminin, nous, les étudiantes en philosophie, nous marquons seulement la date d'apparition de conditions plus favorables au développement féminin[5]. » L'idée d'égalité s'est répandue parmi les nouvelles générations de tous bords.

Les autres enquêtés proposent toutefois des réponses qui témoignent d'une ambiguïté. Les médecins catholiques consultés affirment par exemple « qu'ontogénétiquement, biologiquement, physiologiquement, la femme est déterminée en fonction de

1. « Enquête sur la convenance des études philosophiques pour les jeunes filles », *Revue de philosophie*, 1923, p. 221-247, p. 400-425 et p. 512-536.
2. Les réponses sont ensuite divisées en catégories professionnelles, selon que les enquêtés sont agrégées, doctoresses, licenciées, bachelières, puis viennent les opinions des femmes du monde.
3. « Enquête sur la convenance... », art. cité, p. 407.
4. *Ibid.*, p. 513.
5. *Ibid.*, p. 522.

l'espèce[1] » et n'est pas apte à raisonner. D'autres voix, notamment celle de femmes de lettres, reprennent l'argument d'Henri Bergson et pensent que « la qualité qui manque à l'esprit féminin, c'est l'imagination créatrice[2] ». D'autres encore pointent l'idée que « l'esprit féminin, quand il devient philosophique, cesse d'être docile, confiant et croyant[3] » et s'éloigne de la religion. Colette Yver, amie de Léontine Zanta, indique cependant qu'il n'y a pas à craindre les femmes philosophes : peu importe la multiplication des étudiantes de philosophie, affirme-t-elle, leur nombre « sera toujours assez restreint pour qu'il y ait là un développement de l'élite et point un danger social[4] ». L'idée est révélatrice : l'accès à la philosophie peut bien être une preuve de modernité, elle n'inspire plus le danger d'autrefois, devenant, en ces termes, acceptable. De même, la difficulté d'accès limitant les femmes philosophes à un petit nombre les condamne, selon Colette Yves, à n'être que résiduelles, et donc sans intérêt particulier.

Obtenir l'égalité philosophique : mobilisation collective pour le droit au concours d'agrégation

Interdire l'agrégation de philosophie aux femmes : la colère de Jeanne Baudry

Le jugement de Colette Yver va toutefois à contresens de l'état d'esprit d'après-guerre. Les licenciées de philosophie s'interrogent, elles, car elles ont remplacé les hommes à leurs postes de professeurs. Que vont-elles devenir une fois ceux-ci rentrés du front ? Et pourquoi ne disposent-elles pas des conditions suffisantes pour préparer le concours de l'agrégation, qui les mènerait à

1. *Ibid.*, p. 225.
2. *Ibid.*
3. *Ibid.*, p. 226.
4. *Ibid.* Voir Michel Manson, « Colette Yver, une jeune auteure pour la jeunesse de 1892 à 1900 », *Cahiers Robinsons*, n° 15, 2004.

une sécurité matérielle, professionnelle et symbolique, alors qu'elles ont parfaitement su remplacer leurs collègues masculins pendant quatre ans ? Un nouveau problème se pose quant au recrutement des professeurs de philosophie femmes, car le nombre de filles désirant passer le baccalauréat, et donc l'épreuve de philosophie, ne fait que croître depuis les années 1910.

Il n'existe alors que deux agrégations féminines, en lettres et sciences ; considérées comme inférieures aux agrégations masculines, elles sont donc aussi moins rémunératrices. Dans les autres disciplines, les agrégations ne sont pas officiellement fermées aux femmes, mais les difficultés scolaires – à commencer par celle consistant à accéder à un enseignement secondaire ouvrant à l'enseignement supérieur – constituent d'importants mécanismes freinant cette possibilité. Il faut souligner que l'agrégation est centrale : elle garantit une insertion professionnelle de qualité, une meilleure rémunération, ainsi qu'un prestige social et une légitimité dans son champ d'études[1].

Cette logique s'applique aussi au champ philosophique : la très grande majorité des philosophes reconnus sont agrégés, ils ont souvent étudié ensemble, font partie des mêmes réseaux et appartiennent à une génération commune autour de laquelle s'est consolidé un ensemble de références. Partie intégrante du processus de transmission, mais aussi de création de la philosophie, l'agrégation cristallise les mécanismes de socialisation aux idées philosophiques, qui contribuent à la reproduction et à la perpétuation de la tradition philosophique légitime. Le titre d'agrégé permet de se positionner sur le devant de la scène philosophique française[2].

---

1. Y. Verneuil, *Les Agrégés. Histoire d'une exception française*, Paris, Belin, 2005 ; et « La Société des agrégées, entre féminisme et esprit de catégorie (1920-1948) », *Histoire de l'éducation*, 2007, p. 195-224.
2. Alan D. Schrift, « The Effects of the Agrégation de Philosophie on Twentieth-Century French Philosophy », *Journal of the History of Philosophy*, vol. 46, 2008, p. 452 notamment.

Le relatif délaissement des études classiques par les hommes au sortir de la guerre aurait pu laisser penser que les femmes entreraient plus facilement dans la carrière philosophique. L'arrêté du 31 juillet 1918 met immédiatement un frein à cet enthousiasme en établissant que les concours d'agrégation sont dorénavant réservés aux hommes. En 1919, les femmes licenciées sont par ailleurs informées par le recteur de l'académie de Paris qu'elles doivent désormais avoir l'agrégation et posséder un certificat pour être professeures dans les lycées secondaires masculins. Celles qui sont déjà enseignantes dans de tels établissements sont aussitôt averties ; il n'y a aucune assurance que leur emploi soit maintenu. Justifiées par la nécessité de réintégrer les hommes partis au front qui reviennent, ces décisions sont surtout portées par l'idée que l'égalité professionnelle « porterait un tort grave à la famille[1] ».

Cet arrêté est toutefois de courte durée, car il paraît de plus en plus archaïque et impossible à maintenir. Jeanne Bernis (née Baudry), la première agrégée de philosophie en 1905, est une de celles qui se mobilise devant l'absurdité d'une réglementation visant à « refuser aux femmes en 1920 un droit qui leur fut reconnu en 1905[2] ». Pour la philosophe, la loi Camille Sée constitue un véritable anachronisme : « Il y a quarante ans, les créateurs de l'enseignement secondaire féminin ont pu craindre avec raison de surprendre l'opinion par une réforme des mœurs trop violente, mais aujourd'hui c'est, je le crains, l'opinion qui leur forcera la main. » Elle conclut en encourageant la politique d'égalité d'accès aux diplômes et au concours et insiste sur le fait qu'on « ne peut indéfiniment continuer à mesurer parcimonieusement à

1. « Agrégés et certifiées contre agrégés », *Bulletin de la Société des agrégées de l'enseignement secondaire public*, mai 1922, p. 13. En septembre 1914, le ministre de l'Instruction publique Albert Sarraut décide de l'ouverture d'un « Livre d'or de l'Université » composé des listes de « ceux qui seront tombés, morts ou blessés, sur le champ de bataille ». De 1914 à 1920, 17 144 fiches individuelles sont établies.
2. « Bulletin de l'enseignement secondaire des jeunes filles », *Revue universitaire*, avril 1920, p. 293-296.

la femme une culture de seconde main »[1]. Les temps ont changé, et la loi est en retard sur les mœurs.

De fait, l'arrêté du 10 février 1920 ouvre de nouveau les agrégations masculines aux femmes. Le 8 mars 1920, une dépêche ministérielle répond à la demande massive d'étudiantes de pouvoir passer les agrégations masculines, tout particulièrement de philosophie. Cette revendication débouche sur l'arrêté du 18 mars pris par le ministre de l'Instruction publique André Honnorat, qui autorise explicitement, pour la première fois, les femmes à se présenter aux agrégations de philosophie et de grammaire. Le 24 juillet de la même année, le ministre déclare souhaiter établir un cours régulier et complet de philosophie dans les lycées féminins et propose d'accorder huit heures et demie de classe de philosophie dans ces établissements. Cette mesure, elle aussi inédite, témoigne des changements qui parcourent l'après-guerre[2].

Un soutien masculin : le philosophe Léon Brunschvicg

La tentative d'interdire le concours d'agrégation de philosophie aux femmes aurait peut-être pu aboutir si les étudiantes mobilisées n'avaient pas aussi bénéficié du soutien de taille d'un philosophe majeur de son époque : Léon Brunschvicg. Normalien, agrégé de philosophie, professeur au lycée Condorcet, maître de conférence à la Sorbonne puis professeur au Collège de France, il est aussi membre de l'Institut, de la Société française de philosophie et cofondateur de la *Revue de métaphysique et de morale*.

Particulièrement fermes, ses positions féministes se démarquent largement de celles de ses pairs. Il est le seul philosophe homme célèbre à se positionner alors publiquement et sans réserve pour l'égalité entre les sexes comme principe inaliénable.

1. *Ibid.*
2. *Ibid.*, p. 293. « Bulletin de l'enseignement secondaire des jeunes filles. La rénovation de l'enseignement féminin », *Revue universitaire*, 1920, p. 380-381.

Intransigeant sur ce point, il résume ses engagements de longue date dans un article pour *La Française* : « Un adversaire du suffrage des femmes n'a pas le droit de se dire républicain[1]. » Dans ses textes, nulle mention d'une nature féminine liée à une fonction sociale *a priori*. Pour lui, la question doit être placée sur le strict plan de l'égalité politique. Il se distingue même sur ce point de certaines associations intellectuelles féminines, qui ne la revendiquent pas systématiquement et s'y opposent même parfois[2].

Le philosophe est l'époux de Cécile Brunschvicg, féministe républicaine qui deviendra la première femme sous-secrétaire d'État à l'Éducation nationale durant le Front Populaire. L'engagement féministe au sein du couple Brunschvicg est rare car réciproque. Cécile Brunschvicg affirme du reste que son engagement pour le droit de vote des femmes serait né des suites de ses discussions avec son mari. « Le grand coupable fut Léon Brunschvicg[3] », affirme-t-elle au sujet des origines de son militantisme. Il fut le premier à la convaincre du caractère essentiel de la lutte pour le suffrage comme condition des autres luttes féministes. La modernité de ses propos vis-à-vis de ses pairs est sans doute aussi à relier à ses positions philosophiques. Léon Brunschvicg incarne en effet un pôle novateur en philosophie, ouvert aux autres disciplines, où la science et le rationalisme sont fondamentaux. Science et valeurs républicaines se lient dans un enthousiasme commun pour la raison et le progrès ; les inégalités de traitement entre les sexes sont perçues dans ce cadre comme un archaïsme faisant obstacle à la république.

---

1. Léon Brunschvicg, « Suffrage universel et vote obligatoire », *La Française*, 19 mai 1928, p. 1.
2. C'est le cas de la présidente de la Société des agrégées, Emma Flobert, qui exprime à plusieurs reprises ses réticences quant à l'attribution du droit de vote à toutes les femmes, qualifiant la plupart des femmes de province et de la campagne de « rétrogrades, ou indifférentes, ou influencées par l'Église » qui « assureraient certainement le triomphe de la réaction » (E. Flobert, « Les universitaires », bibliothèque Marguerite Durand, dossier documentaire « Vote des femmes, recueil droit de vote des femmes, France. 1926 », p. 41).
3. Suzanne Normand, « Visite à une féministe », *Les Nouvelles littéraires*, 2 mars 1929, p. 9.

Depuis 1911, il est cofondateur puis vice-président de la Ligue d'électeurs pour le suffrage des femmes, (dont sont membres le philosophe et sociologue Célestin Bouglé et le philosophe et homme politique Ferdinand Buisson). L'association regroupe « les hommes estimant que le suffrage doit être accordé aux femmes dans les mêmes conditions qu'aux hommes[1] ». Après la Première Guerre mondiale, il écrit à diverses reprises pour dénoncer une éducation publique à deux vitesses. En 1920, il publie un article en faveur d'une assimilation complète entre enseignements féminins et masculins et critique l'absence d'Inspectrice générale dans la fonction publique. La même année, il dresse un bilan alarmant de la situation des femmes dans l'enseignement de philosophie en France. Il se réjouit de la décision du ministre de l'Instruction publique d'avoir officiellement ouvert aux femmes le concours d'agrégation de philosophie et promis d'assurer la préparation des filles à l'examen de philosophie pour le baccalauréat des lettres. Pour le philosophe, la guerre a simplement montré que « l'admirable équipe de licenciées et de diplômées en philosophie, qui, brusquement appelées à remplacer les professeurs mobilisés, ont fait preuve de la plus exquise et de la plus rare valeur pédagogique[2] ». Le mérite est là et il n'y a pas, selon lui, de discussion à avoir. La réforme a même trop tardé, et sans raison valable : « Nul, *depuis quarante ans*, n'est arrivé à faire voter ce paragraphe inoffensif. »

Il fustige l'attitude des professeurs de philosophie qui, au lieu d'encourager les femmes à enseigner la philosophie et à être leurs égales, se seraient partagés pendant des décennies « le cours de philosophie comme des enfants se partagent un pain d'épice ou une tablette de chocolat[3] ». Ces derniers ont aussi laissé se mettre en place un enseignement de morale pour les femmes qui n'a fait que « dresser des perroquets » au savoir superficiel. Pour lui, une

1. « Ligue d'électeurs pour le suffrage des femmes », *La Française*, 8 février 1913, p. 4.
2. L. Brunschvicg, « La fin d'un bachotage », art. cité, p. 23.
3. *Ibid.*, p. 20.

telle posture est inadmissible : c'est toute la profession qui s'en est trouvée pénalisée. Il insiste sur la nécessité d'autoriser non seulement l'apprentissage de la philosophie aux femmes, mais aussi l'accès systématique au métier de professeur de philosophie. Il est le premier philosophe homme républicain à proposer officiellement de mettre fin à la marginalité des femmes dans l'espace philosophique. Dans *Un ministère de l'Éducation nationale* (1922) il accuse à nouveau les pouvoirs publics d'indifférence vis-à-vis de l'éducation féminine[1].

Si le philosophe n'a pas écrit sur les femmes dans ses œuvres, il s'est exprimé à diverses reprises sur les questions féministes. Dans le cadre de ses fonctions, notamment comme membre de l'Académie des sciences morales et politiques, il a aussi répondu à l'enquête d'Émile Peillaube sur la convenance des études en philosophie pour les femmes. Une fois de plus, il se montre sans ambiguïté. Son expérience de juré au baccalauréat et à l'agrégation lui a permis de « reconnaître, d'une façon générale, une supériorité de maturité et de personnalité chez les jeunes filles par rapport aux jeunes gens[2] ». Les femmes témoignent, selon lui, plus souvent d'une « plus grande docilité, une attitude plus marquée des élèves, sinon de disciples[3] » ; il refuse pour autant d'en titrer une quelconque règle générale, laissant la porte ouverte à des interprétations d'ordre social (et non biologique) de ce phénomène. D'accord pour constater, dans la pratique philosophique, une moindre ambition des femmes et un excès d'ambition chez les hommes, il insiste sur le fait que ces attitudes proviennent « de l'idée artificielle qu'on leur a donnée d'elles-mêmes [...] tandis que beaucoup de jeunes gens croient avoir leur bâton de maréchal, et visent par-delà le professorat à faire œuvre de philosophes[4] ».

1. « L'enseignement secondaire féminin », *Un ministère de l'Éducation nationale*, Paris, Plon, 1922, p. 70.
2. « Enquête sur la convenance... », art. cité, p. 240.
3. *Ibid.*
4. *Ibid.*, p. 241-242.

À aucun moment il n'émet d'opinion sur les femmes à partir d'une prétendue condition biologique. Il pointe ces différences comme le produit d'une formation dans laquelle, comme il le dit expressément, les femmes sont éduquées pour vivre résignées, et les hommes pour se sentir supérieurs à elles. C'est cette éducation qui doit, selon lui, être surmontée. Il se détache ainsi indéniablement de l'ensemble de la profession sur ce point.

En outre, il note que, dans les récentes équipes de candidats à l'agrégation, « ceux qui défendaient avec le plus d'énergie et de ténacité leurs sentiments, n'étaient pas les anciens combattants, c'étaient les jeunes filles[1] » et réfute en bloc l'argumentation d'Henri Bergson concernant le génie créateur : « Si l'intuition est [...] la divination supérieure originale et créatrice, jusqu'ici les femmes n'en ont guère franchi le seuil, semblables en cela d'ailleurs à l'immense majorité des hommes[2]. » Alors qu'Henri Bergson hiérarchise les hommes et les femmes dans leur capacité à devenir philosophes, Léon Brunschvicg reconnaît l'absence d'idées originales et créatrices aux femmes comme aux hommes, égalisant ainsi les deux sexes devant la difficulté.

Par ailleurs, il organise un groupe d'études sur les tendances nouvelles de la philosophie, composé de diverses étudiantes, s'efforçant, par cet accueil, d'ouvrir la philosophie aux femmes. Dans un article de 1926, il va jusqu'à questionner la place des femmes dans la culture philosophique et, plus généralement, leur rôle dans la production des grandes œuvres. Le silence qui les entoure est injuste. « N'est-ce-t-il pas un fait digne de notre réflexion qu'à l'origine de chacune de leurs œuvres se rencontre un attachement à une âme féminine[3] ? » Il fera également partie du Comité d'honneur des États généraux du féminisme de février 1929.

---

1. *Ibid.*, p. 518.
2. *Ibid.*, p. 241.
3. L. Brunschvicg, « Sœurs de grands hommes », *La Française*, 25 décembre 1926, p. 1-2.

La réussite de Lucy Prenant : concilier maternité et philosophie

En 1919, huit femmes obtiennent l'agrégation en littérature et sept en histoire. La réforme qui a ouvert l'agrégation de philosophie aux femmes se traduit aussi par de premiers succès, d'autant qu'en 1920, le ministère a réservé deux places aux femmes et huit aux hommes. Quatre femmes se sont portées candidates, contre vingt-quatre hommes. Lucy Prenant, née Soto (1891-1978), 29 ans, conquiert la seconde place, devenant ainsi la première française agrégée de philosophie d'après-guerre, quinze ans après le succès de Jeanne Baudry[1].

Si sa fille, la philosophe Jeannette Colombel (1919-2016), insiste sur le fait que sa mère « a été reçue comme un autre[2] », sa réussite constitue aussi une véritable fierté, notamment pour la Société des agrégées, association professionnelle défendant les intérêts des agrégées et professeures de l'enseignement secondaire public[3]. Elle n'hésite pas à mettre en avant Lucy Prenant car, « à l'agrégation de philosophie a été reçue une jeune femme qui sevrait son bébé[4] ». Avant la Première Guerre mondiale, les agrégées étaient en effet souvent célibataires, le temps d'étude n'étant guère conciliable avec la vie de famille, et l'administration

1. « Rapport sur le concours d'agrégation de philosophie, session de 1920 », *Revue universitaire*, 1920, p. 81.
2. Jeannette Colombel (1919-2016), agrégée de philosophie (1947). Voir sa notice par Claude Liscia dans *Le Maitron, Dictionnaire biographique*, en ligne. L'entretien cité ici a été réalisé pour France Culture (diffusion le 18 juillet 2011).
3. Alors que diverses associations professionnelles autour du travail intellectuel naissent, comme la Confédération des travailleurs intellectuels ou la Société des agrégés (née en 1914), les femmes diplômées s'organisent en défense de leurs intérêts. L'association est créée le 17 juillet 1920 au lycée Fénelon par 214 femmes de toute la France. Elle lutte pour la représentation de l'enseignement secondaire féminin au Conseil de l'Instruction publique ainsi que dans les conseils universitaires, et prône l'égalité d'accès à la culture pour les femmes. « Assemblée générale constitutive », *Bulletin de la Société des agrégées*, octobre 1920, p. 2 ; pour une histoire de la société, Y. Verneuil, « La Société des agrégées, entre féminisme et esprit de catégorie (1920-1948) », *Histoire de l'éducation*, 2007, p. 195-224.
4. « Partie non officielle. Agrégées et agrégés », *Bulletin de la Société des agrégées*, avril 1921, p. 17.

publique gardait souvent un contrôle sur leur vie personnelle. Or, Lucy Prenant est agrégée, mais aussi jeune mère alors en pleine période d'allaitement. L'image est hautement symbolique ! La maternité et le savoir philosophique se mêlent, pour la première fois depuis la loi Sée, dans une commune représentation, battant en brèche les arguments de 1880. Lucy Prenant est l'exemple concret que les spécificités de la vie d'une mère de famille ne sont pas, par principe, à opposer à leur réussite philosophique. La *Revue universitaire* se réjouit elle aussi de cette combinaison, d'autant que sa place de seconde signifie qu'elle a obtenu de meilleurs résultats que la plupart de ses collègues masculins[1].

Née dans une famille bourgeoise, c'est, comme la plupart avant elle, par le biais d'une éducation privée que Lucy Soto acquiert un excellent niveau scolaire. Elle est éduquée principalement par des précepteurs (il semble qu'elle n'ait fréquenté l'école publique que sur le tard). Ses parents sont ouverts à l'idée qu'une femme se lance dans des études supérieures, et lui permettent de poursuivre la filière de son choix. Elle obtient son baccalauréat en 1908, sa licence de philosophie en 1912 ; elle poursuit aussi des études scientifiques et, entre 1916 et 1917, remplace un professeur de philosophie dans un lycée masculin.

Dans un premier temps, elle souffre de ne pas obtenir de chaire d'enseignement fixe. Son mari, le scientifique André Prenant, l'encourage à poursuivre sa carrière en philosophie, après qu'elle a réussi à publier un article remarqué dans la *Revue philosophique*[2]. Elle devient, en 1922, la première femme philosophe en France à participer à la rédaction collective d'un ouvrage sur l'histoire de la philosophie, livre dans lequel elle rédige un chapitre sur la philosophie des sciences au

1. « Succès féminins aux agrégations masculines », *Revue universitaire*, juillet 1920, p. 215.
2. Lucy Prenant, « H Wildon Carr : The philosophy of Benedetto Croce, the problem of art and history », *Revue philosophique*, juillet-décembre 1918, p. 486-498.

XIXe siècle[1]. Il n'est probablement pas anodin, pour Lucy Prenant (comme pour Hélène Metzger), que ce champ de recherche lui ouvre cette voie – encore neuf et marginal, le domaine de la philosophie des sciences semble plus à même de remettre en cause certains codes masculins que d'autres déjà structurés.

En 1925, Lucy Prenant est nommée professeure de philosophie au prestigieux lycée de filles Fénelon, premier emploi stable et où elle reste plusieurs années. Elle se lance ensuite dans la préparation d'une thèse de doctorat sur le rationalisme de Spinoza, avec le conseil de Léon Brunschvicg – cette rencontre n'est guère étonnante. La thèse ne sera cependant pas soutenue. Enseignante et mère de famille, elle est aussi très engagée dans les combats politiques de son époque : proche du Parti communiste français, active dans les différents réseaux intellectuels marxistes, membre de la fédération de l'enseignement de la Confédération générale du travail (CGT). Les bouleversements des années 1930, les dangers fascistes et réactionnaires, la montée de l'anticommunisme et de l'anti-syndicalisme contribuent très certainement à ralentir son processus d'écriture. En septembre 1940, elle constate que sa maison de campagne d'Achères-la-Forêt (Fontainebleau) a été vandalisée et son manuscrit dérobé. Il ne sera jamais retrouvé. S'agit-il d'un vol de la part de la police française, des troupes allemandes[2] ? Toujours est-il que Lucy Prenant ne soutiendra pas cette thèse...

Comme Hélène Metzger peu avant elle, Lucy Prenant publie dans le champ philosophique avec cohérence. Comme Alice Steriad, elle ne s'attaque ni à un sujet marginal en philosophie, ni à une question jugée féminine portant sur la morale ou la psychologie des enfants ; elle se consacre au contraire à l'étude de la philosophie de la connaissance, notamment au rationalisme du

1. Il s'agit de l'ouvrage *La Tradition philosophique et la pensée française contemporaine*, Paris, Alcan, 1922.
2. Voir la notice de Jacques Girault sur Lucy Prenant dans *Le Maitron* (en ligne).

XVIIe mais aussi à la philosophie allemande du XIXe siècle. Les questions autour des modes de connaissances constituent l'épicentre de ses publications. Elle s'intéresse au surgissement des concepts de vérité et d'universalité dans la philosophie moderne et aux différentes méthodes et épistémologies nées de la modernité. En 1937, elle est l'une des premières femmes philosophes françaises à publier sur Karl Marx, participant ainsi à son introduction dans le champ universitaire français[1]. Membre du Cercle de la Russie neuve, association composée d'intellectuels partisans de la Révolution russe, elle y donne en 1934 une conférence sur Karl Marx et Auguste Comte, source de son article. Il s'agit d'analyser la philosophie moderne française au prisme du matérialisme historique.

La philosophe y démontre une connaissance avancée et précise de la philosophie allemande. La critique que Karl Marx élabore du mode de production capitaliste y est interprétée comme une véritable question de philosophie de la connaissance. Elle compare la pensée positiviste française à la pensée dialectique allemande et montre les limites de la première, qui oublie que les sociétés sont en mouvement. Lucy Prenant est donc partie intégrante du processus de mobilisation de la pensée marxiste ; elle participe d'ailleurs à la création de *La Pensée*, revue marxiste et communiste destinée à un public universitaire[2].

Le 20 décembre 1940, elle est mise à la retraite par arrêté ministériel, au motif d'être « israélite ». En août 1944, lorsque seront écartés les fonctionnaires nommés par Vichy, elle sera nommée directrice de l'École normale supérieure de Sèvres. Philosophe et femme de science respectée, engagée dans la Résistance avec sa famille, Lucy Prenant bénéficie d'une réputation hors pair pour refonder l'enseignement public français à la Libération. Elle

1. Voir en particulier sa contribution dans *À la lumière du marxisme*, vol. II, Paris, Éditions sociales internationales, 1937.
2. Voir I. Gouarné, *L'Introduction du marxisme en France*, *op. cit.*

deviendra particulièrement célèbre pour y avoir prôné une modernisation, ayant comme principe l'égalité entre hommes et femmes face à tous les savoirs, et stimulant volontiers ses étudiantes à se tourner vers la recherche, véritable nouveauté pour Sèvres[1]. Sa conception du rationalisme du XVIIe siècle, en lien avec l'histoire des idées philosophiques française et allemande au XIXe, reste encore à redécouvrir.

La formation d'une agrégation féminine de philosophie : forteresse des humanités

Le droit à l'agrégation de philosophie est de courte durée. Quelques mois après la satisfaction de Léon Brunschvicg et le succès de Lucy Prenant, à la session du 22 janvier 1921, le Conseil supérieur de l'Instruction publique, sous la présidence de Léon Bérard, propose la formation d'une agrégation féminine de philosophie, différente de l'agrégation originelle, désormais appelée « masculine ». En cause, la rapidité de l'ouverture de l'agrégation aux femmes, qu'on estime trop brutale : la création d'une agrégation féminine est pensée comme « une étape nécessaire[2] », un moment intermédiaire afin de ne pas heurter les esprits masculins. L'argument gradualiste utilisé pour ne soi-disant pas déstabiliser l'ordre social est encore un leitmotiv dans l'acquisition de nouveaux droits pour les femmes. Il s'agirait, de plus, de répondre à un problème immédiat. Edmée Charrier rappelle le caractère pragmatique de cette loi. Les femmes désireuses de concourir à l'agrégation de philosophie étant de plus en plus nombreuses, l'agrégation féminine de philosophie permettrait d'alimenter cette demande sans pour autant modifier la structure de l'enseignement secondaire et universitaire, permettant ainsi de mettre

1. Frédérique Matonti, « Quelques fragments de Lucy Prenant », *L'Archicube*, décembre 2016, p. 34-40.
2. « Au Conseil supérieur de l'Instruction publique. Session de Janvier 1921. L'agrégation de philosophie ouverte aux femmes », *Bulletin de la Société des agrégées*, avril 1921, p. 18.

immédiatement en place la réforme avec un budget bien moindre[1].

À 17 voix contre 16, le projet est adopté. Louli Sanua (Sarah Alexandrine Louise Sanua, 1886-1967), enseignante et seule femme membre du Conseil et rapporteuse du projet, s'y est fermement opposée : « Nous ne sommes plus en 1880[2]. » Cette discrimination, qui couperait la profession en deux, est inacceptable. En réalité, le projet, est plutôt inégal que graduel. D'une part, les femmes n'auraient pas besoin de la licence de philosophie pour passer l'agrégation, à la différence de leurs collègues masculins. D'autre part, le diplôme d'études supérieures, également nécessaire pour se présenter au concours, serait remplacé, pour les femmes, par une leçon orale portant sur un auteur du programme choisi par la candidate. Le latin ne serait pas non plus exigé, puisqu'il n'est pas systématiquement enseigné dans les institutions d'enseignement féminin. Enfin, il leur serait interdit de se présenter à l'agrégation masculine, puisqu'une autre serait spécialement prévue pour elles.

Pour résumer, la qualité de cette agrégation féminine serait largement en deçà de celle de l'agrégation masculine, pouvant entraîner du même coup une inégalité de traitement et de légitimité. Louli Sanua se voit alors rétorquer qu'elle ignore les conditions physiques des femmes : leur faiblesse physique et cérébrale les rendrait incapables de composer pendant sept heures sur un sujet philosophique comme leurs homologues masculins !

À la suite de tels propos, la Société des agrégées décide de faire campagne contre la loi. Ce n'est pas une agrégation digne de ce nom, mais bien un traitement de seconde zone qui leur est

1. E. Charrier, *L'Évolution intellectuelle féminine*, *op. cit.*, p. 136.
2. Huguette Garnier, « En 1914 : un seul concours d'agrégation de philosophie pour les hommes et les femmes. En 1920 : on vote deux types d'agrégation créant pour les deux sexes des droits inégaux », *Excelsior*, 3 février 1921, p. 2.

réservé. « Rien de tout cela pour des femmes ; mais seulement de futures agrégées au petit pied[1]. » La Société interprète la création tardive d'une agrégation féminine de philosophie comme une attaque symbolique devant les revendications professionnelles des milieux universitaires qui se sont accélérés depuis la fin de la Grande Guerre. Les femmes seraient sur le point de conquérir l'espace philosophique, et, par-là, d'attaquer « la forteresse des Humanités classiques jusqu'ici jalousement gardée par le sexe fort[2] ». Elle dénonce par ailleurs les circonstances malhonnêtes du vote : les membres du Conseil, pris de court, ont été prévenus de l'addition de ce point la veille de la session, et il n'a été discuté qu'en fin de réunion, de manière hâtive[3].

Jeanne Dasté (1889-1977), troisième agrégée de philosophie de France (en 1921), rédige la motion qui entraîne une mobilisation massive. Née dans une famille aisée, licenciée de philosophie en 1914, elle a remplacé en 1915 un professeur dans un lycée de garçons. Particulièrement active et engagée, elle est membre du Parti socialiste, militante de la CGT depuis 1919 et secrétaire du cercle d'études de l'Union française pour le suffrage des femmes depuis 1912. Sa motion est claire : la nouvelle loi constitue un sabotage officiel de la formation intellectuelle des femmes dans la société française[4]. La controverse devient publique. Les organisations professionnelles féminines font barrière et dénoncent collectivement, de façon inédite, ce traitement discriminatoire.

1. « Au sujet d'une agrégation féminine de philosophie "au rabais" », *Bulletin de de la Société des agrégées*, avril 1921, p. 19-20 ; « À propos des conditions d'admission à la future agrégation féminine de philosophie », *Bulletin de la Société des agrégées*, novembre-décembre 1921, p. 18-19. L'expression « au petit pied », tombée en désuétude, désigne une plus petite échelle, une version miniature, ici une agrégation inférieure à celle des hommes.
2. *Bulletin de la Société des agrégées*, mars 1922, p. 24.
3. « Au Conseil supérieur de l'Instruction Publique. Session de janvier 1921 », art. cité, p. 18.
4. « À propos des conditions d'admission à la future agrégation féminine de philosophie », art. cité, p. 18-19.

L'association des institutrices diplômées et l'association du personnel enseignant des facultés de lettres de Bordeaux apportent leur soutien. Les professeures agrégées du lycée Jules Ferry lancent, de leur côté, un appel pour dénoncer des agrégations féminines, qui « ne seront pas des agrégations tant que la réforme de l'enseignement secondaire n'aura pas unifié l'enseignement, les grades, les titres, le recrutement[1] ». Une délégation du Conseil national des femmes françaises est également conduite par sa présidente, Julie Siegfried (1848-1922), auprès du ministre de l'Instruction publique. Elle tente de le convaincre de ne pas tenir compte d'un vote aussi serré – et donc peu représentatif – et de ne pas revenir sur la loi de 1920 tendant à l'unification des enseignements[2]. Au nom du Conseil, Cécile Brunschvicg publie aussi un article dénonçant un système éducatif à deux vitesses. Elle souligne qu'il existe des alternatives à la création d'une agrégation féminine de philosophie, comme la création d'un personnel enseignant spécialisé, qui pourrait être recruté parmi les licenciées de philosophie. L'ouverture de la préparation au baccalauréat des lycées de garçons pour les filles serait aussi une solution.

Enfin, Henri Bergson, membre du Conseil depuis 1919, a lui aussi voté contre cette création – fait qui a marqué l'audience et dont s'est félicité son collègue Léon Brunschvicg. S'il ne croit guère en la capacité des femmes de devenir des philosophes à part entière, il lui est impossible de considérer qu'il existe des degrés dans l'enseignement de la philosophie. Plus exactement, l'idée qu'il y ait deux agrégations de philosophie serait, pour lui, contraire au principe même de la philosophie, discipline de synthèse. De plus, il s'oppose à toute fragmentation de la profession.

---

1. Mme Paul Degouy, Mlle C. Tollemer, Mlle G. Véroux, « Agrégées et agrégés », *L'Œuvre*, 16 janvier 1921 ; « L'agrégation de philosophie », *Le Figaro*, 2 mars 1921, p. 3 ; Paul-Gabriel Martin, « Au Conseil supérieur de l'Instruction Publique », *Le Radical*, 27 janvier 1921, p. 1.
2. « L'agrégation féminine de philosophie », *L'Enseignement secondaire des jeunes filles*, 15 juin 1921, p. 277.

La Société des agrégées félicite le philosophe pour ses positions et le discours tenu, jugé ferme et intransigeant : il a permis de démontrer que les femmes, dans les conditions proposées, « ne seraient que des philosophes de traductions et de manuels, des maîtresses de verbalisme et de psittacisme[1] ».

Un événement : l'autorisation officielle d'accéder à la philosophie

Suite à cette mobilisation, l'arrêté du 22 mars 1921 se présente comme un compromis. Il autorise les femmes à candidater aux agrégations masculines de philosophie, de grammaire et de mathématiques, mais elles seraient classées séparément[2]. La proposition ne satisfait guère. Le bureau de la Société des agrégées est reçu le 21 avril 1921 par le directeur de l'enseignement secondaire, qui, après discussion, leur assure que l'agrégation féminine ne sera jamais établie[3]. La séance du 15 avril 1921 au Sénat enterre définitivement le projet ; et le 23 mai 1922, un nouvel arrêté autorise la présentation des femmes aux agrégations masculines de philosophie et de grammaire. C'est une véritable victoire pour les organisations professionnelles, comme pour les féministes et les femmes philosophes. L'esprit de 1880 a été dépassé grâce à une mobilisation collective, qui a pu compter sur le soutien d'hommes.

En 1924, l'arrêté du 17 mai déclare que les « femmes seront autorisées à se présenter à toutes les agrégations et à tous les certificats autrefois réservés aux hommes et qu'il n'y aura qu'un classement unique[4] ». La circulaire du 20 mai 1924 confirme,

---

1. « Au sujet d'une agrégation féminine de philosophie "au rabais" », art. cité, p. 19-20. Rose-Marie Mossé Bastide relate aussi l'importance de Bergson dans ce débat, auquel elle attribue en grande partie le mérite d'avoir empêché cette loi (*Bergson éducateur*, *op. cit.*, p. 269).
2. L'arrêté du 22 mars 1921 autorise filles à se présenter à l'agrégation masculine (voir le *Journal officiel de la République française*, 1er avril 1921, p. 3963).
3. « Audience de M. Bellin, directeur de l'Enseignement Secondaire, le 21 avril 1921 », *Bulletin de la Société des agrégées*, novembre-décembre 1921, p. 12-13.
4. « Les agrégations ouvertes aux femmes », *Bulletin de la Société des agrégées*, décembre 1924, p. 17.

quant à elle, que « les aspirantes peuvent dès cette année, se présenter à toutes les agrégations », à condition de disposer d'un certificat scientifique et d'un diplôme d'études supérieures.

Les avancées vont plus loin et concernent aussi l'enseignement secondaire. Une circulaire en date du 23 octobre 1922 accorde pour la première fois aux filles le droit de « suivre les cours de l'établissement de garçons[1] » en mathématiques et en philosophie, lorsque leur nombre n'est pas suffisant dans les lycées féminins. Un arrêté du 17 mars 1924 établit que tous les concours et certificats masculins seraient désormais accessibles aux femmes, avec un classement unique, même si celui-ci ne sera valide qu'à partir de 1927 et ne sera guère appliqué[2] . Le décret du 25 mars 1924 affirme quant à lui « pour l'enseignement secondaire féminin des programmes identiques à ceux des lycées de garçons et offre aux jeunes filles la possibilité de préparer et de passer le même baccalauréat[3] ».

La loi Camille Sée est désormais jugée inadaptée et le regard porté sur l'enseignement des filles a évolué. Les années 1920 constituent un moment de transition non seulement pour l'éducation féminine en France, mais pour l'histoire de la philosophie elle-même : l'accès des femmes à cette activité est désormais officiellement ouvert, près d'un demi-siècle après la fermeture provoquée par la loi Camille Sée. Il aura fallu plus de quarante ans de batailles individuelles, connues ou solitaires, et de combats collectifs pour que cette égalité prenne pied dans la République. Un accès tardif au modèle républicain de la philosophie se dessine enfin.

---

1. « Classes mixtes en philosophie et mathématiques », *Bulletin de la Société des agrégées*, mai 1923, p. 7.
2. Françoise Blum, Muriel Carduner-Loosfelt, « Du genre en histoire des intellectuels », *Mil neuf cent*, n° 16, 1998 ; F. Mayeur, *L'Enseignement secondaire des jeunes filles sous la Troisième République*, *op. cit.*
3. Évelyne Héry, « Quand le baccalauréat devient mixte », art. cité. Voir aussi Nicole Mosconi, *Genre et éducation des filles*, Paris, L'Harmattan, 2017, p. 11.

Chapitre 8

Dans les sillages de la philosophie 1925-1939

> « La plus célèbre définition de la femme par un philosophe est celle de Schopenhauer : cheveux longs et idées courtes. Il y en a déjà la moitié par terre. L'autre moitié tiendra-t-elle longtemps ? »
>
> Albert Thibaudet
> dans « Une opinion sur les femmes »,
> *La Française*, 1er décembre 1928.

« La philosophie leur était interdite. Ce n'était pas une occupation féminine. Aujourd'hui, je vois beaucoup de jeunes filles qui s'intéressent très intelligemment aux problèmes d'ordre philosophique. [...] Plus il y aura de femmes exercées dans la méditation philosophique, plus il y aura de chances pour que surgisse, parmi elles, un philosophe créateur[1]. » C'est ainsi que le philosophe et doyen de la faculté de lettres de la Sorbonne, Henri Delacroix, perçoit la situation au lendemain des réformes de 1920, 1921 et 1924. Si, contrairement à ses dires, les femmes philosophes n'ont cessé d'exister dans l'histoire de la philosophie, leur progression dans la corporation en France durant les années 1920 est désormais manifeste et plurielle.

1. Henri Delacroix, doyen de la faculté de lettres de la Sorbonne, entretien pour l'enquête de Jean Larnac, « La femme et la science », *La Française*, 10 mars 1930, p. 2.

Les temps ont changé et les conditions d'accès des femmes à la philosophie sont incontestablement plus favorables. Les instructions du 2 septembre 1925, qui réforment les modalités de l'enseignement de philosophie dans l'enseignement secondaire public, ne mentionnent dorénavant rien de spécifique quant à leur présence. Le nombre de filles inscrites en classe de philosophie est désormais aussi élevé que celui des garçons. En 1929, le taux de réussite au baccalauréat pour les classes de philosophie est même de 74 % pour les garçons et de 87 % pour les filles[1]. Au début des années 1930, une jeune femme incarne cette nouvelle période en remportant pour la première fois le premier prix de philosophie au concours général, qui récompense les meilleurs élèves de l'enseignement secondaire. « C'est trop bien pour être d'une jeune fille[2] ! », se seraient exclamés les jurés à la lecture de son travail. Et pourtant, l'auteure se prénomme Jacqueline Le Senne (1914-2011, devenue Jacqueline Morot-Sir après son mariage en 1935). Originaire de Marseille, fille d'un professeur au lycée Henri IV et d'une surveillante du lycée Victor Duruy, où elle fait ses études, son triomphe inédit est, comme celui de Léontine Zanta, immortalisé par l'agence de photographie Meurisse. Sa réussite représente celle de toutes les lycéennes et étudiantes anonymes issues de classe aisée et moyenne pouvant désormais avoir accès à la discipline philosophique. Elle continuera sa vie aux États-Unis.

Les conquêtes s'enchaînent dans les années suivantes : en 1933, c'est au tour d'Arlette Koelts de remporter le troisième prix de classe de philosophie ; en 1934, celui de Lucienne Vitrey et en 1937 celui de Geneviève Rodis-Lewis (1918-2004), future normalienne qui deviendra l'une des premières femmes professeures de philosophie à l'université après la Seconde Guerre mondiale.

---

1. « Rapport présenté au conseil académique de Paris, session de juillet 1930 », *Bulletin de la Société des agrégées*, octobre 1930.
2. « C'est une jeune fille, Mlle Jacqueline Le Senne qui, au concours général, vient d'obtenir le premier prix de philosophie », *Excelsior*, 6 juillet 1932.

Mlle Jacqueline Le Senne,
1er prix de philosophie au concours général

Agence de presse Meurisse, photographie de presse, 1932.

Du côté de l'agrégation, après les victoires législatives de 1921, les conditions légales d'accès au concours sont désormais presque les mêmes pour les femmes et les hommes – ne subsiste qu'une différence portant sur le certificat d'aptitude à l'enseignement secondaire des jeunes filles, qui peut tenir lieu de licence ès lettres ou de licence ès sciences. Ces mesures cumulées se traduisent par d'importants changements. Entre 1905 à 1920, il était exceptionnel qu'une femme passe ce concours, pourtant créé en 1825 : une seule y était parvenue. Entre 1921 et 1929, les femmes représentent en revanche 15 % des effectifs admis et, entre 1930 et 1939, elles atteignent 30 %. Durant cette décennie, près d'un agrégé de philosophie sur trois est donc une femme. En 1939, la Société des agrégées déclare même que l'agrégation de philosophie est, proportionnellement, la plus recherchée par les femmes, situation encore impensable quelques années auparavant[1]. Au total, entre 1920 et 1939, 43 femmes conquièrent ce concours, qui ouvre les portes à une stabilité professionnelle et au réseau philosophique.

Le nombre de femmes docteures en philosophie s'accroît lui aussi. Entre 1913 et 1939, 27 soutiennent leur doctorat à Paris. Parmi elles, 4 parviennent à ce titre entre 1913 et 1920, 8 entre 1920 et 1929, un chiffre à nouveau presque multiplié par deux au cours de la décennie suivante (quinze docteures). Les années 1930 concentrent ainsi près de 50 % de ces réussites. Les docteures en philosophie restent moins nombreuses que les hommes, mais le contraste avec les décennies précédentes n'en est pas moins spectaculaire.

Il n'est en ce sens pas hasardeux que la décennie des années 1930 soit celle de l'apparition de la première femme à la tête d'une association philosophique en France. Suzanne Delorme (1913-2005) devient en effet, en 1938, Secrétaire générale de l'Association des Sociétés de philosophie en langue française, créée

1. *Bulletin de la Société des agrégées*, mai-juin 1939, p. 173.

l'année précédente (à l'initiative notamment de Léon Brunschvicg). Cette situation était inimaginable à peine quelques décennies plus tôt. Elle préserve par ailleurs, pendant la période 1939-1945, le Centre de synthèse, dont est aussi membre Hélène Metzger – une fois encore, la philosophie des sciences rompt avec les usages. À partir de 1947, elle devient même la directrice de la *Revue d'histoire des sciences*, qui accueille les débats scientifiques et philosophiques les plus récents. Elle sera par la suite secrétaire général-trésorier de la Société française de philosophie.

L'anachronisme des instances catholiques

Dans le même temps, la concurrence des établissements privés catholiques concernant l'enseignement philosophique féminin persiste. L'encyclique *Divini Illius Magistri* (1929) se positionne drastiquement contre toute idée de coéducation des sexes, particulièrement à l'adolescence, condamne l'égalité entre filles et garçons et réaffirme la place étriquée accordée aux femmes dans la société, cantonnée à la sphère familiale, à la condition de mère et d'épouse. Elle consacre l'Église comme support primordial de leur éducation et rejette une nouvelle fois le principe de laïcité[1].

À l'Institut catholique, les cours de philosophie d'Émile Peillaube se poursuivent avec la même dynamique que dans l'immédiat après-guerre. Ils sont réservés aux femmes, et les autres activités philosophiques – réunions ou conférences – portent la mention « réservé aux hommes[2] », perpétuant ainsi une division

1. L'encyclique *Divini Illius Magistri* (disponible en ligne sur le site du Vatican) prendra son plein effet sous le régime de Vichy. Il sera encore réaffirmé comme doctrine par l'Église en 1957. Il indique notamment, à propos des femmes, qu'il « n'y a d'ailleurs dans la nature elle-même, qui a fait les sexes différents par leur organisme, par leurs inclinations, par leurs aptitudes, aucune raison qui montre que la promiscuité, et encore moins une égalité de formation, puissent ou doivent exister ». Sur cette question : Y. Verneuil, « Les débats sur la mixité des élèves dans l'enseignement privé catholique à la fin des années 1960 », *Histoire de l'éducation*, 2013, p. 57-91.
2. « Réunions et conférences », *Excelsior*, 10 décembre 1926, p. 2.

des savoirs à laquelle l'enseignement public a mis un terme. En 1927, il est personnellement remercié par le pape Pie XI pour ses efforts en vue de former des disciples féminins de Saint Thomas[1]. En 1929, 33 étudiantes en philosophie suivent ses cours. En parallèle, le Père Gillet, dominicain, est désormais chargé de la philosophie dans le cours supérieur de jeunes filles, qui rassemble celles ne préparant pas d'examen mais souhaitent être formées à la pensée de Saint Thomas. Il est notamment connu pour être l'auteur de *La Virilité chrétienne*, qui tente de remettre le catholicisme au goût du jour pour les jeunes générations d'hommes en associant foi et virilité[2].

Une certaine Marie Clément devient, à la même période, la première enseignante à qui l'Institut attribue un cours de philosophie. Il s'agit d'un cours d'esthétique, enseigné d'après la philosophie de Thomas d'Aquin. Ancienne élève du cours de philosophie de l'Institut, elle incarne la féminité intellectuelle conservatrice que l'établissement entend promouvoir pour concurrencer la philosophie universitaire. Son rôle est en effet « de veiller, sous l'autorité du pro-recteur, à la bonne tenue et à la discipline de toutes[3] ». Licenciée en philosophie en 1917 avant de devenir monitrice des étudiantes de philosophie, elle est par la suite nommée directrice des étudiantes, puis directrice de travaux pratiques. Dans les années 1930, elle est à l'initiative de la création de l'École d'enseignement à domicile, école privée fondée sous le patronage du recteur de l'Institut catholique, qui encourage l'enseignement individuel à domicile pour les filles, en vue de les éloigner de l'école publique.

Dans l'ensemble, les étudiantes en philosophie de l'Institut suivent l'esprit de rejet et de dénigrement vis-à-vis de

1. « Chronique de l'Institut catholique. Pie XI et l'enseignement thomiste féminin », *Bulletin de l'Institut catholique de Paris*, 25 mars 1927, p. 90.
2. Père Gillet, *La Virilité chrétienne. Conférences universitaires*, Paris, Desclée, 1909.
3. « Rentrée, renouvellement, présentations », *Bulletin de l'Institut catholique de Paris*, 25 novembre 1927, p. 261.

l'enseignement philosophique public pour les femmes. Elles se plaignent par exemple, comme Léontine Zanta, « qu'une grande partie de celles et ceux qui étudient, même peu de temps la philosophie, voient à un certain moment sombrer leur foi, s'ils sont chrétiens, entraînés et éblouis par la logique des théories philosophiques[1] ». D'autres déclarent l'enseignement public malsain car il ébranle « la certitude paisible de l'équilibre profond de notre doctrine philosophique catholique[2] ! ». Un sentiment que partage la mère de Simone de Beauvoir, craignant la décision de sa fille d'étudier la philosophie à la Sorbonne, cet espace qui corrode « mortellement les âmes[3] » et pousserait à perdre foi et valeurs morales.

L'influence de l'Institut catholique sur la formation des étudiantes en philosophie est toutefois en déclin. La position de l'institution concernant les études féminines apparaît de plus en plus en décalage avec son époque, d'autant que les diplômes obtenus dans l'enseignement supérieur public multiplient les chances professionnelles des femmes. Le nombre d'étudiantes à l'Institut ne cesse donc de décroître dans les années 1930.

Le prolongement des inégalités professionnelles

L'asymétrie entre agrégées et agrégés

La place grandissante des femmes dans le secteur public de l'institution philosophique ne doit pas dissimuler les limites de ce processus et les contradictions qui perdurent. D'une part, si les agrégées et docteures en philosophie sont incontestablement plus nombreuses, leur origine sociale est loin d'être diversifiée : l'arrivée

1. « Causerie-débat », *Journal de la jeune fille. Organe des unions chrétiennes de jeunes*, 15 janvier 1927, p. 111.
2. « Chronique de l'Institut catholique », *Bulletin de l'Institut catholique de Paris*, 25 décembre 1938, p. 332-333.
3. S. de Beauvoir, *Mémoires d'une jeune fille rangée*, *op. cit.*, p. 160.

des femmes, souvent issues de la bourgeoisie ou de la petite bourgeoisie intellectuelle ou libérale, ne met pas fin à l'élitisme de l'enseignement de la philosophie. Cette uniformité socio-économique est du reste le reflet des politiques éducatives en vigueur, qui n'ont pas pour objectif de démocratiser l'enseignement secondaire ou supérieur. Au milieu des années 1920, les bachelières ne représentent pas un cinquième (18 %) d'une classe d'âge[1].

D'autre part, les conditions d'études de ces femmes ne sont pas équivalentes à celles de leurs pairs. À l'assemblée générale du 1er mars 1934 de la Société des agrégées, les membres soulignent les conditions particulièrement mauvaises de préparation à l'agrégation de philosophie pour les femmes : les étudiantes sont presque systématiquement contraintes de se rendre à Paris, alors qu'en théorie, elles devraient pouvoir préparer l'agrégation dans diverses villes françaises[2]. Les classes manquent. La question est encore mise à l'ordre du jour en 1935 : l'association dénonce à nouveau l'écart entre les lois et leurs applications, les femmes souhaitant préparer une agrégation de philosophie ne pouvant le faire qu' « à la condition que ces jeunes filles aillent chercher leur préparation à Paris[3] ».

Les différences de salaire entre agrégés et agrégées de philosophie font aussi débat : certes soumises au même barème, les agrégées font cependant proportionnellement plus d'heures impayées. Ainsi, le 11 juillet 1930, un groupe d'agrégées de philosophie décide d'envoyer un courrier à André Tardieu, alors président du Conseil. Elles y affirment que les agrégées de philosophie ont en moyenne 9360 francs d'heures non payées par an à Paris, et 1737 dans d'autres villes – une situation qui, selon elles, ne touche pas autant leurs homologues masculins[4]. S'y

1. C. Christen-Lécuyer, « Les premières étudiantes de l'Université de Paris », art. cité.
2. « À la société des agrégées. Pour l'assimilation de l'enseignement secondaire féminin et de l'enseignement secondaire masculin », *La Française*, 24 mars 1934, p. 2.
3. *Bulletin de la Société des agrégées*, avril 1935, p. 25.
4. « Pour l'égalité de traitement », *La Française*, 29 novembre 1930.

ajoute le problème du chômage qui les frappe davantage[1]. En 1934, 990 licenciées n'ont pas trouvé d'emploi, contre 297 licenciés hommes. Pour la philosophie spécifiquement, on dénombre 150 licenciées sans emploi, pour 70 hommes dans la même situation : le chômage touche donc bien plus les femmes, pourtant moins nombreuses dans la profession[2].

Malgré le concours commun, les agrégées de philosophie restent moins sollicitées pour des postes dans des lycées (de garçons, mais aussi de filles) que leurs homologues masculins. En 1930, la présidente de comité des agrégées, Gabrielle Véroux, s'en insurge : les services « sont encore attribués, dans les lycées des jeunes filles de Paris et des grandes villes, presque exclusivement à des professeurs hommes, alors que va croissant le nombre de femmes pourvues d'une agrégation masculine[3] ! ». Le constat est le même pour le latin, autre discipline tardivement ouverte au public féminin. L'égalité de traitement serait donc bafouée. De fait, en 1935, alors que 14 professeurs agrégés de philosophie enseignent dans des lycées de jeunes filles, aucune agrégée ne fait classe dans un lycée de garçons. Plus de dix ans après les réformes législatives, le plafond de verre demeure[4].

Les difficultés matérielles des femmes philosophes s'imbriquent aussi à des questions d'identité professionnelle. La Société des agrégées a été fondée pour défendre les intérêts spécifiques des femmes, mais une controverse éclate en novembre 1929 lorsque Raymonde Bois (née Sarthon, 1899-1980)[5], tout

---

1. Le chômage des travailleurs intellectuels est un problème structurant des années 1930 (voir Alain Chatriot, « La lutte contre le "chômage intellectuel". L'action de la Confédération des travailleurs intellectuels [CTI] face à la crise des années trente », *Le Mouvement social*, n° 214, 2006, p. 77-91).
2. « 990 jeunes filles et 297 jeunes gens licenciés à l'Université n'ont pu trouver d'emploi à la rentrée des classes », *La Française*, 17 mars 1934, p. 2.
3. Cité dans le *Bulletin de la Société des agrégées*, mai 1930, p. 31.
4. « Professeurs hommes dans les lycées de jeunes filles et professeurs femmes dans les lycées de garçons », *Bulletin de la Société des agrégées*, avril 1935, p. 44.
5. Fille d'un agrégé de lettres professeur à Toulouse, elle a été auparavant licenciée de philosophie en 1921.

juste agrégée de philosophie (la même année que Simone de Beauvoir), demande plutôt son adhésion à la Société des agrégés, association jusque-là masculine. Il s'agit, selon elle, de maximiser ses chances professionnelles face à « la situation très défavorable dans laquelle se trouvent les femmes titulaires d'une agrégation masculine » : « Au fond, c'est la valeur même du titre qui est mise en cause[1] », écrit-elle pour expliquer son choix. Elle déclare passer plus de temps à enseigner des disciplines qui ne relèvent pas de sa spécialité, comme le latin et le grec – un phénomène plus fréquent chez les enseignantes femmes. Et elle accuse la Société des agrégées de ne pas être capable de défendre leurs intérêts professionnels, sans quoi la situation ne serait pas, selon elle, si inégale.

La Société des agrégés accepte Raymonde Bois dans ses rangs. Cette dernière est cependant accusée d'enfreindre la solidarité féminine au nom d'un intérêt particulier et sa position suscite une vive indignation parmi les membres de la Société des agrégées, dont la légitimité et l'existence même se trouvent mises en cause. Sa présidente, Gabrielle Véroux, s'adresse en personne à son homologue masculin : « Nous ne pouvons laisser publier sans protester que la Société des agrégées manque à la tâche qui est la sienne : défendre les intérêts de toutes les femmes agrégées, quel que soit l'ordre de leur agrégation[2]. » La position de Raymonde Bois réactive sans doute la concurrence et des tensions déjà existantes entre les deux sociétés.

Sa démarche déplait surtout car elle remet en cause l'histoire de l'association et son rôle dans la conquête du droit des femmes à la philosophie. C'est pourquoi les agrégées de philosophie membres de la Société des agrégées décident de se mobiliser et d'intervenir publiquement. Lucy Prenant, deuxième agrégée de philosophie

1. « La société des agrégées et les agrégées titulaires d'une agrégation masculine », *Bulletin de la Société des agrégées*, décembre 1929-janvier 1930, p. 8.
2. « Lettre de Mme Véroux, Présidente de la Société des agrégées, à M. Sainte-Lague, Président de la Société des agrégés, 16 décembre 1929 », *Bulletin de la Société des agrégées*, décembre 1929-janvier 1930, p. 8.

de France en 1920, alors professeure au lycée Fénelon, et Jeanne Calbairac-Dasté, agrégée de philosophie de 1921 et professeure de philosophie au lycée de jeunes filles de Toulouse, publient une lettre ouverte à Raymonde Bois dans le bulletin officiel de l'association. Elles lui reprochent de ne pas connaître les combats passés pour conquérir le droit à l'accès à la philosophie et plus particulièrement à l'agrégation. Selon elles, la Société des agrégées n'a pas seulement pour devoir de s'occuper des problèmes immédiats des agrégées, mais aussi de conserver et transmettre la mémoire de ces combats. Dans cette mesure, avant de se permettre toute critique envers l'association, écrivent-elles, « nous devons d'abord conserver notre reconnaissance[1] ».

Raymonde Bois, plus jeune que Lucy Prenant et Jeanne Calbairac-Dasté d'une génération, ne semble pas avoir connaissance du rôle central de la Société dans l'obtention du droit des femmes à se présenter à l'agrégation de philosophie, que ses consœurs lui rappellent : « Si vous avez pu, Madame, vous présenter à l'agrégation de philosophie, c'est, vous semblez l'ignorer, grâce à l'effort soutenu de cette Société[2]. » Elles critiquent vivement l'accusation portée envers la société féminine, qui renverse l'origine du problème, culpabilisant les femmes pour une situation non choisie et qui n'a jamais été remise en cause par la Société des agrégés[3].

Le 15 février 1930, la principale intéressée publie en réponse une lettre ouverte dans laquelle elle rejette le principe même d'une Société des agrégées spécifique aux femmes. Elle « entretient un état d'esprit tout à fait contraire à la véritable solidarité telle que je la conçois », écrit-elle. « Quand même les femmes devraient en

1. Lucie Prenant et Jeanne Calbairac-Dasté, « Lettre ouverte à l'agrégée de philosophie dont la lettre a été citée dans l'agrégation du 15 novembre 1929 », *Bulletin de la Société des agrégées*, décembre 1929-janvier 1930, p. 9.
2. *Ibid.*, p. 10.
3. Sur la persistance d'une hiérarchie entre les agrégations masculines et les agrégations féminines, voir Loukia Efthymiou, « Le genre des concours », *Clio. Histoire, femmes et sociétés*, n° 18, 2003, p. 91-112.

souffrir, il n'est pas prouvé qu'elles auraient raison de persévérer dans une politique qui implique et fortifie une mentalité qu'elles ont trouvée déplorable chez leurs collègues de l'autre sexe[1]. » Ce qui revient à dire qu'une association fondée sur une spécificité de genre ne résoudrait aucun problème, et pourrait même contribuer à maintenir une distinction déplorable. Cette opinion blesse les membres de la Société, qui s'interrogent face à une nouvelle génération de femmes philosophes qui semble avoir perdu le souvenir des luttes menées. L'attitude de Raymonde Bois reflète aussi une position devenue commune durant l'entre-deux guerres : les associations féminines et les mouvements féministes paraissent souvent, y compris pour les femmes, relever d'un combat dépassé[2].

Entre conquête et marginalité

Depuis la fin de la Première Guerre mondiale, les humanités sont en perte de prestige et de public masculin. Concurrencée par les sciences dites dures et le développement d'autres sciences humaines et sociales, la philosophie voit son statut de discipline de couronnement peu à peu mis à mal[3]. Cela ne facilite pas pour autant l'entrée des femmes dans la profession. Si l'on constate bien une baisse du nombre d'agrégés en philosophie à la fin des années 1920 et durant la première partie des années 1930, le nombre d'agrégées en philosophie ne croît pas proportionnellement à la défection des hommes. De même, si on laisse de côté les

1. « Réponse à la lettre ouverte de Mmes Prenant et Calbairac-Daste publiée dans l'*Agrégation* du 1er février 1930 », *Bulletin de la Société des agrégées*, mars 1930, p. 31-32.
2. C. Bard, « La crise du féminisme en France dans les années trente », art. cité. De fait, jusqu'à sa dissolution, l'engagement des agrégées de philosophie dans la Société des agrégées reste faible : alors qu'en 1949 il existe au total 82 femmes agrégées de philosophie, en 1946, seulement 14 sont membres de l'association, qui abrite pourtant cette année plus de 1000 adhérentes.
3. J.-L. Fabiani, « Que reste-t-il de l'intellectuel républicain ? », *Cahiers Jaurès*, n° 169-170, 2003, p. 45-56.

Répartition des agrégées et agrégés de philosophie (1905-1959)

années 1939-1944, marquées par la mobilisation des hommes, les agrégés de philosophie restent, jusqu'à la fin des années 1950, proportionnellement toujours aussi nombreux que les agrégées.

Dans les deux principales revues de philosophie, la *Revue philosophique* et la *Revue de métaphysique et de morale*, l'organisation genrée du champ philosophique semble également perdurer. Le décalage entre l'entrée des femmes dans la profession et leur invisibilité constante dans les publications est frappant. Les femmes n'ont certes jamais cessé d'y être présentes, de façon minime ou masquée. Pourtant, sur l'ensemble de la période, elles n'ont rédigé que 22 articles et 9 notes critiques dans la *Revue de métaphysique et de morale*, qui publie en moyenne 120 textes par an. Dans la *Revue philosophique*, le bilan n'est guère plus reluisant : elles ont rédigé 36 articles et 69 études critiques pour une moyenne de 180 publications annuelles.

Les conquêtes des femmes au fil des décennies, en matière de diplômes et de concours, n'altèrent donc en rien la répartition genrée de la production philosophique dont ces deux revues sont un indicateur fiable. Tout juste peut-on constater que leurs publications sont bel et bien citées dans les colonnes de ces

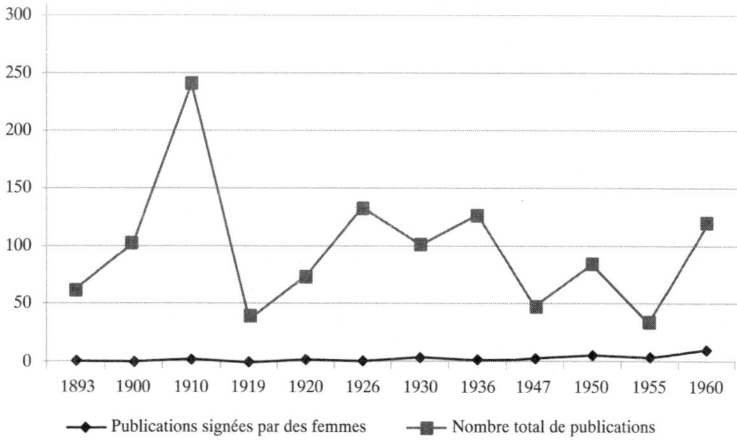

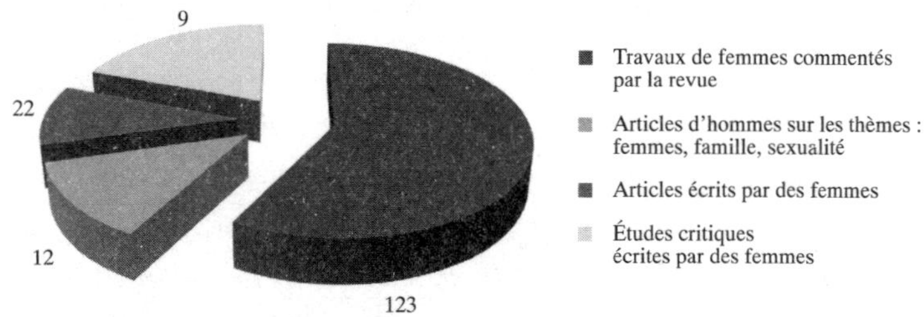

Les femmes dans la *Revue de métaphysique et de morale*

revues (123 travaux de femmes ont été commentés dans la *Revue de métaphysique et de morale*, et 207 dans la *Revue philosophique*). Ainsi, les recherches des femmes philosophes sont connues de leurs homologues masculins, mais elles ne sont pas pour autant intégrées dans les réseaux des revues et demeurent donc marginalisées pour ce qui touche à la production intellectuelle proprement dite.

Pourtant, 27 femmes obtiennent bien le titre de docteure en philosophie entre 1913 et 1929 à l'université de Paris[1]. Si le

1. Analyse construite à partir des *Catalogues des thèses de doctorat soutenues devant les universités françaises*, de 1913 à 1949.

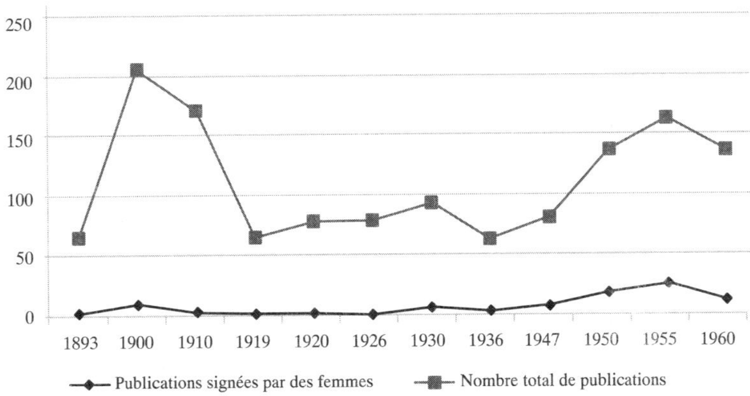

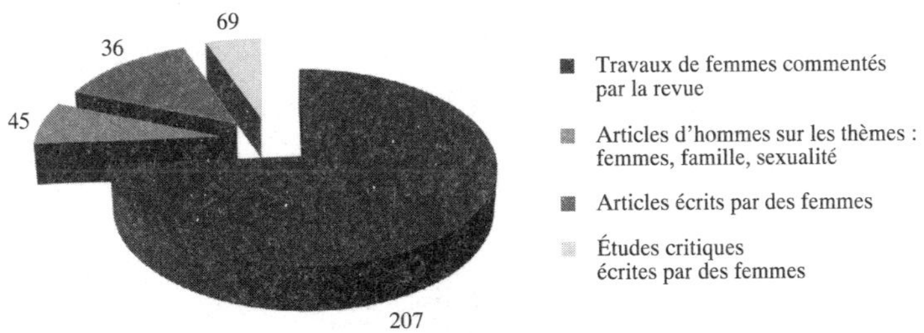

Les femmes dans la *Revue philosophique*

nombre de doctorat ès lettres (appellation qui regroupe les lettres, les langues, l'histoire et la philosophie) n'a fait qu'augmenter depuis les années 1920, cet accroissement est loin d'être uniforme selon les disciplines. Les sujets de lettres sont par exemple plus nombreux que ceux de philosophie. Jusqu'en 1939, les doctorats en philosophie pour les femmes ne représentent que 15 % des doctorats ès lettres (contre près de 60% pour les études littéraires). Hormis une hausse des doctorats de philosophie dans les années 1930, doublée d'une chute drastique mais momentanée des doctorats de la littérature, cette situation est à peu près constante.

Une telle dissymétrie fait écho au parcours de Léontine Zanta, qui, après les années 1920, se tourne vers la voie littéraire. Malgré des limitations importantes vis-à-vis des femmes, celui-ci semble leur offrir toutefois plus d'opportunités professionnelles que la philosophie, encore considérée comme une discipline d'élite et qui continue de porter les marques d'une culture philosophique républicaine forgée au masculin.

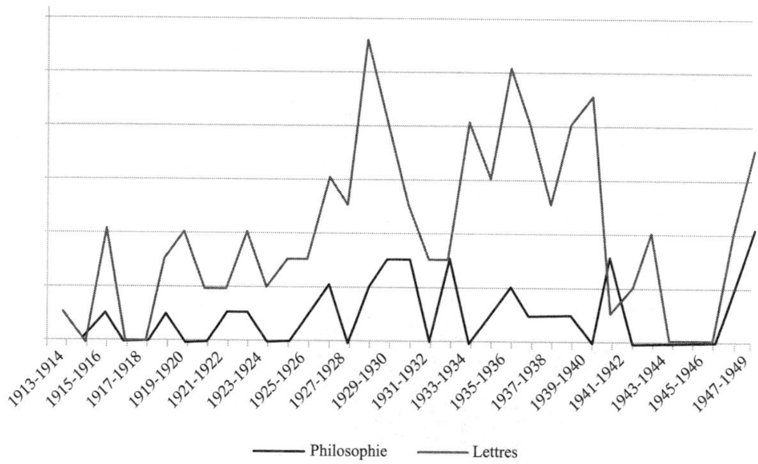

Répartition des sujets de doctorat ès lettres de l'Université de Paris (1913-1949)

Graphique réalisé à partir des *Catalogues des thèses de doctorat soutenues devant les universités françaises* / Ministère de l'éducation nationale, Direction des bibliothèques de France. Bibliothèque Nationale de France, Salle X, Bibliographies et catalogues de bibliothèques.

Aucun thème dominant ne se dégage des sujets choisis par les docteures en philosophie, qui vont de la phénoménologie à l'étude de la philosophie arabe, en passant par le rationalisme cartésien ou la philosophie des sciences – on est loin de l'orientation assignée aux femmes en 1880, qui réduisait la philosophie à une activité pratique et morale, devant servir au maintien de la famille. Les doctorats portant sur l'éducation et la psychologie infantile, orientation qui prolongerait leur rôle de mère et d'épouse, représentent à peine 10 % des thèmes choisis. En revanche, 20 % des thèses sont consacrées à des études relevant de la théologie – à commencer par l'étude proposée par Léontine Zanta, qui interroge les racines du christianisme, remet au goût du jour une certaine forme de catholicisme et mêle le spiritualisme bergsonien aux questions religieuses.

Les doctorats de philosophie se distinguent moins par leurs sujets que par la nationalité de leurs rédactrices. Parmi les docteures en philosophie entre 1913 et 1939, beaucoup sont d'autres nationalités que française. Le phénomène n'est pas propre à la philosophie. La France est, comme la Suisse, un pays qui ne refuse pas les femmes sur les bancs de l'université et qui est ouvert à la présence d'autres nationalités. Et le français demeure une langue culturelle internationale. Pour les femmes de bonne famille venant d'autres pays, principalement des pays d'Europe centrale et orientale et des États-Unis et pour qui le coût financier des études n'est pas un obstacle, l'accès à l'université est relativement plus facile, tandis que l'obtention d'un diplôme en France multiplie les chances d'insertion professionnelle dans leur pays.

Au cours des premières décennies du siècle, la situation est transformée par l'arrivée d'étudiantes françaises[1]. Pour le doctorat de philosophie, la prédominance d'autres nationalités dure néanmoins jusqu'à la Seconde Guerre mondiale. Entre 1913 et 1939, plus de 60 % des docteures sont issues d'une autre nationalité. Parmi elles, 20 % viennent d'Europe de l'Est, 14 % de pays anglophones et 11 % de Grèce. S'agit-il d'un signe d'ouverture du champ philosophique, ou d'un signe de résistance sur leur propre territoire d'origine ? Les deux, sans doute. Le rayonnement international de la philosophie française est manifeste et cohabite avec une situation locale encore fortement marquée par les limitations instaurées au début de la IIIe République et restées en vigueur pendant plus de quarante ans.

1. Natalia Sigrist Tikhonov, « Les femmes et l'université en France 1860-1914. Pour une historiographie comparée », *Histoire de l'éducation*, n° 122, 2009, p. 53-70.

Par ailleurs, les carrières de ces docteures à l'étranger sont variées. À peine quelques-unes obtiennent un poste de professeure en philosophie dans leur pays. Alice Steriad, première docteure en philosophie en France (1913) et première docteure en philosophie de Roumanie, deviendra, on l'a dit, professeure d'esthétique au Conservatoire d'art et de musique de Roumanie. Milda Bites Palevitch, originaire de Lettonie et docteure en philosophie de la Sorbonne (1926) entrera elle aussi en poste dans un conservatoire, où elle assurera des cours d'esthétique allemande. Venue en France pour étudier la pensée d'Henri Bergson et son rapport à l'art, elle réalise sa thèse avec Victor Basch, spécialiste d'esthétique et ancien professeur d'allemand (par ailleurs figure éminente de la Ligue des droits de l'homme) et Henri Delacroix, ancien élève d'Henri Bergson qui a écrit une thèse sur la pensée allemande au XVIe siècle. Le travail de Milda Bites Palevitch est remarqué, mais son nom est vite oublié des réseaux philosophiques français. Dans son pays d'origine, il connaît toutefois un important écho : elle est l'une des premières à y introduire la philosophie de Bergson et à se spécialiser en esthétique allemande[1].

Pour sa part, Eva Sachs connaît, comme beaucoup de ces femmes, un double oubli – en France et dans son pays natal. Cette allemande soutient pourtant brillamment sa thèse sur Platon à la Sorbonne en 1916, en plein conflit. Elle n'obtient jamais de poste à son retour en Allemagne et meurt dans un asile en 1936. Radicha Mitrovich est une autre docteure de philosophie oubliée. Soutenu en 1931, son travail relevant de la philosophie des sciences et de la connaissance porte sur René Descartes[2]. Il est bien évalué en France : la docteure est citée par la *Revue philosophique* (qui écorche son prénom et le

1. Milda Bites Palevitch, *Essai sur les tendances critiques et scientifiques de l'esthétique allemande contemporaine*, Paris, PUF, 1936.
2. Rachida Mitrovich, *La Théorie des sciences chez Descartes d'après sa géométrie*, Paris, Croville, 1932.

transforme en Radicho) ; et le philosophe Émile Bréhier, professeur d'histoire de la philosophie, en fait l'éloge (il l'appelle *monsieur* tout au long de son compte rendu...)[1].

Helene Konczewska, polonaise, connaît une certaine réception dans le champ de la philosophie des sciences grâce à sa thèse soutenue en 1937, dans laquelle elle dialogue avec des penseurs classiques comme Descartes, Voltaire ou Newton afin de confronter leurs conceptions de la physique et de la connaissance[2]. Gaston Bachelard, la *Revue de métaphysique et de morale* et la *Revue philosophique* commentent élogieusement ses recherches. Il lui est toutefois difficile de poursuivre une carrière : née en 1887, elle a déjà plus de cinquante ans lorsqu'elle soutient son doctorat[3].

Du côté des États-Unis, les parcours des docteures en philosophie de la Sorbonne sont également sinueux. La thèse d'Irene Cornwell, docteure en 1922, est bien accueillie. Profondément marquée par la Première Guerre mondiale, sa réflexion porte sur la constitution d'un droit international susceptible de garantir la paix et sur la philosophie de Charles Renouvier. Comme Léontine Zanta, la docteure dédie son travail à Gabriel Séailles, qui l'a profondément soutenue. Après son retour, elle tombe pourtant dans l'oubli[4]. Anna Heyberger, née en Bohème en 1874, devient quant à elle docteure en 1928, à 54 ans. Après une thèse

1. Émile Bréhier, « Histoire de la philosophie », *Revue philosophique*, juillet-décembre 1933, p. 130.
2. Hélène Konczewska, *Le Problème de la substance*, Paris, Vrin, 1937 ; *Contingence, liberté et la personnalité humaine*, Paris, Vrin, 1937 ; « Les Éléments de la philosophie de Newton et la physique contemporaine », *Revue d'histoire des sciences et de leurs applications*, t. 8, n° 4, 1955, p. 303-318 ; « La crise de la physique contemporaine et la conversion idéaliste », *Revue philosophique*, t. 145, 1955, p. 410-431.
3. Voir notamment « L'Unité de la matière et le Problème des transmutations. Hélène Konczewska », *Revue de métaphysique et de morale*, t. 47, avril 1940, p. 252 ; « Le Problème de la Substance. Hélène Konczewska » et « Contingence, Liberté el la Personnalité humaine. Hélène Konczewska », *Revue philosophique*, septembre-décembre 1941, p. 466-469.
4. Irene Cornwell, *Les Principes du droit dans la philosophie de Charles Renouvier. Le droit international*, Paris, PUF, 1922.

remarquée portant sur le pédagogue moravien Jan Amos Comenius, elle repart enseigner le français aux États-Unis, dans l'Iowa, ou elle était déjà professeure. Elle perd par la suite toute visibilité en France, après avoir pourtant gagné *Le Dissez de Penanrun* de l'Académie des sciences pour son livre issu de sa thèse[1].

Quant aux françaises docteures, celles qui poursuivent leurs activités dans le champ philosophique ne sont pas plus nombreuses. Pour n'en citer que quelques-unes, Hélène Metzger se maintient dans les années 1930 au Centre de synthèse. Jeanne Baudry, première agrégée de philosophie de France en 1905, soutient finalement sa thèse en 1933, soit près de trente ans après l'obtention de l'agrégation, et travaille comme professeure dans un institut ménager. Léontine Zanta délaisse la philosophie pour devenir écrivaine, journaliste et conférencière. Renée Déjean, docteure en 1928, publie un travail remarqué en phénoménologie, sans connaître pour autant d'insertion durable dans le champ philosophique. Sa recherche, citée comme référence dans la *Phénoménologie de la perception*, de Maurice Merleau-Ponty ou par Gaston Bachelard[2], reçoit pourtant le prix Dagnan-Bouveret de l'Académie des sciences morales et politiques. En 1932, elle est mentionnée dans le manuel de philosophie à l'usage des classes de philosophie de première supérieure : c'est sans doute la première philosophe femme citée dans des manuels qui s'adressent aux garçons. Les mentions se font ensuite plus rares et son nom tombe à son tour dans l'oubli.

---

1. « Rapport sur le concours pour le prix Le Dissez De Penanrun à décerner en 1930 », *Séances et travaux de l'Académie des sciences morales et politiques*, janvier-février 1931, p. 206.
2. Renée Déjean, *La Perception visuelle. Étude psychologique de la distance, les conditions objectives*, Paris, Alcan, 1926. M. Merleau-Ponty, *Phénoménologie de la perception*, Paris, Gallimard, 1945, p. 179 ; Gaston Bachelard, *Études*, Paris, Vrin, 2002, p. 29.

Chapitre 9

Le tribut des femmes philosophes à la bête immonde 1939-1945

> « *La morale [fasciste] pour la femme est une morale d'infériorité, une morale d'esclave.* »

Au terme d'une décennie qui marque l'entrée conséquente des femmes dans le champ philosophique français, l'ascension de la « bête immonde[1] », c'est-à-dire des régimes nazi, fasciste et d'extrême droite collaborationniste, met un coup d'arrêt brutal à cet élan. Léontine Zanta, première française docteure en philosophie en France s'est, depuis les années 1930, rangée du côté de ces courants politiques réactionnaires au prétexte que, pour les femmes et la société, ceux-ci « prêchent l'amour et la réconciliation des classes[2] ». Pourtant, son maître, le célèbre Henri Bergson est, quelque temps avant son décès, sur le point de porter l'étoile jaune, tandis que le très respecté Léon Brunschvicg est bientôt contraint à l'exil.

Ces régimes s'érigent contre l'existence des femmes philosophes et font régresser leurs conquêtes. En Italie, le régime fasciste interdit les études de philosophie aux femmes par le

1. Cette métaphore est attribuée à Bertolt Brecht, qui l'a utilisée en 1941. Voir *La Résistible Ascension d'Arturo Ui*, Arche, 2012 (1957).
2. L. Zanta, « L'esprit de haine », *Écho de Paris*, 8 avril 1937, p. 1.

décret du 4 janvier 1927 : « Il ne faut pas qu'elles touchent à la philosophie[1] ! », affirme Benito Mussolini. Une loi est par ailleurs votée n'autorisant plus que 10 % de femmes dans les universités italiennes. En Allemagne, le destin d'Emmy Noether (1882-1935), alors professeure de philosophie à l'Université de Göttingen, est aussi révélateur : dès 1934, elle est éloignée de sa chaire pour le simple fait... d'être une femme. Hannah Arendt, issue d'une famille juive allemande, est contrainte à l'exil, tandis que la philosophe Édith Stein (1891-1942) sera assassinée à Auschwitz[2].

L'éternel féminin contre les femmes

En France, le régime de Vichy va, d'une manière générale, à l'encontre des avancées républicaines concernant l'éducation et procède à un effacement des progrès législatifs de la IIIe République. Il favorise l'enseignement privé catholique, s'oppose à toute laïcité et réintroduit l'enseignement des devoirs envers Dieu. Les nouvelles législations concernant les femmes se construisent autour d'une vision réactionnaire et sacrificielle de *l'éternel féminin*. Elles valorisent l'idée de renoncement de soi, la création d'une culture du sacrifice pour la patrie et pour son chef, la restauration de contre-valeurs dans une opposition viscérale aux valeurs républicaines, basée sur une aversion superposant anticommunisme, idées contre-révolutionnaires, anti-syndicalisme, anti-républicanisme et anti-féminisme. L'enseignement ménager devient obligatoire pour toutes les filles.

Le régime accuse en particulier les femmes d'avoir contribué à la déchéance de la nation en ayant corrompu les mœurs – selon ce

---

1. « Les femmes italiennes ne pourront plus étudier la philosophie, *La Fronde*, 5 janvier 1927, p. 174.
2. Sylvie Courtine-Denamy, *Trois femmes dans de sombres temps. Edith Stein, Hannah Arendt, Simone Weil*, Paris, Albin Michel, 1997.

discours, la défaite serait en partie due à la féminisation de la société, synonyme de décadence. Il rejette le principe d'égalité entre hommes et femmes et érige la procréation en essence de la femme[1]. Dans les années 1930, Hélène Metzger résumait déjà pertinemment cette vision conservatrice alors en formation dans les milieux d'extrême droite, en rappelant l'hypocrisie d'un raisonnement dans lequel « ce n'est pas la renonciation à l'égoïsme, mais l'extinction de soi-même, l'abandon de soi-même, l'abandon de ce qui constitue proprement la dignité humaine, qui est décoré abusivement du nom de vertu et de devoir » : « *La morale [fasciste] pour la femme est une morale d'infériorité, une morale d'esclave* »[2], concluait-elle.

Les lois mises en place quelques années plus tard corroborent son analyse. Pour ne citer que la dimension professionnelle, à partir du 11 octobre 1940, l'embauche ou le maintien des femmes mariées dans les services de l'État est interdit[3]. De la même façon, le nouveau directeur de l'École normale supérieure de la rue d'Ulm, Jérôme Carcopino, collaborateur du régime en place, décide de priver toutes les femmes de leurs titres d'anciennes élèves, afin de consommer la rupture avec les temps républicains. Alors qu'à la fin des années 1920, leur droit à entrer dans ce domaine d'élite avait été acquis, les femmes n'y ont désormais plus d'accès pour la raison qu'elles sont femmes.

Le cas de la future philosophe Geneviève Rodis-Lewis (1918-2004) est emblématique de cette régression. Lauréate du concours général de philosophie de 1937, étudiante prometteuse, cette haute-saônoise, ancienne élève de Lucy Prenant, étudie à l'École normale supérieure de la rue d'Ulm lorsqu'elle rate l'agrégation de philosophie. Sa réinscription à l'École l'année suivante,

1. F. Muel-Dreyfus, *Vichy et l'éternel féminin*, *op. cit.*
2. H. Metzger, « Un plaidoyer pour la femme », *op. cit.*
3. F. Muel-Dreyfus, *Vichy et l'éternel féminin*, *op. cit.* ; François Rouquet, « Le sort des femmes sous le gouvernement de Vichy (1940-1944) », *Lien social et Politiques*, n° 36, 1996, p. 61-68.

en 1942, est refusée par le directeur, au simple motif qu'elle est une femme. Elle obtient malgré tout son concours l'année d'après[1]. Autre indicateur des plus nets, aucune femme ne soutient de doctorat en philosophie entre 1941 et 1946. Il faut attendre l'après-guerre, l'élan de la Résistance et de la Libération, pour que la situation change à nouveau en faveur de l'égalité républicaine[2].

Une tentative infructueuse de solidarité

En 1939 pourtant, lorsque la France déclare la guerre à l'Allemagne, la concurrence entre étudiants et étudiantes en philosophie laisse place à une nouvelle solidarité entre les étudiants mobilisés et les étudiantes restées à l'arrière, une solidarité que la presse française est particulièrement fière de mettre en valeur. Trois diplômées de philosophie de la Sorbonne créent en effet un journal philosophique bimensuel, *Chronique de la Sorbonne et des armées*, adressé gratuitement aux étudiants en armes. Il est entièrement organisé par des femmes – c'est la première fois qu'elles se trouvent à la tête d'une publication philosophique.

L'idée est celle de Rose Marie Bastide (1909-1999), agrégée de philosophie en 1940, qui deviendra docteure en philosophie (1954), spécialiste de Bergson, et l'une des premières femmes professeures des universités en philosophie en France (à l'Université d'Aix-Marseille). Elle entend aider les étudiants mobilisés à se tenir en contact avec la faculté et à suivre les cours malgré la distance. Jeannine Pignet (1914-1997), agrégée en 1938, est quant à elle professeure de philosophie au lycée Jeanne d'Arc à

1. Sur l'ENS de cette période, voir Stéphane Israël, *Les Études et la guerre. Les Normaliens dans la tourmente (1939-1945)*, Paris, Éditions Rue d'Ulm, 2005.
2. Pour une réflexion générale sur la pratique de l'enseignement philosophique sous cette période, voir Jacques d'Hondt, « Un enseignement de philosophie sous l'occupation allemande (1941-1943) », *Revue philosophique*, vol. 127, 2002, p. 261-292 ; Olivier Bloch (dir.), *Philosopher en France sous l'Occupation*, Paris, Éditions de la Sorbonne, 2009.

Orléans. Rédactrice en chef du journal, elle est aussi chargée de lever des fonds pour son fonctionnement. Élisabeth Roeder, licenciée préparant l'agrégation, est trésorière. Le rôle de la revue est simple : tenir l'actualité philosophique pour que les étudiants continuent leur apprentissage. Pour ce faire, les trois rédactrices assistent régulièrement aux cours de licence de philosophie à la Sorbonne, et rédigent des comptes-rendus permettant aux étudiants de suivre le programme. La revue publie aussi des correspondances entre le front et l'arrière, notamment entre étudiants et autour de questions philosophiques.

En un an d'existence, mille exemplaires du journal sont distribués, les étudiants remercient régulièrement leurs collègues de ce soutien. Alors que dans les années 1910, la seule présence d'étudiantes en philosophie aux cours d'Henri Bergson avait provoqué réclamations et protestations, désormais, l'initiative de cette revue est louée par l'ensemble du corps professoral ainsi que par la presse. « Rose-Marie, Janine, Élisabeth ont créé pour leurs camarades mobilisés un

PHILOSOPHES AUX ARMÉES

ROSE-MARIE JANINE ELISABETH

ont créé pour

leurs camarades mobilisés

un journal de la vie philosophique à Paris

Voici l'heure où l'on procède, dans la « salle de rédaction », au dépouillement du courrier, pendant que refroidissent les cafés-crème. (N° 39.904.)

Elles sont trois. Trois de la Sorbonne qui dirigent, éditent un journal d'étudiantes pour étudiants : Janine Pignet, Rose-Marie Bastide, Elisabeth Rœder.

L'idée de créer une « Chronique de la Sorbonne et des Armées » appartient à Mlle Bastide, agrégation de philosophie et professeur à Melun. Elle fut réalisée aux premiers jours de la guerre ; il s'agissait d'aider les étudiants mobilisés à se tenir en contact avec la Faculté, à suivre, en quelque sorte, les cours, à leur fournir des instruments de travail sous forme de résumés.

Des difficultés...

Cela ne se fit pas sans mal. Il y eut, tout d'abord, des objections.

— Pourquoi, demandait un de leurs professeurs, M. Brunschvicg, faire des résumés où vous mettrez, par exemple : « Aujourd'hui, M. Brunschvicg a dit que Leibnitz est un philosophe qui est venu quelques années avant Kant » ? Cela ne présente aucun intérêt. Mais si vous écriviez : « Aujourd'hui, M. Brunschvicg s'est gourré (sic) », ou encore : « Ah ! il a dit quelque chose d'intéressant », je comprendrai...

Et puis il y eut aussi les objections des autorités salonnardes, hostiles au projet et l'inévitable question des devises...

Mais elles s'étaient mis en tête de faire quelque chose pour leurs camarades mobilisés. Elles avaient à lutter contre des difficultés soulevées par des hommes. Vous connaissez les hommes : que voulez-vous qu'ils fissent contre trois ?

(Suite en page 3)

Les quintuplées souscrivent pour 880.000 francs à l'emprunt de guerre canadien

Ottawa, 16 Janvier.

Le premier emprunt de guerre du Canada, qui s'élève à 40 millions de livres a été lancé hier. Il a pour slogan : « Faites lutter votre argent pour la liberté. »

Le ministre des Finances canadien déclara dans un message à la radio, « que l'abominable ennemi des démocraties se briserait les dents contre la barrière de la ligne Maginot ».

Une des premières souscriptions fut celle des quintuplées Dionne qui souscrivirent pour 5.000 livres, soit 880.000 francs.

Paris-Midi, 16 janvier 1940

journal de la vie philosophique à Paris », titre fièrement le journal *Paris-Midi*. Une photo montre les trois femmes apaisées et confiantes, et la légende commente un moment paisible autour d'un café-crème. L'enthousiasme est de courte durée. Sa diffusion prend fin faute de moyens financiers, et le journal perd surtout toute légitimité avec la défaite, la prise de pouvoir du maréchal Pétain et l'instauration de mesures régressives et répressives quant aux droits des femmes. Leur activité devient totalement insensée au vu des objectifs du nouveau régime.

Quand la répression s'abat

Pour autant, les femmes philosophes ne sont pas, en France, systématiquement atteintes par la montée des fascismes pour le seul fait d'être femmes. Le cas de Léontine Zanta est révélateur d'un choix politique et d'un tri quant à la pratique de la répression durant ces années. Ses idées conservatrices et anticommunistes, en accord avec les valeurs revendiquées par Vichy, ne sont aucunement attaquées. En 1941, la philosophe reçoit même un prix (prix Alice-Louis Barthou), pour l'ensemble de son œuvre, en signe de reconnaissance de ses valeurs politiques et morales. Ce n'est pas le cas des femmes philosophes jugées politiquement et socialement subversives, alors frappées par la répression.

Le parcours de la philosophe Simone Weil (1909-1943) est sur ce point significatif. Agrégée en 1931, elle connaît dès 1932, dans un moment où les tensions politiques sont déjà palpables, plusieurs menaces de sanctions disciplinaires, voire d'exclusion de la fonction publique, du fait de ses activités syndicales à la CGT et de ses propos jugés marxistes ou communistes[1]. En raison d'idées politiques jugées inadmissibles, ses rapports d'activité professionnelle sont très négatifs, et elle est menacée de renvoi de la fonction

1. Voir Simone Pétrement, *La Vie de Simone Weil*, Paris, Fayard, 1997.

publique pour avoir soutenu les grèves des mineurs organisées par la CGT dans la ville où elle enseigne. L'accusation considère de surcroît qu'en tant que femme, elle ne possède aucun droit politique. « Un diplômé de l'école normale est-il un citoyen[1] ? », interroge la féministe Maria Vérone (1874-1938) en défense de la philosophe.

À ses idées politiques s'entremêle une méfiance de la part de la direction de l'établissement où elle enseigne du fait qu'elle ne respecte pas les codes vestimentaires féminins : « C'est une femme, mais elle est habillée comme un homme[2] », argumente-t-on pour l'incriminer. Il est inadmissible qu'une femme dérègle ainsi toutes les normes sociales ! Grâce au soutien de ses étudiantes et de la section CGT des mineurs, Simone Weil n'est pas congédiée. Quelques années plus tard, la philosophe est bel et bien radiée, cette fois en tant que juive. À la suite d'une période de congé, elle n'est pas réintégrée à son poste. Elle n'enseignera plus.

Pendant que Léontine Zanta apporte son soutien à la politique d'extrême droite en Europe, d'autres femmes philosophes, dont Simone Weil en France, tentent donc d'en contrer l'avancée. Dès 1934, Jeanne Alexandre, née Halbwachs (1890-1980), licenciée en philosophie et fille d'un professeur d'allemand, d'origine alsacienne comme Léontine Zanta, choisit également de participer à la lutte en prenant part au Comité de vigilance des intellectuels antifascistes. Ancienne élève d'Alain au Collège Sévigné, agrégée de lettres en 1913, membre avec Jeanne Dasté du Groupe des étudiants socialistes révolutionnaires, de la SFIO et de la Ligue du droit des femmes, militante féministe, elle est une figure du pacifisme et s'engage sans hésitation.

Lucy Prenant et Cécile Joint (1907-1993, agrégée de philosophie en 1930, militante du PCF) sont aussi de ce comité. Elles

1. Marie Vérone, « Un diplômé de l'école normale est-il un citoyen ? », *L'Œuvre*, 16 janvier 1932.
2. S. Pétrement, *La Vie de Simone Weil*, *op. cit.*

font en outre partie des premières femmes philosophes en France à étudier et à divulguer la philosophie de Karl Marx, combattue par les régimes en place. Cécile Joint, fille de professeurs de lycée, participe à la construction d'une université populaire, qui tente de proposer un enseignement démocratique de la philosophie. Son parcours lie indéniablement travail intellectuel et engagement politique. Elle publiera un des premiers manuels en français sur le marxisme, qui propose une réflexion sur la pratique philosophique et se positionne, tout comme Paul Nizan, contre une conception de la philosophie la considérant comme une « discipline hermétique et inaccessible[1] ». Elle entre, comme Lucy Prenant, dans la Résistance.

En 1943, Simone de Beauvoir, agrégée de philosophie en 1929, est exclue de l'enseignement pour avoir fait lire Marcel Proust et André Gide à ses élèves, deux écrivains condamnés par le régime pour leur « immoralité ». Le rapport motivant son exclusion indique notamment qu'« à l'heure où la France aspire à la restauration de ses valeurs morales et familiales[2] », Simone de Beauvoir n'est pas mariée et habite dans un hôtel – un comportement jugé contraire au modèle féminin imposé par le régime. Son exclusion s'inscrit dans le cadre de la loi du 17 juillet 1940, qui permet de renvoyer du service public des agents jugés inefficaces au redressement de la nation. Simone de Beauvoir sera réintégrée à sa demande en avril 1945.

Beaucoup de femmes philosophes sont inquiétées pour leurs activités militantes et leur défense d'une autre vision de la société. Ainsi Lucy Prenant, révoquée fin 1940 de son poste de

1. Cécile Angrand, *Cours de philosophie*, Paris, Éditions Sociales, 1945, p. 3. Elle rédige aussi, avec Roger Garaudy, *Le Matérialisme historique Les Principes du matérialisme historique. Les Lois de l'histoire*, Paris, Éditions sociales, 1946. Voir sa notice sur *Le Maitron* (en ligne), par Claude Pennetier.

2. Ce rapport est cité dans Ingrid Galster, « Juin 1943 : Beauvoir est exclue de l'Université. Retour sur une affaire classée », *Contemporary French Civilization*, 2001, p. 140.

professeure de philosophie au lycée Fénelon car juive et proche des réseaux communistes. C'est aussi le cas de Marguerite Buffard Flavien qui, dès 1939, lorsque Édouard Daladier, à la tête du gouvernement, dissout et interdit le Parti communiste français, est immédiatement révoquée de ses fonctions de professeure de philosophie. Elle travaille ensuite comme ouvrière pour subvenir à ses besoins[1]. Dina Dreyfus, agrégée de philosophie en 1934, juive et issue d'une famille italienne antifasciste, entre elle aussi en résistance et est forcée d'exercer son métier de professeure de philosophie sous un faux nom.

En 1943, la brillante licenciée de philosophie Yvonne Picard, communiste et résistante, est arrêtée par la police française pour activité communiste, puis déportée à Auschwitz où elle est assassinée en 1943. Son amie Simone Debout (1919-2020), licenciée de philosophie et future spécialiste de la pensée de Charles Fourier, communiste et résistante elle aussi, échappe de peu à l'arrestation. Marinette Dambuyant (1907-2001), agrégée de philosophie en 1934, n'a pas cette chance. Membre du Comité de vigilance des intellectuels antifascistes et de la SFIO, cette dernière soutient les réfugiés espagnols avant-guerre puis entre dans la Résistance. Déportée à Ravensbrück pour faits de résistance, elle s'échappe miraculeusement et en reste marquée toute sa vie. Outre ses travaux sur la pensée indienne, qui la feront connaître, elle publie l'un des premiers articles philosophiques sur son expérience de la déportation en tentant de recourir à Descartes pour en comprendre les conséquences psychiques[2]. En

1. Sur le destin politique de la philosophe, Christian Langeois, *Marguerite. Biographie de Marguerite Buffard-Flavien (1912-1944)*, Paris, Le Cherche-Midi, 2009.
2. Voir le témoignage de la philosophe Simone Debout, « À toute épreuve », *Dalhousie French Studies*, vol. 54, 2001, p. 103-104. Marinette Dambuyant, « Remarques sur le moi dans la déportation », *Journal de psychologie*, 1946, p. 181-203. Et Noemí Pizarroso López, « La carrière de Marinette Dambuyant, professeure de philosophie, psychologue et indianiste dans l'ombre d'Ignace Meyerson », *Revue d'histoire des sciences humaines*, n° 35, 2019, p. 151-181.

1944, Hélène Metzger est à son tour arrêtée car juive ; elle est assassinée la même année à Auschwitz.

Marguerite Buffard, Yvonne Picard et Simone Weil : trois philosophes-héros

Parmi les femmes philosophes promises à un bel avenir brutalement interrompu se trouvent Simone Weil, née en 1909 et décédée à 34 ans, Marguerite Buffard née en 1907 et assassinée à 32 ans et Yvonne Picard, née en 1920, tuée à 22 ans. Marguerite Buffard écrit peu, mais milite beaucoup, dans une période où les femmes ne possèdent aucun droit politique. Yvonne Picard lit la philosophie de Karl Marx, qui la convainc théoriquement et politiquement, mais son temps d'écriture est compté et elle n'a le temps de rédiger qu'un seul texte, brillant et avant-gardiste. Malgré sa courte existence, Simone Weil laisse quant à elle une œuvre philosophique d'envergure, témoignage de son cheminement philosophique[1]. Ces trois noms s'entrelacent dans une même trame : l'engagement politique, combiné à la recherche d'une nouvelle forme de sociabilité philosophique. Toutes trois appartiennent à ce que le philosophe Jean Wahl a nommé après-guerre les « philosophes-héros », militants et résistants qui, « plaçant l'homme au-dessus de toute pensée soi-disant sereine ont par-là même exalté la philosophie »[2]. Toutes trois entremêlent en effet activité philosophique et combat politique ; elles sont de ces résistantes « productrices d'espaces de liberté[3] ».

---

1. Sur Simone Weil, dont le destin philosophique est aujourd'hui le plus connu des trois, voir le dossier « Simone Weil notre contemporaine » sous la direction de Frédéric Worms dans *Esprit* (août-septembre 2012).
2. Cité par Frédéric Worms, « Le héros et le philosophe. Un problème philosophique partagé dans le moment de la Seconde Guerre mondiale en France », *in Philosopher en France sous l'Occupation*, *op. cit.*, p. 10.
3. Michelle Riot-Sarcey, *Histoire du féminisme*, Paris, La Découverte, 2015.

Elles sont influencées et participent chacune à leur manière du « nouvel espace critique[1] » qui émerge au sein du champ philosophique français dans les années 1930 – et dont le récit est souvent purement masculin. Au cours de cette décennie, un ensemble d'acteurs du champ philosophique tentent de réinventer les relations entre philosophie et société telles qu'elles avaient été configurées depuis les débuts de la IIIe République : l'enjeu est d'en redéfinir les fondements, les lieux, les sujets et les objectifs. Ce nouveau « moment » philosophique fait écho à l'impulsion de la Révolution russe, aux espoirs qu'elle a suscités, ainsi qu'à la pénétration de la philosophie marxiste dans les universités françaises. Les figures de Georges Politzer et de Paul Nizan sont, du côté des hommes, emblématiques de cette transformation : ils remettent en cause la condition élitiste de l'activité philosophique, sa restriction à l'institution scolaire, ses attendus politiques qui laissent dans l'ombre les inégalités sociales. Ils tentent d'inventer une nouvelle relation entre savoir philosophique et vie sociale.

Marguerite Buffard-Flavien (1907-1944), philosophe, communiste, est née en Franche-Comté. Comme beaucoup des femmes qui étudient la philosophie, c'est dans sa famille qu'elle puise les ressources et les encouragements pour poursuivre des études qui la mènent à l'École normale supérieure de Sèvres, dont elle sort majore en 1932. Selon les mots de son amie Lucy Prenant, elle paraît alors « promise à un si brillant avenir[2] » tant intellectuel que politique. Elle lie en effet sa pratique philosophique à ses engagements, en partie hérités de ses ancêtres communards tombés en 1871, dont la mémoire est perpétuée par la tradition familiale, et qu'elle caractérise comme celle de « héros qui s'ignorent[3] ». Elle voue une grande admiration aux

1. J.-L. Fabiani, « Que reste-t-il de l'intellectuel républicain ? », art. cité.
2. L. Prenant, « Hommage à Marguerite Flavien-Buffard », *Bulletin de l'Association des élèves de Sèvres*, n° 78, 1946.
3. *Ibid.*

hommes et aux femmes ordinaires engagés contre les injustices sociales : l'histoire est faite par les hommes du commun, pense-t-elle, non par des figures exceptionnelles. C'est dans cette ligne qu'elle s'engage au Parti communiste français en 1935, et vient en aide aux réfugiés espagnols dès 1936.

En 1939, suite au décret qui interdit les communistes dans la fonction publique, elle est révoquée du jour au lendemain de ses fonctions de professeure. Pour subvenir à ses besoins, elle devient alors ouvrière, avant de s'engager dans la Résistance. Elle assume un rôle clé comme agent de renseignement à l'inter-régionale Francs-tireurs et partisans. Capturée, elle ne revient pas de son arrestation par la milice en 1944. Torturée, il semble qu'elle se défenestre pour échapper à ses tortionnaires, « morte en héros sans parler[1] », à 32 ans.

Yvonne Picard (1920-1943) est issue d'un milieu économique, social et politique différent. Née en 1920 dans une famille intellectuelle aisée, elle entre très tôt en rupture avec ses origines, en s'opposant aux valeurs politiques conservatrices de son père. Élève à Sévigné, elle est sensibilisée à la philosophie par Maurice Merleau-Ponty, dont elle devient par la suite une amie. Germaniste, elle a aussi assisté aux cours d'Alexandre Kojève sur la philosophie allemande, qui la décident à lire Hegel puis Marx. Elle est très vite reconnue parmi ses collègues licenciées comme studieuse et talentueuse, à la « flatteuse réputation de profondeur philosophique[2] ». À l'automne 1941, elle obtient une délégation rectorale à l'École normale de Sèvres, puis réalise son stage d'agrégation au lycée Camille Sée auprès de Simone de Beauvoir, qui la qualifie de « brillante étudiante en philosophie[3] ».

1. *Ibid.*
2. Voir Bianca Lamblin, « L'Histoire d'Yvonne Picard », *Esprit*, mai 1992, p. 91. Le principal texte d'Yvonne Picard, « Le temps chez Husserl et chez Heidegger, a été republié en 2009 dans la revue *Philosophie* (2009/1; n°100), p. 7-37.
3. S. de Beauvoir, *La Force de l'âge*, vol. 2, Paris, Gallimard, 1982 (1960), p. 573.

Convaincue à la lecture de Karl Marx, elle s'engage dans le communisme, et la pratique philosophique prend pour elle un sens nouveau. Son expérience de la philosophie est imbriquée à celle de la répression, de la clandestinité et de l'enfermement. Yvonne Picard s'engage dans la Résistance alors qu'elle travaille à l'obtention de son diplôme d'étude supérieure en vue de préparer l'agrégation[1]. Son mémoire, consacré à la phénoménologie allemande, propose une comparaison fine de la conception du temps chez Hegel, Husserl et Heidegger. Son intérêt pour la phénoménologie est à mettre en relation avec les liens étroits qui se dessinent depuis les années 1930 en France entre phénoménologie allemande et marxisme[2]. Elle est ainsi l'une des premières à se concentrer sur le rapport entre temps et dialectique chez ces auteurs (et en propose une lecture qui inspirera plus tard le philosophe Emmanuel Levinas). Dans le paysage des phénoménologues français du tournant des années 1940, Yvonne Picard a donc toute sa place ; une partie de sa recherche sera publiée à titre posthume, en 1946, par le philosophe Jean Wahl[3].

Yvonne Picard est arrêtée en 1942 par la police française, en possession de tracts de la Résistance. « Cela me fait mal de penser à cette agrégation à laquelle j'ai toutes les chances maintenant de ne pas pouvoir me présenter d'ici longtemps[4] », écrit-elle à Maurice Merleau-Ponty dans les premiers jours de sa détention. Elle a été dénoncée par son père, Charles Picard, directeur de l'École française d'Athènes, anticommuniste et pétainiste, qui a vu dans son arrestation une sorte de punition susceptible de la remettre sur le droit chemin : « Si on lui inflige quelques semaines de prison, elle comprendra que mieux vaut s'occuper de son agrégation que de

1. Elle prendra aussi part à l'éphémère groupe « Socialisme et Liberté » fondé par Jean-Paul Sartre.
2. Voir Alexandre Feron, *Phénoménologie et marxisme. Perspectives historiques et legs théoriques*, Paris, ENS Éditions, 2021.
3. Yvonne Picard, « Le temps chez Husserl et chez Heidegger », *Deucalion*, n° 1, 1946, p. 93-124.
4. Mentionné dans B. Lamblin, « L'histoire d'Yvonne Picard », art. cité.

politique[1]. » Incarcérée, Yvonne Picard s'efforce de donner des cours de philosophie à ses codétenues pour les divertir du climat carcéral insalubre. « Pour beaucoup d'entre nous, Descartes représentait désormais autre chose que le nom d'une rue[2] », se souviendra l'une d'entre elles, reconnaissante. Elle écrit à Maurice Merleau-Ponty pour qu'il lui envoie des livres, notamment *La Logique formelle* de Husserl, afin de continuer la préparation du concours d'agrégation. Radicalement opposée à une vision naturalisante des femmes, elle rejette tout symbole de la « pureté féminine », cher au régime de Vichy et à son père. « Je veux bien faire de la résistance mais je ne me sens pas de vocation pour jouer Jeanne d'Arc[3]. »

La philosophe est envoyée à Auschwitz dans le convoi du 24 janvier 1943, qui réunit des prisonnières politiques, principalement communistes. Au camp, la philosophie ne la quitte pas davantage. Selon les dires de son amie l'écrivaine Charlotte Delbo (1913-1995), Yvonne Picard tente de soulager ses peines et celles de ses codétenues en imaginant porter des livres au lieu de briques durant le travail forcé. « Comme si je portais des livres. C'est ainsi qu'on porte ses livres, n'est-ce pas[4] ? » En mars 1943, Yvonne Picard, malade, se sait condamnée : « On dira : licenciée en philosophie à dix-neuf ans et morte de la dysenterie à vingt-deux ans[5]. » Elle n'a jamais cessé de philosopher.

Simone Weil, enfin, est née en 1909 dans une famille juive alsacienne aisée. Comme Yvonne Picard, elle rejette très tôt les codes bourgeois genrés, consciente qu'il s'agit, selon ses dires, d'un grand malheur que d'être femme[6]. Encouragée à poursuivre ses études par ses parents, sa mère lui offre une éducation qu'elle juge plus

1. Dominique Desanti, *Ce que le siècle m'a appris*, Paris, Plon, 1997, p. 167.
2. *Ibid.*, p. 96.
3. B. Lamblin, « L'histoire d'Yvonne Picard », art. cité., p. 94
4. Charlotte Delbo, *Le Convoi du 24 janvier*, Paris, Éditions de Minuit, 1965, p. 230.
5. *Ibid.*
6. Rapporté dans le témoignage de Simone Pétrement, *La Vie de Simone Weil*, *op. cit.*

masculine, moins réservée ou restreinte, et lui donne accès à une instruction de très grande qualité. Très tôt adepte d'un comportement jugé masculin, Simone Weil est chaleureusement appelée par ses parents *Simon* ou encore « notre fils numéro deux », en référence à son frère aîné, dont elle partage les activités quotidiennes.

Élève brillante, elle fait partie des premières femmes acceptées à l'École normale supérieure de la rue d'Ulm en 1928, suivant la voie ouverte un an plus tôt par les futures philosophes Simone Pétrement (1907-1992) et Clémence Ramnoux (1905-1997), toute deux agrégées en 1931. Simone Weil bénéficie donc des combats passés pour obtenir le droit à une éducation au même titre que les garçons. À l'école, elle choque rapidement camarades et professeurs par son absence de respect des codes vestimentaires habituels des filles de bonne famille. Alain, son professeur qu'elle admire tant, la surnomme d'abord *le martien*, car son allure est toute différente des normes, toujours vêtue de robes décontractées et de cheveux relativement courts. Selon Simone Pétrement, cette apparence, qu'elle garde tout au long de sa courte vie, souvent interprétée comme une forme de négligence, révèle un vrai choix : Simone Weil n'a jamais souhaité perdre de temps à ces artifices, pour pouvoir se consacrer à ses études ; elle aurait aussi, à travers cette attitude, trouvé un chemin pour minimiser les contraintes qui pèsent sur les femmes. Elle a décidé de contrer cette « malchance » d'être femme en délaissant les normes et habitudes qui définissent la féminité.

Agrégée de philosophie en 1931, elle commence à enseigner. Alain lui prédit un brillant succès. Ses positions politiques entraînent toutefois des suspicions quant à ses qualités de professeure, quand bien même elle est appréciée et défendue par ses élèves. Consciente des limites qui pèsent encore sur l'enseignement féminin, Simone Weil n'hésite pas à leur donner des cours de latin gratuitement, lorsqu'elles n'y ont pas accès, pour préparer le baccalauréat. L'enseignement de la philosophie, cependant, ne lui suffit pas ; elle est motivée par la recherche de ce qu'elle nomme le contact avec la vie réelle. Dans une lettre qu'elle rédige à l'une de ses étudiantes pour partager son expérience, elle oppose la vie abstraite – enseignée à l'université, élitiste et adressée à une infime partie de la population – à la vie concrète, celle de millions de salariés qui vivent dans des conditions difficiles[1]. Ce hiatus est celui que pointent d'autres philosophes de sa génération, à l'instar de Paul Nizan, qui fustige la philosophie universitaire pour s'être déconnectée des réalités et éloignée des enjeux politiques qui touchent les opprimés[2].

Simone Weil partage le sentiment selon lequel la philosophie universitaire s'est construite autour d'une hypocrisie : « Ce n'est pas là comme à l'université, où on est payé pour penser ou du moins pour faire semblant[3] », écrit-elle, opposant l'activité philosophique universitaire telle qu'elle existe au travail ouvrier, bien réel et douloureux. La description de son expérience en usine dans ses notes de 1937 est marquée par la souffrance, le sentiment d'injustice, les humiliations et la pauvreté. Pour la philosophe, c'est du côté de ces êtres qu'il est nécessaire de se tourner pour entrer en contact avec la vie réelle, et non de ce qu'elle a qualifié quelque temps plus tôt le « cadavre puant[4] » de la social-démocratie – reprenant l'expression de Rosa Luxembourg (1871-1919), pour nommer un régime qui maintient les inégalités sociales et les justifie.

Si sa pensée évolue jusqu'à sa mort, l'injustice demeure la réalité première[5]. Dans *L'Enracinement* (1943), elle définit le rôle qu'elle considère être celui du philosophe : « Il s'agit toujours

1. S. Weil, « Lettre à une élève » (1934), *La Condition ouvrière*, Paris, Gallimard, 1964.
2. Paul Nizan, *Les Chiens de garde*, Paris, Maspero, 1965 (1932). Voir aussi, A. Bonnet, *Paul Nizan : critique d'une éducation philosophique*, mémoire de philosophie sous la direction d'Hervé Touboul Université de Franche-Comté, 2011.
3. S. Weil, *La Condition ouvrière*, *op. cit.*, p. 33.
4. Notamment dans « Perspectives. Allons-nous vers la révolution prolétarienne ? (1933) », *Conversation avec Trotski*, Paris, Éditions de L'Herne, 2014.
5. F. Worms, « Les effets de la nécessité sur l'âme humaine. Simone Weil et le moment philosophique de la Seconde Guerre mondiale », *Les Études philosophiques*, vol. 82, n° 3, 2007, p. 223-237.

de savoir, là où il y a oppression, qui met au cœur des opprimés l'amertume, la rancune, la révolte, le désespoir[1]. » La philosophie n'est pas pure spéculation, elle n'a pas non plus vocation à former l'élite. Elle considère que la tâche des philosophes de sa génération est de comprendre les origines de toute oppression et de tenter d'y mettre fin en liant théorie et pratique politique. L'ouvrage critique aussi l'instruction sous la IIIe République, appareil de domination plutôt que d'émancipation. Simone Weil souligne l'hypocrisie de ses institutions et dénonce cette une culture développée dans « un milieu très restreint, séparé du monde, dans une atmosphère confinée, [...] extrêmement fragmentée par la spécialisation[2] ».

C'est à travers son concept d'enracinement que la philosophe pense la question de l'oppression sociale, mais aussi de l'oppression coloniale. Être enraciné, c'est appartenir à l'histoire collective de l'humanité et se sentir comme tel. Si tel n'est pas le cas, aucune réalisation de soi, aucun développement harmonieux de sa subjectivité n'est possible. L'enracinement est la condition de l'autonomie. C'est pourquoi le salariat (comme régime obligeant la plupart des êtres à vendre leur force de travail pour vivre), comme le colonialisme, doivent être abolis : les rapports de pouvoir qui structurent ces formes sociales invalident toute subjectivité autonome.

Simone Weil propose une réflexion sur le colonialisme de l'État français, auquel elle réfléchit depuis l'exposition coloniale de 1932, qui l'avait scandalisée. Elle incrimine la IIIe République et le gouvernement de Jules Ferry d'avoir privé, en Algérie, un peuple de toute sa civilisation. Elle est par ailleurs une des premières philosophes européennes à théoriser le nazisme en le mettant en relation avec la colonisation, proposant une lecture

1. S. Weil, « Qui est coupable de menées antifrançaises ? » (1938), *in Contre le colonialisme*, Paris, Éditions Payot & Rivages, 2018.
2. S. Weil, *L'Enracinement, prélude à une déclaration des devoirs envers l'être humain* (1943), Paris, Gallimard, 2014, p. 115.

de l'entreprise hitlérienne comme « application par l'Allemagne au continent européen, et plus généralement aux pays de race blanche, des méthodes de la conquête et de la domination coloniales[1] ».

Avec sa critique sociale et sa réflexion sur la nécessité d'extirper la philosophie des frontières qui lui ont été assignées par la IIIe République, Simone Weil interroge, en outre, la propre constitution de la pensée occidentale. Elle questionne la narration officielle qui exclut par exemple les origines orientales de la philosophie grecque. Elle reconsidère, plus largement, les catégories d'« Orient » et d'« Occident » : la philosophie n'est pas une affaire nationale, européenne ou occidentale ; elle est universelle et ne fait que se manifester de façon particulière. Simone Weil ne peut poursuivre cette œuvre, pourtant en pleine effervescence. Après avoir participé à la guerre d'Espagne, elle est écartée de son poste de professeure de philosophie car juive. En exil à Londres, elle s'engage dans la France libre comme rédactrice et meurt de la tuberculose et d'épuisement en 1943.

1. S. Weil, « À propos de la question coloniale dans ses rapports avec le destin du peuple français » (1943), *Contre le colonialisme*, *op. cit.*

Épilogue

Dina Dreyfus et Simone de Beauvoir, deux horizons pour des temps nouveaux

« La violence était déchaînée et l'injustice, la bêtise, le scandale, l'horreur. La victoire même n'allait pas renverser le temps et ressusciter un ordre provisoirement dérangé ; elle ouvrait une nouvelle époque : l'après-guerre[1]. » L'élan de la Libération fait naître la possibilité d'un nouvel horizon d'attente social, politique et intellectuel. Quoique limitées et incomplètes, les mutations concernant les droits des femmes sont nombreuses ; et, pour la première fois, elles peuvent voter. La philosophe Cécile Joint devient ainsi l'une des premières femmes candidates aux élections municipales en 1949, sur une liste communiste[2]. L'hostilité envers le féminisme républicain qui dominait l'avant-guerre, est quant à elle, désormais perçue comme conservatrice, élitiste et dépassée.

Ces changements de mentalité se reflètent bientôt dans l'histoire des femmes philosophes, qui s'affirment à des postes importants, au sein ou en dehors du champ philosophique. Marie-Madeleine Davy (1903-1998), étudiante à la Sorbonne puis à

1. S. de Beauvoir, *La Force de l'âge*, *op. cit.*, p. 685. Sur l'immédiat après-guerre, voir François Dosse, *La Saga des intellectuels français*, I : *À l'épreuve de l'histoire (1944-1968)*, Paris, Gallimard, 2018.
2. L'amendement du communiste Fernand Grenier, « Les femmes seront électrices et éligibles dans les mêmes conditions que les hommes », adopté en commission le 24 mars 1944 à l'Assemblée consultative d'Alger, a été promulgué par ordonnance du Général de Gaulle le 21 avril 1944.

l'Institut catholique, première docteure en théologie de cet institut, soutient une thèse de philosophie à la Sorbonne en 1947. D'abord secrétaire du célèbre écrivain Julien Benda, elle est, dans les années 1950, chargée de recherche au Centre national de la recherche scientifique. Simone Pétrement, docteure en philosophie en 1947, devient quant à elle conservatrice à la Bibliothèque nationale. Marcelle Bouteiller (1904-1990), docteure en 1949, évolue comme chargée de mission des musées nationaux. En 1953, Geneviève Rodis-Lewis réalise le vœu tant espéré par Clémence Royer soixante-dix ans plus tôt d'occuper une chaire de philosophie dans l'université française. Elle est suivie, en 1957, par l'agrégée de philosophie Suzanne Bachelard (1919-2007, agrégée en 1946), spécialiste de philosophie des sciences.

Dans les années 1960, l'agrégée de philosophie Dina Dreyfus (1911-1999) devient, quant à elle, la première *inspecteur* général de l'éducation nationale – elle ne souhaite pas féminiser le titre –, en charge de la philosophie. Elle a ainsi la responsabilité de veiller au bon fonctionnement des cours de philosophie dans l'ensemble de l'enseignement secondaire – une position simplement impensable sous la IIIe République et pour des législateurs convaincus qu'une femme ne devait pas être dans les astres mais auprès de son fourneau ! L'après-guerre tourne ainsi, une bonne fois pour toutes, la page des *bergsonettes*, passives devant la philosophie, réduites à l'unique statut de psittacistes du maître.

Dans le même temps, l'activité philosophique se réinvente. Deux parcours de femmes philosophes incarnent ce renouveau : ceux de Simone de Beauvoir et Dina Dreyfus. En apparence, tout semble opposer ces deux philosophes. La première est devenue l'une des philosophes les plus célèbres du XXe siècle, tandis que la seconde est encore considérablement marquée du sceau de l'invisibilité. Simone de Beauvoir a délaissé l'enseignement philosophique pour se consacrer à son métier d'écrivain ; Dina Dreyfus, elle, a connu une carrière prestigieuse au cœur de l'institution. Enfin, la première a raconté maintes fois les ambitions qui étaient à la source de ses écrits, alors que la seconde était de ceux « qui ne s'intéressent pas à eux-mêmes[1] ».

Pourtant, les témoins de la première vie intellectuelle de Dina Dreyfus, installée un temps au Brésil avec son premier mari, Claude Lévi-Strauss, soutiendront que « le vrai ethnologue, c'était-elle[2] » ; et ceux présents pour les premiers succès académiques de Simone de Beauvoir, alors compagne de Jean-Paul Sartre, s'exclameront : « LA philosophe, c'était elle[3]. » Le parallélisme entre ces deux remarques interpelle – comme si l'histoire en train de se faire autour de ces deux femmes, indubitablement marquées, au début de leur carrière, par les couples intellectuels qu'elles formaient, était en décalage avec l'histoire telle qu'elle se racontait déjà dans les années 1940.

Au-delà de leurs relations de couple respectives, toutes et tous appartiennent à cette même génération qui engendre un nouvel espace critique dans les années 1930, et dont l'histoire est souvent racontée en privilégiant les figures masculines. Ces deux femmes forgent leurs conceptions philosophiques dans un réseau commun qui repense la philosophie – un petit monde : Paul Nizan, ami de Jean-Paul Sartre compagnon de Simone de Beauvoir, est marié à la cousine du philosophe Claude Lévi-Strauss, époux de Dina Dreyfus. Et, si leur nom a longtemps occupé une place secondaire au profit de celui de leurs compagnons, elles ont nettement contribué à faire imploser, après-guerre et chacune à leur manière, les deux pôles qui structuraient l'institution philosophique de la IIIe République[4].

---

1. Témoignage de Bertrand Saint Sernin publié dans *Écrits*, Paris, Hermann, 2005, p. 11.
2. Luis de Castro Faria, *Um outro olhar*, Rio de Janeiro, Ouro sobre Azul, 2001.
3. Cité dans Annie Cohen Solal, *Sartre (1905-1980)*, Paris, Gallimard, 1999, p. 116.
4. Le traitement de Simone de Beauvoir dans le champ philosophique français a longtemps été marginal. Il faut par exemple attendre les années 1970 pour que le premier groupe d'études concernant son œuvre soit formé, par la philosophe Michèle Le Doeuff. Voir A. Bonnet, « Entretien avec Michèle Le Dœuff », *Genre et Histoire*, printemps 2021. Parmi les livres en français insistant sur l'aspect philosophique de

Avec *Le Deuxième Sexe*, en 1949, Simone de Beauvoir rompt en effet symboliquement avec des décennies d'emprise d'un modèle républicain, dont la vie politique, culturelle et éducative reposait en partie sur la croyance en une essence féminine, justifiant les inégalités de traitement entre les sexes. De l'intérieur, Dina Dreyfus entame pour sa part une profonde refonte des institutions philosophiques en remettant en cause son caractère élitiste : elle se propose d'en décloisonner les lieux, les acteurs et le public. Au même titre que les femmes philosophes critiques qui n'ont pas survécu à la guerre, leurs parcours témoignent d'une pensée en mouvement, ancrée dans les débats de leur époque et aux aguets des nouveautés. Leurs destins singuliers apportent un éclairage tant sur la fin de la IIIe République philosophique que sur les horizons nouveaux qu'elles contribuent à dessiner.

Dina Dreyfus, repenser l'enseignement, démocratiser la philosophie

Dina Dreyfus, née Ferdinanda Dreyfus en 1911 à Milan, assiste, dans sa jeunesse, à un évènement qui marque sa personnalité et son travail. À peine âgée de onze ans, elle voit le défilé fasciste de « la marche sur Rome » et le saccage d'une des permanences du Parti communiste italien, situé au-dessus de sa résidence. La famille est contrainte à l'exil et part en France en 1924[1]. Étudiante brillante, Dina Dreyfus devient agrégée de philosophie en 1934. Elle arrive cinquième. Si elle se consacre quelques années à l'enseignement, c'est bien hors des frontières françaises et de la philosophie qu'elle acquiert sa première légitimité, lors de son séjour au Brésil avec son époux, Claude Lévi-Strauss. Un tel départ s'explique car les années 1930 sont marquées

Simone de Beauvoir, Michel Kail, *Simone de Beauvoir philosophe*, Paris, PUF, 2006 ; G. Fraisse, *Le Privilège de Simone de Beauvoir*, Paris, Actes Sud, 2008. Voir aussi Dina Dreyfus, *Écrits*, Paris, Hermann, 2005.

1. Selon les souvenirs de Bertrand Saint-Sernin, « Dina Dreyfus ou la raison enseignante », *Les Temps Modernes*, n° 516, juillet 1989, p. 142-157.

par un intérêt croissant pour d'autres savoirs et par la multiplication d'expéditions vers l'Amérique du Sud et l'Afrique[1]. La sociologie ou l'ethnologie apparaissent comme de nouveaux horizons pour les philosophes.

Le couple s'installe au Brésil en 1935 et y demeure trois ans. Claude Lévi-Strauss a été invité comme professeur de sociologie à l'Université de São Paulo – tandis qu'aucune structure professionnelle n'est prévue pour Dina Dreyfus, tout aussi diplômée que son mari. C'est pourtant bien ensemble qu'ils entreprennent leurs missions ethnographiques. Les récits de Claude-Lévi Strauss ne font guère mention des activités de Dina Dreyfus au cours de ces années, pourtant riches en apprentissages et en réalisations intellectuelles pour la philosophe[2]. En 1936, elle rédige ainsi son premier livre, publié en portugais, qui est aussi le premier manuel d'ethnologie jamais paru au Brésil, base formatrice des premières générations d'anthropologues brésiliens. La même année, elle donne le premier cours d'ethnologie du Brésil, à São Paulo. Durant six mois, et devant un public composé d'une cinquantaine d'étudiants, elle présente la discipline en vingt-et-une leçons.

L'accueil réservé à Dina Dreyfus dans les milieux intellectuels francophiles du Brésil est d'emblée positif, et la presse locale est prise d'engouement pour cette femme dont l'agilité sur le terrain et la vivacité d'esprit éblouissent. On la représente volontiers à table, au milieu des intellectuels hommes qui écoutent attentivement ses paroles. Elle est si populaire et respectée que la première Société d'ethnologie brésilienne est fondée en son honneur

1. Voir Christine Laurière et André Mary (dir.), « Ethnologues en situations coloniales », *Les Carnets de Berose*, 2019.

2. Claude Lévi-Strauss, *Tristes Tropiques*, Paris, Plon, 1955. Voir Emmanuelle Loyer, *Lévi-Strauss*, Paris, Flammarion, 2015. Sur cette période, Fernanda Peixoto, « Mário e os primeiros tempos da USP », *Revista do Serviço do Patrimônio Histórico e Artístico Nacional*, 2002 ; Luisa Valentini, *Um laboratório de antropologia. O Encontro entre Mário de Andrade, Dina Dreyfus e Claude Lévi-Strauss (1935-1938)*, São Paulo, Expressão Popular, 2011.

– et non en celui de son mari. Le rôle de secrétaire générale de cette société lui est même offert.

Comme Simone Weil à la même époque, Dina Dreyfus prend ses distances, sur le terrain, avec l'esprit colonial de la société française. Elle développe, dans son attitude et ses textes, un regard critique sur les violences subies par les peuples indigènes, au sein d'un pays anciennement colonisé où l'expansion capitaliste se traduit par l'appropriation des terres qui repousse chaque fois plus loin les populations indiennes. Dans le premier manuel d'anthropologie au Brésil, qu'elle publie en 1936, elle critique la notion d'*autre*, telle que proposée par des sciences humaines, encore imprégnées d'un regard colonial.

Après son retour en France, en 1938, Dina Dreyfus, séparée en 1939, ne se rend plus jamais au Brésil. Elle garde quelques contacts, mais la situation politique internationale ne lui permet plus de maintenir des rapports réguliers. Juive, antifasciste, elle partage les idéaux communistes et entre dans la Résistance, obligée d'enseigner la philosophie sous le nom de Denise Roche. Cet engagement lui vaut, à la Libération, la décoration de Commandeur de la Légion d'honneur. Après la guerre et son divorce, Dina Dreyfus reprend son nom de jeune fille et retrouve le chemin de l'enseignement philosophique, alors en pleine mutation.

Les années 1950 signent en effet la fin de la classe de philosophie et se caractérisent par un progressif déclassement institutionnel au profit des carrières scientifiques, tandis que les autres sciences humaines gagnent leur autonomie. De nouvelles modalités de recrutement des professeurs se mettent également en place[1]. Dina Dreyfus développe une carrière administrative, devenant la première femme jamais nommée inspectrice de philosophie, victoire symbolique au sein d'une institution qui en refusait

1. Bruno Poucet et Patrick Rayou (dir), *Enseignement et pratiques de la philosophie*, Bordeaux, Presses universitaires de Bordeaux, 2016.

quelques décennies auparavant la simple présence. Cette position lui permet de travailler à rénover l'enseignement de la philosophie, dans une direction indéniablement marquée par ses expériences passées, mais qui tient aussi compte du présent. Loin du modèle philosophique de la IIIe République, l'enseignement qu'elle promeut ne saurait être le « porte-parole de la doctrine officielle[1] ».

Tout en maintenant l'idée d'une philosophie comme couronnement des études secondaires, elle transforme sa dimension citoyenne et démocratique en l'élevant au rang de remède critique, de rempart pour lutter contre ce qu'elle nomme « des discours irrationnels de la tyrannie, déguisée sous une phraséologie démocratique, ou d'une mystique ésotérique[2] ». La philosophie doit être une éducation à la raison, à l'exercice critique et non plus à la conformité. Dina Dreyfus restaure en ce sens une définition classique de la philosophie grecque qui considère la philosophie comme un mode de connaissance chargé d'aider les individus « porteurs d'idéologies collectives, d'opinions, de préjugés, de croyances, de traditions[3] », à dépasser ce stade de connaissance pour en acquérir un nouveau, basé sur le raisonnement et une perspective totalisante permettant d'aboutir à une lecture au plus proche de la vérité.

En référence sans doute à la période fasciste, la philosophe rejette par ailleurs les discours caractérisés par ce qu'elle nomme une « défiance de plus en plus avouée à l'égard de la raison et de la rationalité, et une revendication de l'affectivité sous toutes ses formes, voire de ce qu'on appelle intuition » : « Là où se termine la rationalité commence le fanatisme »[4]. Elle se positionne aussi contre une réduction de la raison humaine à rationalité technique,

1. Dina Dreyfus et Claude Khodoss, « L'enseignement philosophique » (*Les temps modernes*, décembre 1965, p. 1001-1047), repris dans *Écrits*, *op. cit.*, p. 222.
2. *Ibid.*, p. 210.
3. *Ibid.*, p. 226.
4. « Les divers types de rationalité » (*Les amis de Sèvres*, n°1, 1975), *ibid.*, p. 260.

qu'elle considère être une forme de raison instrumentalisée à laquelle il faut opposer la raison totalisante, c'est-à-dire qui n'a pas d'autre objectif que de donner un sens unitaire et cohérent aux phénomènes humains, et dont le rôle n'est pas de bénéficier à un groupe social en particulier, ni d'aider celui-ci à maintenir une situation de domination.

Enfin, sa conception de la philosophie est incontestablement marquée par son ouverture pluridisciplinaire, mêlée à un désir de démocratisation. Pionnière en ethnologie, Dina Dreyfus est loin de se limiter à une vision stricte et réductrice de la philosophie. Grande lectrice de littérature, avide de psychanalyse, dont elle souhaite divulguer les principes au plus grand nombre, elle s'intéresse aussi à la sociologie et au cinéma[1]. Ces influences convergent vers une pensée qui considère la philosophie comme une activité centrale, mais polymorphe et qui ne doit pas être une affaire de spécialistes. C'est pourquoi elle est notamment à l'origine d'une des « premières émissions de philosophie jamais enregistrées dans le monde[2] », qui vise à utiliser la télévision comme un moyen de démocratisation. Alors que l'enseignement secondaire se massifie et que les effectifs étudiants sont multipliés par quatre entre 1945 et la fin des années 1960, elle rappelle que, « par le truchement de la presse, de la radio, de la télévision, des conversations, des entretiens privés ou publics[3] », l'activité philosophique est déjà sortie des murs des classes : il faut, selon elle, comprendre ce phénomène comme un nouveau souffle pour l'enseignement.

---

1. *Psychanalyse. Textes choisis par Dina Dreyfus*, Paris, PUF, 1963. Sur la littérature, lire par exemples ses articles « De l'ascétisme dans le roman contemporain », *Esprit*, 1958, p. 60-68 ou « Vraies et fausses énigmes », *Le Mercure de France*, octobre 1957, p. 268-285.
2. Jean Fléchet, « Réflexions sur les émissions de philosophie du point de vue de leur réalisation », *Bulletin de la radio-télévision scolaire*, octobre 1965, p. 16-19.
3. D. Dreyfus, « L'enseignement philosophique », art. cité, p. 196.

L'intérêt pour l'image et les écrans n'est pas exactement une nouveauté chez Dina Dreyfus, qui a découvert l'usage de la photographie et des films durant son séjour au Brésil, au cours duquel elle a par ailleurs émis des réflexions quant à ces nouveaux modes de connaissance. Avec ce programme de philosophie utilisant un nouvel outil, de plus en plus présent dans les foyers, il s'agit de faire connaître la philosophie au plus grand nombre, de continuer à la décloisonner. L'enjeu est aussi de démontrer qu'il *existe une vie de la philosophie hors de la classe*. Selon les mots de Dina Dreyfus, il faut « montrer aux élèves qu'il y a une cité des philosophes, que la philosophie n'est pas seulement une discipline d'enseignement, mais qu'elle relève aussi de l'actualité, du monde où nous vivons[1] ». La philosophie doit retrouver son intérêt populaire et quotidien. Le programme accueille des figures célèbres, actives dans diverses branches des sciences humaines, comme Pierre Bourdieu, Jean-Claude Passeron, Michel Serres ou Alain Badiou. On oublie en revanche souvent le nom de celle qui initia ce décloisonnement de la culture philosophique, pour lui offrir une nouvelle vie.

1. Entretien donné par Dina Dreyfus, « Faire vivre la philosophie par l'image », *Bulletin de la radio-télévision scolaire*, décembre 1968, p. 35-36.

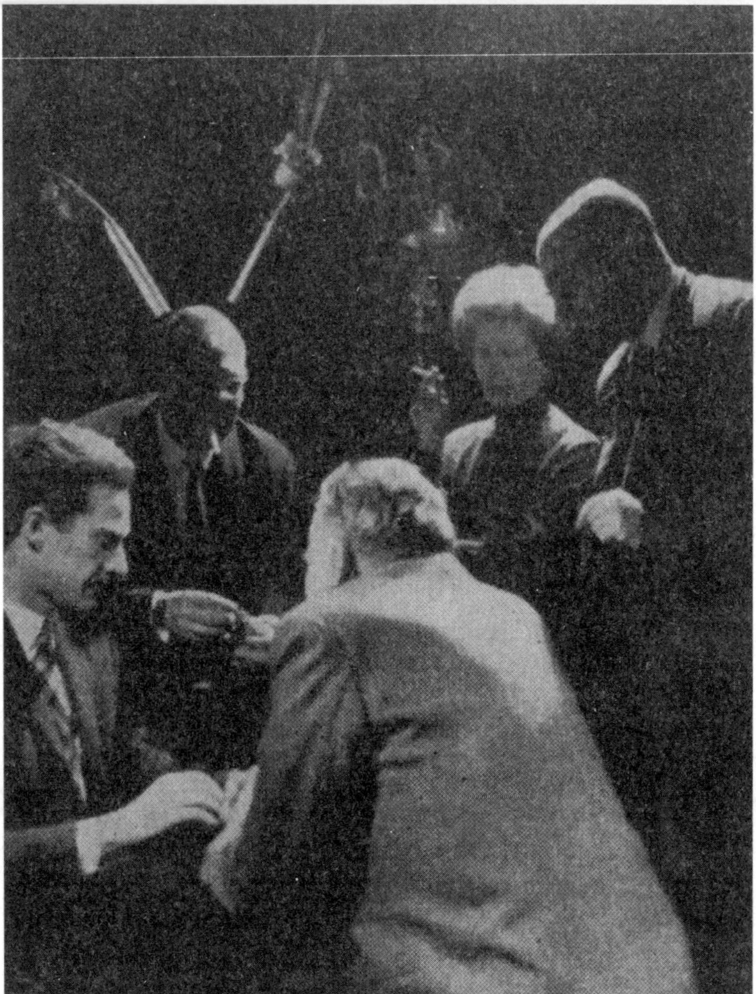

Dina Dreyfus, entourée d'autres philosophes
(dont Alain Badiou, à gauche)

« Coup d'œil sur la télévision scolaire. L'enseignement de la philosophie », *Bulletin de la radio-télévision scolaire*, 1er mars 1965, p. 2

Simone de Beauvoir, ou la fin du modèle féminin de la IIIe République

Dans un magazine d'après-guerre, une page de devinettes présente la photo d'une femme, de profil, chignon pincé. Qui est-elle ? La réponse est donnée quelques pages plus loin : « C'est Simone de Beauvoir, la philosophe française de notre siècle[1]. » L'appellation contraste indéniablement avec l'esprit de la IIIe République, lorsqu'on se demandait encore si une femme pouvait philosopher. Elle en porte aussi la trace : Simone de Beauvoir incarne à elle seule « la philosophe française » et oblitère celles qui l'ont malgré tout précédée.

Née en 1908 dans une famille issue de l'aristocratie, sa jeunesse est aussi marquée par un évènement politique qui en perturbe le calme : son père, dont la fortune avait déjà été mise à mal par les crises économiques du début du siècle, perd avec la Révolution de 1917 l'argent investi dans les banques de la Russie tsariste. Comme elle le rappelle dans un de ses romans, écrit en 1954, « je me félicitais souvent, égoïstement, que les bolcheviks et la méchanceté de la vie eussent ruiné mon père : j'étais obligée de travailler[2] ». Alors que pour Dina Dreyfus l'anticommunisme signe le temps de l'exil et du déracinement forcé, l'avènement d'une révolution communiste à des milliers de kilomètres est, dans la famille de Beauvoir, la source indirecte d'une possibilité d'émancipation. Pour assurer le futur de ses deux filles, le père de Simone de Beauvoir décide en effet de les envoyer étudier à l'université publique afin qu'elles puissent se former à un métier – de fonctionnaire de préférence – qui leur garantisse une stabilité matérielle. Il s'agit là d'une première rupture avec les conventions du milieu auquel Simone de Beauvoir appartient, lié à l'élite catholique du pays, qui impose aux femmes de jouer un

1. *Qui ? Le magazine de l'énigme et de l'aventure*, 30 mai 1946, p. 22.
2. S. de Beauvoir, *Les Inséparables*, Paris, Éditions de l'Herne, 2020, p. 98.

rôle de transmission du patrimoine familial, et d'administration de leurs maisons qu'elles représentent lors des rencontres mondaines.

Le parcours philosophique de Simone de Beauvoir répond, par bien des aspects, aux transformations sociales et éducatives de l'entre-deux-guerres. D'une part, elle dispose désormais d'un modèle philosophique féminin, qui n'est autre que la docteure Léontine Zanta, aperçue dans une revue féminine pendant sa jeunesse : « Je souhaitais être une de ces pionnières. » À la différence de Clémence Royer, qui avouait souffrir de l'absence de modèle, Simone de Beauvoir peut s'identifier à une figure bien réelle. D'autre part, sa trajectoire scolaire est marquée par la tension entre l'enseignement public, laïc et républicain, et l'enseignement féminin catholique. Elle est d'abord élève de cours privés catholiques, au cours Désir, puis à Sainte-Marie de Neuilly, où elle fait la connaissance de Jeanne Mercier, qui n'est autre que la sixième agrégée de philosophie de France (1923). Celle-ci est alors membre du Tiers Ordre, communauté religieuse fondée par Madeleine Danielou, agrégée de lettres déjà rencontrée, prônant un enseignement féminin confessionnel. Mais Simone de Beauvoir prend vite ses distances, effrayée par la solitude et l'amertume de Jeanne Mercier.

Puis vient le temps de l'Institut catholique et des Équipes sociales, cette dernière initiative (que Léontine Zanta avait contribué à construire) étant représentative du versant plus progressiste de l'enseignement catholique. C'est dans cette institution que Simone de Beauvoir donne ses premiers cours, avant de quitter l'enseignement catholique pour étudier à la Sorbonne, non sans éveiller la peur de ses parents – ses professeures catholiques expliquaient à sa mère, on l'a vu, que la philosophie de la Sorbonne corrompt les âmes. Simone de Beauvoir se retrouve ainsi au cœur d'une dispute qui ne fait que s'accentuer dans l'entre-deux-guerres. Malgré ces préventions, son père ne la freine pas dans sa démarche. Et, si l'on ne compte que sept agrégées de philosophie avant Simone de Beauvoir, elles existent désormais. Ce statut ne paraît plus inatteignable ; les conquêtes de 1921 permettent aux agrégatives de se présenter au concours masculin de philosophie et d'être reconnues en ayant le même titre. Un horizon professionnel s'est entrouvert, et c'est là le principal argument pour tranquilliser sa famille malgré ses choix peu orthodoxes.

Sa découverte de la philosophie à la Sorbonne n'est pourtant pas d'une tranquillité absolue et elle ne se traduit en rien par une rupture immédiate avec les valeurs féminines classiques. Comme en témoignent ses cahiers de jeunesse, jusqu'en 1927, elle éprouve le mal-être et la tension décrites dans les romans de Léontine Zanta. Comment réaliser sa féminité et être philosophe à la fois ? Comment concilier mariage et vie intellectuelle ? Contrairement aux personnages mis en scène par Léontine Zanta, Simone de Beauvoir opte pour le chemin de la philosophie. « Si je me marie, il faudra prendre ma philosophie avec moi. C'est cela l'essentiel, tellement que pour le posséder j'accepterais presque de ne point me marier[1] », écrit-elle dans ses cahiers.

Sa décision est prise, sa vie privée devra s'y adapter. La rencontre avec Jean-Paul Sartre se situe à ce stade de son évolution. C'est pourquoi leurs longues discussions au jardin du Luxembourg, malgré leur ambiguïté effective quant au rôle intellectuel secondaire qu'aurait Simone de Beauvoir face à Jean-Paul Sartre qui la « prend en main », ne constituent pas pour autant une défaite dans son parcours d'émancipation. Le choix de vivre pleinement de son intellectualité comme philosophe à travers la réussite de l'agrégation est arrêté au moment où l'échange avec Jean-Paul Sartre ne fait que commencer[2]. Les conditions matérielles et subjectives sont d'ores et déjà réunies pour l'autonomie

1. S. de Beauvoir, *Cahiers de jeunesse (1926-1930)*, Paris, Gallimard, 2008, p. 387.
2. Sur une interprétation de la scène du jardin du Luxembourg, voir M. Le Dœuff, *L'Étude et le rouet*, *op. cit.*

de pensée de Simone de Beauvoir. Comme pour Simone Weil et Yvonne Picard, la philosophie constitue pour elle une porte sur le monde et la voie d'une autonomisation, à la fois financière et politique, vis-à-vis de ses origines bourgeoises teintées de valeurs conservatrices.

En 1928, Simone de Beauvoir rédige son mémoire de préparation à l'agrégation sous la direction de Léon Brunschvicg, ce philosophe de la République éminent qui a sans doute aussi été le seul à considérer alors les femmes comme des égales en tous points. L'année 1929 est celle de l'agrégation. Si les femmes continuent d'être minoritaires, leur présence a amplement progressé et, pour cette année seulement, 25 agrégées sont admises toutes disciplines confondues. La tension autour du classement de l'agrégation de philosophie révèle toutefois les enjeux de concurrence qui parcourent la fin des années 1920 et les années 1930. Il existe alors deux classements, l'un féminin, l'autre masculin. On prend vite l'habitude d'en déduire que Jean-Paul Sartre était premier et Simone de Beauvoir seconde – comme si le classement féminin, confronté au masculin, prenait nécessairement une place inférieure. Selon le philosophe Georges Canguilhem, membre du jury de l'agrégation cette année-là, tous les membres du jury s'étaient portant accordés à reconnaître « LA philosophe[1] ». Les tensions au sein des deux sociétés des agrégés témoignaient de cette concurrence. Un an auparavant, le cas de Raymonde Bois a montré la difficulté des agrégées de philosophie à se sentir légitime, tandis que les instances philosophiques peinent à s'habituer à la présence régulière des femmes dans leur rang, affront symbolique qui ne peut être officialisé.

Toujours est-il que Simone de Beauvoir ne présente jamais cet épisode comme une limite. Elle a conquis son indépendance financière qui lui permet de rompre avec son milieu social d'origine, et a trouvé en Jean-Paul Sartre un interlocuteur pour la vie

1. Voir A. Cohen Solal, *Sartre (1905-1980)*, *op. cit.*, p. 116.

qui, dans un moment où elle souhaitera prendre un virage comme écrivain et mettre entre parenthèses son travail de professeure, prendra même le relai matériel nécessaire à cet effort. Simone de Beauvoir utilisera par la suite son expérience d'étudiante en philosophie pour comprendre l'auto-sabotage féminin et les manières d'intérioriser une position dominée. Elle indiquera par exemple avoir été marquée par le sentiment d'échec qui régnait chez les femmes qui se préparaient à l'agrégation de philosophie, semblant « s'imaginer que les femmes pouvaient passer le concours au rabais ; c'était, partant battue d'avance, abandonner effectivement aux hommes toutes les chances de succès[1] ». Elle commentera aussi longuement, à travers le destin tragique de son amie Elizabeth Lecoin (« Zaza »), la difficulté des femmes de la bourgeoisie à s'extirper de leur milieu ; elle dira par ailleurs avoir été intimidée par Simone Weil qui lui apparaît encore plus audacieuse qu'elle.

Comme Simone Weil et Dina Dreyfus, Simone de Beauvoir a la réputation d'être une excellente professeure de philosophie, carrière qu'elle embrasse pendant plus de dix ans. Elle se détourne néanmoins peu à peu de l'enseignement afin de réaliser son désir d'écriture. Comme beaucoup de sa génération, elle oppose l'enseignement abstrait de la philosophie à la « vraie vie » et partage le sentiment d'épuisement d'une philosophie entendue comme simple répétition de cours. Son rejet progressif de l'enseignement comme horizon s'exprime notamment dans le regard qu'elle porte sur Jeanne Mercier, femme seule dont la vie est décrite dans ses mémoires comme ennuyeuse et répétitive.

De même, Henri Bergson, qu'elle admirait au début des années 1920, lui apparaît très vite désuet et sans intérêt. Pas question de devenir « une espèce de Bergson ; je ne voulais pas parler avec cette voix abstraite qui, lorsque je l'entendais, ne me

1. S. de Beauvoir, *Le Deuxième Sexe*, t. 2, Paris, Gallimard, 1949, p. 543.

touchait pas[1] ». Devenir un philosophe de cabinet, voilà ce à quoi elle souhaite échapper, trait de sa génération pour qui l'attachement aux institutions universitaires n'est plus le même. Il continue d'être une étape nécessaire, mais il est plus vécu comme une contrainte que comme un accomplissement. Simone de Beauvoir se dirige alors vers la littérature, qu'elle considérera comme son vrai métier.

Les années de guerre sont celles du passage progressif d'une existence qualifiée de « déplorablement abstraite[2] » à celle d'une conscience d'être partie prenante d'une histoire collective. Contrairement à Dina Dreyfus, qui porte avec elle ce sentiment depuis sa plus tendre jeunesse, Simone de Beauvoir, comme Jean-Paul Sartre, découvre avec la guerre que l'histoire existe et que les individus y appartiennent. Leur origine petite-bourgeoise serait, selon elle, à la source de cette attitude. Et, si Simone de Beauvoir a répété s'être plongée dans la rédaction du *Deuxième Sexe* sans intention collective ni politique, et affirmé que sa féminité n'avait jamais constitué une gêne[3], le projet même du livre est empreint de cet embarquement collectif. La philosophe s'est rêvée inconditionnée ; l'ouvrage constitue bien, lui, une recherche systématique du conditionnement des femmes comme *autres*. En termes existentialistes, c'est dans la situation, et non dans l'essence, qu'il faut comprendre ce phénomène. L'irruption de l'histoire est désormais incontestable et la nécessité de penser la question des relations entre les sexes en dehors de son expérience singulière constitue sans doute le meilleur témoin de cette évolution.

Rédigé entre 1947 et 1949, *Le Deuxième sexe*, le plus connu de tous ses textes, constitue aussi, à lui seul, une œuvre en rupture avec le passé philosophique de la IIIe République. Jamais l'œuvre d'une femme philosophe n'avait connu un tel écho lors des

1. S. de Beauvoir, *Mémoires d'une jeune fille rangée*, *op. cit.* , p. 272.
2. S. de Beauvoir, *La Force de l'âge*, vol. 1., Paris, Gallimard, 1960, p. 172.
3. G. Fraisse, *Le Privilège de Simone de Beauvoir*, *op. cit.*

décennies précédentes. Les nombreux manuscrits de Clémence Royer s'étaient perdus, les thèses de doctorat des femmes, quoique commentées, parfois reconnues comme novatrices, étaient tombées dans l'oubli. Le premier tome du *Deuxième Sexe* est, lui, un succès éditorial immédiat : plus de 22 000 exemplaires sont vendus dès la première semaine[1]. Comment imaginer que quelques décennies plus tôt, on débattait encore de la possibilité pour les femmes d'avoir accès à des cours de philosophie de niveau secondaire sans mettre à mal leur morale ? C'est même le troisième ouvrage le plus vendu de la saison, ce qui le différencie aussi de réflexions critiques féministes à portée anti-essentialiste qui avaient pu émerger auparavant en France[2].

Cet engouement s'imbrique au renouvellement de la figure de l'intellectuel et à une reconfiguration de son rôle dans l'espace public. Le phénomène médiatique inauguré avec Henri Bergson se redessine avec la mode de l'existentialisme, caractéristique d'une époque en soif de réinvention[3]. Simone de Beauvoir incarne, elle, une nouvelle figure féminine : la femme existentialiste contemporaine, érigée en nouveau modèle de référence, dépoussiéré des normes et des codes féminins des *bergsonettes*. Dès la fin de la guerre, la presse féminine a construit cette image : « déesse », « muse », ou même « égérie » de l'existentialisme, sa féminité est mise en avant et lui offre souvent, il est vrai, le statut de seconde après Jean-Paul Sartre. Elle est aussi l'objet d'attention de la part des magazines féminins, qui utilisent son image des façons les plus désopilantes, n'hésitant pas, par exemple, à la présenter dans l'horoscope de la semaine, aux côtés de chanteurs et acteurs de renommée du moment.

---

1. Il est vrai que le marché éditorial s'est lui aussi développé et participe à cet engouement pour l'ouvrage.
2. Notamment de la part des féministes révolutionnaires du XIXe et de la première moitié du XXe siècle en France, comme Madeleine Pelletier, dont les textes de théorisation féministe sont marqués par le rejet de la féminité comme donnée naturelle.
3. Sur la mode existentialiste et la redéfinition du rôle des intellectuels, Anna Boschetti, *Sartre et* Les Temps modernes, Paris, Éditions de Minuit, 1985.

La façon de représenter Simone de Beauvoir est malgré tout très différente de celle qui avait été offerte à Léontine Zanta, symbole d'une époque révolue. Ainsi, un magazine évoque les femmes existentialistes, dont Simone de Beauvoir, comme celles qui, « le jour, sont nettes, soignées, précises, parce qu'il faut bien gagner sa vie [...]. Mais lorsque 8 heures sonnent, elles laissent tomber leurs cheveux, enlèvent leur rouge à lèvres et leur bas de soie, échangent leur robe imprimée contre un chandail trop large et leurs escarpins contre des savates[1] ». Les femmes ne sont plus de simples apparences, elles aussi possèdent une liberté de mouvement, signe de l'évolution des mentalités et d'une presse féminine qui s'est renouvelée et diversifiée, mettant en avant le mouvement et les corps.

C'est le cas du tout nouveau magazine *Elle*, qui présente les femmes sur un pied d'égalité et n'hésite pas à porter l'attention sur celles qui exercent des professions dites masculines et se sont émancipées de leurs structures familiales. C'est aussi le cas du récent *La Femme. Hebdomadaire illustré des femmes de la libération nationale*, dont la directrice n'est autre que la résistante Lucie Aubrac. Simone de Beauvoir, définie comme « une femme qui écrit parce qu'elle a quelque chose à dire[2] », est érigée en modèle de la nouvelle femme émancipée, qui possède son propre jugement et son libre-arbitre. Nulle mise en scène familiale, chrétienne ou commerciale autour d'elle. Sa renommée concerne ses idées et c'est pourquoi elle incarne « la » femme qui écrit pour les femmes d'aujourd'hui.

Le Deuxième Sexe constitue donc un véritable ouvrage d'après-guerre, au sens où il s'inscrit dans ce nouveau moment intellectuel qui porte un regard critique sur le passé et pense à partir de nouveaux horizons. De plus, le thème étudié par Simone de

1. *Elle*, 5 août 1947, p. 4.
2. *La Femme. Hebdomadaire illustré des femmes de la libération nationale*, 20 octobre 1945.

Beauvoir rompt indéniablement avec le passé philosophique républicain. Comment ne pas opposer le succès de son ouvrage aux paroles d'Émile Durkheim, qui, devant la Société française de philosophie, énonçait encore que la sexualité relevait de l'indicible, un domaine imprescriptible qui ne devait ni être théorisé ni enseigné ? Sa théorisation repousse également les limites naguère imposées par la spécialisation : le volume présente une philosophie polymorphe, basée sur des références existentialistes, mais qui se construit en dialogue avec la psychanalyse ou l'histoire, et n'hésite pas à avoir recours à la littérature comme mode de connaissance. La thèse soutenue, est, elle aussi, en rupture avec ce passé : Simone de Beauvoir rejette toute explication reposant sur une naturalisation ou une essentialisation de la vie sociale[1]. L'essai peut en ce sens être lu comme une nouveauté, mais aussi comme un bilan, un miroir revenant sur les méfaits d'une politique, portée par une idéologie ayant incorporé des inégalités et qui a structuré l'ensemble de son apprentissage.

Le récit du *Deuxième Sexe*, de surcroit, s'appuie sur deux phénomènes aidant à Simone de Beauvoir à affiner sa perspective, à repousser les barrières de l'essentialisme et à fonder une pensée singulière. Le premier est son séjour aux États-Unis en 1947. Comme pour Dina Dreyfus, le voyage vers les Amériques est source de profondes réflexions. Simone de Beauvoir s'interroge en particulier sur le racisme dont elle est témoin. Ses remarques laissent entrevoir celles du *Deuxième Sexe*, par ailleurs ponctué d'analogies sur les identités de classe et de genre, de notes sur le racisme et l'antisémitisme. La ségrégation à laquelle elle assiste la pousse à s'interroger sur l'idée d'une infériorité biologique de certains groupes sociaux justifiant leur oppression. Notamment, elle réfléchit déjà au sens du verbe « être » en relation à celui « devenir », – questionnement faisant écho à sa célèbre formule : « On ne naît pas femme, on le devient. » Comment est-il en effet

1. Michel Kail, *Beauvoir, Sartre, de la relation* (à paraître).

possible de croire qu'une oppression est immuable ? De même, elle conclut que l'idée d'égalité dans la différence ne peut être qu'un trait manifeste de l'inégalité. Ce racisme ambiant l'entraîne par ailleurs à réfléchir sur les liaisons entre théories racistes et fascisme. Dans *Le Deuxième Sexe*, c'est l'idée d'une féminité immuable et *a priori*, qui, à son tour, se trouve balayée de façon systématique par son recours à l'histoire. Tout phénomène est historique, et par conséquent le contraire d'une vérité éternelle.

Le second est l'influence de Karl Marx – comme elle l'énonce plus tard dans ses mémoires (notamment *La Force des choses*). L'après-guerre rouvre et prolonge en effet l'espace critique formé dans les années 1930 autour du marxisme, bientôt considéré par une partie des intellectuels comme un des horizons philosophiques « indépassables tant que le moment historique [...] n'a pas été dépassé[1] ». Si le premier tome du *Deuxième Sexe* est célèbre pour sa critique envers ce qu'elle nomme le matérialisme historique[2], présenté comme une pensée homogène et uniforme, le second s'oriente vers une perception plus complexe, ayant cette fois directement recours au philosophe. Ce choix épistémologique correspond à n'en pas douter à l'esprit de son temps, tout comme à la force de sa pensée pour comprendre les relations de domination[3]. En soupçonnant de façon systématique les discours naturalisant les inégalités, Marx a ouvert à Simone de Beauvoir une nouvelle perspective. À la lecture du *Capital*, « le monde s'éclaira d'un jour neuf ». Le capitalisme, identifié comme une organisation sociale historique particulière, dont le mode de

1. Propos de Jean-Paul Sartre, *Questions de méthode*, Paris, Gallimard, 1960, p. 17.
2. Développé dans Eva Gothlin, « Le point de vue du matérialisme historique », *in* I. Galster (dir.), *Simone de Beauvoir :* Le Deuxième sexe. *Le livre fondateur du féminisme moderne en situation*, Paris, Champion, 2004.
3. Pour un regard synthétique sur les apports du philosophe quant au genre, Nancy Holmstrom, « Karl Marx : En quoi peut-il contribuer à comprendre le genre ? », *in* D. Chabaud-Rychter (dir.), *Sous les sciences sociales, le genre*, Paris, La Découverte, 2010, p. 303-317.

survie réside, d'un point de vue idéologique, sur l'essentialisation de ses propres mécanismes, est démasqué. Cette appréhension supporte sans doute le regard existentialiste de Simone de Beauvoir vers l'anti-naturalisation des relations de genre. L'ouvrage s'achève ainsi sur une reprise de Karl Marx, selon lequel la domination de l'homme sur la femme est l'expression de sa propre dégradation comme être humain.

L'histoire de l'accès des femmes à la philosophie sous la IIIe République s'achève ainsi, par une implosion des frontières philosophiques qui pesaient sur elles. En mettant un terme à deux principes structurant la vie philosophique de cette République désormais passée, Dina Dreyfus et Simone de Beauvoir portent un nouvel horizon, pour les femmes philosophes comme pour la philosophie : « On a soutenu à l'envi que les femmes ne possédaient pas de "génie créateur" [...]. L'idée d'un "instinct créateur" donné doit être rejetée comme celle d'"éternel féminin", dans le vieux placard aux entités[1]. »

1. *Ibid.*, p. 558.

Chronologie des femmes philosophes

	1825	Création de l'agrégation de philosophie
	1880	Adoption de la Loi Camille Sée sur l'enseignement secondaire des jeunes filles : la philosophie est retirée du programme initial
Clémence Royer publie *Le bien et la loi morale* ; elle se voit aussi refuser de donner un cours de philosophie à la Sorbonne	1881	
	31 janv. 1883	Création des agrégations spécifiques pour jeunes filles : elles n'incluent pas la philosophie
Julie Hasdeu, licenciée de philosophie préparant le doctorat de philosophie décède prématurément	1889	
Clémence Royer entre à l'Académie des sciences morales et politiques	1892	
Mathilde Salomon demande l'inclusion de la philosophie pour les cours de jeunes filles	24 juin 1898	
	1900	Naissance de la Mutualité de Maintenon
Léontine Zanta donne des cours de philosophie à la Mutualité de Maintenon **Camille Bos**, première française docteure en philosophie à l'étranger (1901), publie sa thèse en France	1902	Henri Bergson rédige un compte rendu sur le doctorat de **Camille Bos**

Jeanne Baudry, première femme agrégée de philosophie	1905	
Suzanne Lacascade, première guadeloupéenne à se présenter au baccalauréat de philosophie classique	Déc. 1906	
Camille Bos, publie *Pessimisme, féminisme, moralisme*	1907	Création d'une chaire de philosophie à l'École normale libre d'enseignement supérieur pour les jeunes filles (tenue par un homme)
	1908	Invention du terme *bergsonettes*
	1909	Alain enseigne la philosophie au Collège Sévigné
Trois femmes (« **Mlle Rosenberg, Mlles Imbert et Rozier** ») se préparent à l'agrégation de philosophie en enseignant pour la première fois dans des lycées de garçons.	1911	Première représentation collective de femmes à une leçon de philosophie (par le journal *Femina*)
Les œuvres de **Clémence Royer** restent introuvables	1912	
Alice Steriad (Voinescu) première femme docteure en philosophie en France	1913	
Léontine Zanta devient docteure en philosophie à la Sorbonne	1914	
Jeanne Tardy, licenciée en droit histoire et philosophie, devient attachée de ministère	1915	
Eva Sachs, allemande, troisième docteure en philosophie de France	21 déc. 1916	Loi Painlevé : vote la mise en place de la seconde partie du baccalauréat commun aux filles et aux garçons

Marguerite Pichon Landry revendique le droit à la philosophie dans les lycées de jeunes filles au congrès de l'Union française pour le suffrage des femmes **Blanche Pointud-Guillemot** devient docteure en philosophie de l'université d'Auvergne	5 avr. 1917	
Deux femmes entrent dans des ministères : **Jeanne Tardy**, attachée de cabinet ; **Berthe Milliard**, chef adjointe de cabinet	1917	
Hélène Metzger, docteure en philosophie	1918	Arrêté du 31 juillet : il rétablit les concours d'agrégation réservés aux hommes et prévient les licenciées de philosophie que le concours d'agrégation leur est fermé
Léontine Zanta publie *Psychologie du féminisme* **Lucy Prenant**, seconde agrégée de philosophie **Hélène Landry**, licenciée en philosophie et en droit, nommée attachée au cabinet du ministre de la Marine	1920	Le Cercle de l'enseignement catholique organise des cours de philosophie uniquement pour femmes Arrêté du 10 février puis du 18 mars : annule l'arrêté du 31 juillet et autorise femmes à se présenter aux agrégations de philosophie et de grammaire **Léon Brunschvicg** publie « La fin d'un bachotage » en faveur de l'accès des femmes à la philosophie 24 juillet : établissement d'un cours régulier et complet de philosophie dans les lycées de jeunes filles

Cécile Brunschvicg se positionne contre la création spécifique d'une agrégation féminine de philosophie Campagne de la **Société des agrégées** contre l'instauration d'une agrégation de philosophie spécifique	1921	23 janvier : le Conseil Supérieur de l'Instruction Publique donne un avis favorable quant à la création d'une agrégation féminine de philosophie 28 janvier : **Henri Bergson** s'oppose au Conseil supérieur à la création d'une agrégation de philosophie spécifique pour les femmes Arrêté du 22 mars : laisse les femmes se présenter aux agrégations masculines de philosophie de grammaire et de mathématiques, dans des classements séparés
Lucy Prenant, première femme à participer à la rédaction collective d'un ouvrage sur l'histoire de la philosophie (*La tradition philosophique et la pensée française contemporaine*)	1922	Circulaire du 23 octobre : les filles sont admises, lorsque leur nombre est suffisant, à suivre les cours de philosophie (et de mathématiques élémentaires) dans les établissements secondaires de garçons
	1924	Arrêté du 17 mai 1924 : « les femmes seront admises à se présenter à toutes les agrégations et à tous les certificats autrefois réservés aux hommes » ; une seule liste de classement est prévue
Suzanne Lacascade est distinguée par le prix Montyon de l'Académie française pour *Claire-Solange*	1925	

Renée Déjean, docteure en philosophie, reçoit le prix Dagnan Bouveret pour l'ouvrage *Perception visuelle* **Simone Pétrement, Clémence Ramnoux, Suzanne Molino-Roubaud**, premières femmes reçues à l'ENS rue d'Ulm	1927	13 février 1927 : suppression de l'épreuve de philosophie à l'agrégation de lettres
Simone Weil est reçue à l'ENS rue d'Ulm **Geneviève Bianquis**, germaniste, lauréate du prix de la société pour les études consacrées à Nietzsche de Munich (Nietzsche Gesellschaft) **Marie Clément** donne des cours d'esthétique à faculté de philosophie de Paris (Institut catholique) **Hélène Metzger**, admise membre de l'Académie internationale d'histoire des sciences	1928	
Simone de Beauvoir, reçue seconde à l'agrégation de philosophie	1929	Décret du 20 octobre 1929 : réforme du certificat d'aptitude à l'enseignement secondaire mais qui ne prévoit pas d'option philosophie
Hélène Metzger, nommée administrateur trésorier de l'Académie internationale d'histoire des sciences	1931	

Jacqueline Le Senne premier prix de philosophie au concours général **Marguerite Buffard-Flavien**, Sévrienne majore de sa promotion, agrégée de philosophie	1932	
Dina Dreyfus, agrégée de philosophie **Cécile Joint**, **Lucy Prenant**, agrégées, **Jeanne Alexandre (Halbawchs)** licenciée en philosophie, participent à la création du Comité de vigilance des intellectuels antifascistes	1934	
Dina Dreyfus organise un cours d'ethnographie au département de la culture de la mairie de São Paulo, supervisé par Mário de Andrade. Elle fonde à ses côtés la première société d'ethnologie brésilienne **Renée Déjean** reçoit le prix Dagnan Bouveret pour sa thèse de doctorat en philosophie (*L'Émotion*)	1935	Aucune femme n'enseigne la philosophie dans un lycée de garçons **Suzanne Lacore**, **Cécile Brunschvicg** et **Irène Joliot Curie** sont nommées sous-secrétaires d'État
Constitution de la « Promotion **Jeanne Bernis (Baudry)** », professeure à l'École du haut enseignement ménager	1937	

Suzanne Delorme, première femme à la tête d'une association philosophique : secrétaire générale de l'Association des sociétés de philosophie en langue française (jusqu'en 1978)	1938	
Hélène Metzger, prend en charge la bibliothèque du Centre International de synthèse **Yvonne Picard** prépare : *Le temps chez Hegel, Husserl et Heidegger* **Marguerite Buffard** est révoquée de ses fonctions de professeure de philosophie en décembre car communiste ; elle devient ouvrière	1939	La philosophie est déclarée par la Société des agrégées l'agrégation proportionnellement la plus recherchée par les femmes
Création de *Chronique de la Sorbonne et des armées*, premier journal de philosophie créé par des femmes (**Rose Marie Bastide, Janine Pignet, Élisabeth Roeder**)	1940	
Lucy Prenant, révoquée de son poste de professeur de philosophie au lycée Fénelon car juive	1941	
Simone Weil voit son poste d'enseignante non renouvelé car juive		
Hélène Metzger prépare *La Science, l'appel de la religion et la volonté humaine*, publié à titre posthume en 1954 Le directeur de l'ENS vichyste refuse la réinscription à l'École de **Geneviève Lewis**	1942	

Yvonne Picard et **Simone Debout,** licenciées de philosophie, secrétaires des étudiants communistes dela Sorbonne		
Edmonde Vinel (Claude Edmonde Magny), agrégée de philosophie, rédige *Lettre sur le pouvoir d'écrire* pour Jorge Semprún Décès de **Simone Weil** à Londres **Yvonne Picard**, philosophe résistante déportée, assassinée à Auschwitz	1943	
Marguerite Buffard Flavien, résistante, disparaît le 13 juin 1944 à Lyon, victime de la Gestapo Déportation au camp de Ravensbrück de **Marinette Dambuyant**, agrégée de philosophie et résistante **Hélène Metzger** disparaît après le 7 mars 1944 à Auschwitz **Lucy Prenant**, nommée directrice de l'École de Sèvres	1944	Le 21 avril 1944, **le droit de vote des femmes est acquis** par un amendement du communiste Fernand Grenier et signé par Charles de Gaulle L'amendement précise : les *femmes sont électrices et éligibles dans les mêmes conditions que les hommes.* Il est confirmé par ordonnance le 5 octobre du GPRF

		Cécile Joint, une des premières candidates aux élections municipales (PCF), première élection à laquelle les femmes peuvent voter
Edmonde Vinel (Claude Edmonde Magny), agrégée de philosophie, première femme philosophe à créer une collection : « Pierres vives »	1945	En octobre 1945, 33 femmes entrent à l'Assemblée Nationale sur 586 députés **Josette Guénin**, 31 ans, première femme élue maire le 21 janvier 1945 **Odette Roux**, 28 ans, élue maire le 29 avril 1945
Marinette Dambuyant, publie *Le Moi dans la déportation* **Suzanne Bachelard**, agrégée de philosophie	1946	
Suzanne Delorme, coéditrice de la *Revue d'histoire des sciences* avec René Taton : première femme philosophe coéditrice d'une revue de philosophie	1947	**Germaine Poinso-Chapuis**, première femme nommée ministre de plein exercice
Simone Pétrement, agrégée de philosophie, est nommée Conservatrice de la Bibliothèque nationale	1948	
Publication du *Deuxième sexe* par **Simone de Beauvoir**	1949	
Geneviève Rodis Lewis, professeure de philosophie à l'Université de Rennes	1953	

Suzanne Bachelard, professeure de philosophie à L'Université de Lille	1957
Dina Dreyfus, nommée inspecteur général de philosophie de l'Académie de Paris	1962
Suzanne Bachelard, professeure de philosophie à la Sorbonne	1963
Dina Dreyfus, responsable pédagogique des premières émissions télévisées de philosophie au monde	1965

Note bibliographique

Les principaux travaux pionniers sur les femmes et la philosophie en France, par ordre chronologique

Geneviève Fraisse, « Les femmes libres de 1848 », *Les Révoltes Logiques*, n° 1, 1975.

Michèle Le Dœuff, « Women and philosophy », *Radical Philosophy*, 1977, p. 1-11.

Michèle Le Dœuff, *L'Imaginaire philosophique*, Paris, Payot, 1980.

Geneviève Fraisse, *Clémence Royer, philosophe et femme de science*, Paris, La Découverte, 1985. Geneviève Fraisse, *Muse de la raison. Démocratie et exclusion des femmes en France*, Alinea 1989.

Michèle Le Dœuff, *L'Étude et le rouet. Des femmes, de la philosophie*, Paris, Le Seuil, 1989.

Mary Ellen Waithe (dir.), *A History of Women Philosophers. Modern Women Philosophers, 1600-1900*, Springer Netherlands, 1991.

Françoise Collin, « Différence et différend, la question des femmes en philosophie », *in* Françoise Thébaud (dir.), *Histoire des femmes, le XXe siècle, Histoire des femmes en Occident*, t. V, Paris, Plon, 1992, p. 243-273.

Geneviève Fraisse, *La Raison des femmes*, Paris, Plon, 1992.

Sarah Kofman, « La question des femmes : une impasse pour les philosophes », *Les Cahiers du GRIF*, n° 46, 1992.

Françoise Collin, Évelyne Pisier, Eleni Varikas, *Les Femmes de Platon à Derrida, Anthologie critique*, Paris, Dalloz, 2001.

Christina Howells (dir.), *French Women Philosophers. A Contemporary Reader*, Londres, Routledge, 2004.

Michel Kail, *Simone de Beauvoir philosophe*, Paris, PUF, 2006.

Vinciane Despret Isabelle Stengers, *Les Faiseuses d'histoires. Que font les femmes à la pensée ?*, Paris, La Découverte, 2013.

Geneviève Fraisse, *Féminisme et philosophie*, Paris, Gallimard, 2020.

Quelques repères sur les travaux francophones concernant les femmes dans divers champs de savoir (XIXe-début du XXe siècle), par domaine et ordre chronologique

Droit

Anne Boigeol, « La magistrature française au féminin : entre spécificité et banalisation », *Droit et société*, n° 25, 1993, p. 489-523.

Anne-Laure Catinat, « Les premières avocates du barreau de Paris », *Mil neuf cent*, n° 16, 1998, p. 43-56 et « La féminisation du barreau de Paris de 1900 à 1939 », *in Femmes et justice pénale. XIXe-XXe siècles*, Rennes, PUR, 2002.

Histoire

Isabelle Ernot, « L'histoire des femmes et ses premières historiennes (XIXe-début XXe siècle) », *Revue d'histoire des sciences humaines*, n° 16, 2007, pp. 165-194.

Transdisciplinaire

Delphine Naudier, Brigitte Rollet (dir.), *Genre et légitimité culturelle. Quelle reconnaissance pour les femmes?*, Paris, L'Harmattan, 2007.

Juliette Rennes, *Le Mérite et la nature. Une controverse républicaine : l'accès des femmes aux professions de prestige 1880-1940*, Paris, Fayard, 2007.

Journalisme

Sandrine Lévêque, « Femmes, féministes et journalistes : les rédactrices de *La Fronde* à l'épreuve de la professionnalisation journalistique », *Le Temps des médias*, n° 12, 2009, p. 41-53.

Langues

Rebecca Rogers, « Les femmes dans l'enseignement des langues vivantes : éléments pour une histoire à construire », *Éla. Études de linguistique appliquée*, vol. 142, n° 2, 2006, p. 135-149.

Littérature

Christine Planté, *La Petite sœur de Balzac. Essai sur la femme auteur*, Paris, Le Seuil, 1989.

Rotraud von Kulessa, *Entre la reconnaissance et l'exclusion. La position de l'autrice dans le champ littéraire en France et en Italie à l'époque 1900*, Paris, Honoré Champion, 2011.

Médecine

J. Fontaine, *Les Étudiantes en médecine à la faculté de Montpellier au cours de la Troisième République*, Paris, L'Harmattan, 2016.

Musique

Florence Launay, *Les Compositrices en France au XIXe siècle*, Paris, Fayard, 2006.

Peinture

Denise Noël, « Les femmes peintres dans la seconde moitié du XIXe siècle », *Clio. Femmes, Genre, Histoire*, n° 19, 2004.

Psychanalyse

Isabelle Mons, *Femmes de l'âme. Les pionnières de la psychanalyse*, Paris, Éditions Payot et Rivages, 2015.

Sciences

Delphine Gardey, Ilana Löwy (dir.), *L'Invention du naturel. Les sciences et la fabrication du féminin et du masculin*, Paris, Éditions des Archives contemporaines, 2000.

Nicole Hulin, *Les Femmes, l'enseignement et les sciences : un long cheminement (XIXe-XXe siècle)*, Paris, L'Harmattan, 2008.

Sciences humaines et sociales

Jacqueline Carroy, Nicole Edelman, Annick Ohayon et Nathalie Richard (dir.), *Les Femmes dans les sciences de l'Homme. XIXe-XXe siècles. Inspiratrices, collaboratrices ou créatrices*, Paris, Seli Arslan, 2005.

Danielle Chabaud-Rychter, Virginie Descoutures, Eleni Varikas, Anne-Marie Devreux, *Sous les sciences sociales, le genre. Relectures critiques, de Max Weber à Bruno Latour*, Paris, La Découverte, 2010.

Hélène Charron, *Les Formes de l'illégitimité intellectuelle. Les femmes dans les sciences sociales françaises, 1890-1940*, Paris, CNRS Éditions, 2013.

Sculpture

Laurence Bonfigli-Berthier, « Être femme et sculpteur à Paris sous la Troisième République Quelles stratégies d'accès aux instances du marché ? », *in* Maillard Despont, Aurélia et Viegnes (dir.), *Adèle d'Affry, duchesse Colonna, « Marcello » (1836-1879). Ses écrits, sa vie, son temps*, Paris, Classiques Garnier, 2017.

Index

Table des matières

Composition : Le vent se lève...

L'éditeur de cet ouvrage s'engage dans une démarche éco-responsable
en utilisant des papiers issus de forêts gérées durablement
www.cnrseditions.fr

Achevé d'imprimer en août 2022
sur les presses de la Nouvelle Imprimerie Laballery
58500 Clamecy
Dépôt légal : septembre 2022
Numéro d'impression : 208323

Imprimé en France

La Nouvelle Imprimerie Laballery est titulaire de la marque Imprim'Vert®